江西绿色发展指数
（2019）绿皮书

江西绿色发展指数课题组 著

经济管理出版社
ECONOMY & MANAGEMENT PUBLISHING HOUSE

图书在版编目（CIP）数据

江西绿色发展指数绿皮书（2019）/江西绿色发展指数课题组著 . —北京：经济管理出版社，2019.12

ISBN 978-7-5096-6713-2

Ⅰ.①江… Ⅱ.①江… Ⅲ.①绿色经济—区域经济发展—研究—江西 2019 Ⅳ.①F127.56

中国版本图书馆 CIP 数据核字（2019）第 258399 号

组稿编辑：杨国强
责任编辑：杨国强　张瑞军
责任印制：黄章平
责任校对：陈晓霞

出版发行：经济管理出版社
　　　　　（北京市海淀区北蜂窝 8 号中雅大厦 A 座 11 层　100038）
网　　址：www.E-mp.com.cn
电　　话：（010）51915602
印　　刷：北京虎彩文化传播有限公司
经　　销：新华书店
开　　本：720mm×1000mm/16
印　　张：16.75
字　　数：318 千字
版　　次：2019 年 12 月第 1 版　2019 年 12 月第 1 次印刷
书　　号：ISBN 978-7-5096-6713-2
定　　价：98.00 元

·版权所有　翻印必究·
凡购本社图书，如有印装错误，由本社读者服务部负责调换。
联系地址：北京阜外月坛北小街 2 号
电话：（010）68022974　　邮编：100836

江西绿色发展指数课题组

课题参与单位：
江西省生态文明制度建设协同创新中心（江西省"2011协同创新中心"）
江西财经大学生态文明研究院
江西省环境保护科学研究院
江西省标准化研究院

课题组组长：
蒋金法　江西财经大学党委副书记、江西省生态文明制度建设协同创新中心首席专家，博士、教授、博士生导师

课题组副组长：
谢花林　江西财经大学生态文明研究院院长、江西省生态文明制度建设协同创新中心主任，博士、教授、博士生导师
刘足根　江西省环境保护科学研究院院长、研究员

课题组成员：
舒　成　江西财经大学生态文明研究院副院长、博士、副教授、硕士生导师
肖文海　江西财经大学生态文明研究院博士、教授、博士生导师
毛炜翔　江西省标准化研究院标准研究中心主任
姚冠荣　江西财经大学生态文明研究院副院长、副教授、硕士生导师
陈　拉　江西财经大学生态文明研究院博士、副教授、硕士生导师
胡绵好　江西财经大学生态文明研究院博士、副教授、硕士生导师
卢　华　江西财经大学生态文明研究院博士、讲师
邹金浪　江西财经大学生态文明研究院博士、讲师
邬志龙　江西财经大学生态文明研究院博士、讲师
何亚芬　江西财经大学生态文明研究院博士、讲师
张新民　江西财经大学生态文明研究院博士
曾小箕　江西财经大学生态文明研究院博士
周材华　江西财经大学生态文明研究院博士

前　言

生态文明建设是关系中华民族永续发展的根本大计。生态兴则文明兴，生态衰则文明衰。党的十九大报告指出，发展是硬道理，是解决我国一切问题的基础和关键。绿色发展作为我国五大新发展理念的重要组成部分，是以效率、和谐、持续为目标的经济增长和社会发展方式。推进绿色发展是生态文明建设的关键，是统筹经济社会发展同生态文明建设的有效路径，是建设美丽中国的必然选择。

2018年5月，在全国生态环境保护大会上，习近平总书记指出，绿色发展是构建高质量现代化经济体系的必然要求，是解决污染问题的根本之策。当前，我国经济已由高速增长阶段转向高质量发展阶段，我们不再只是片面追求发展速度，而更加兼顾发展的质量、效率和可持续性。应推进绿色发展，协调一二三产业融合发展，不断优化产业结构，加快新旧动能转换，提升质量效益，增强经济发展的稳定性、协调性和可持续性。生态环境是关系民生的重大社会问题。推进绿色发展，将有助于尽快补上生态环境这块最大短板，提供更多的优质生态产品，满足人民群众日益增长的优美生态环境需要，使我们国家天更蓝、水更清、山更绿，真正实现人与自然的和谐共生。新时代全面推进绿色发展，重点是调整经济结构和能源结构，优化国土空间开发布局，调整区域流域产业布局，培育壮大节能环保产业、清洁生产和清洁能源产业，推进资源全面节约和循环利用，实现生产、生活系统循环连接，倡导简约适度、绿色低碳的生活方式，反对奢侈浪费和不合理消费。新时代中国特色社会主义的绿色发展之路，是全社会各个领域的绿色革命和深刻转型，对于"十三五"时期乃至未来我国经济社会的高质量可持续发展、破解资源环境困局、促进生态文明建设、实现人与自然和谐发展具有重要的理论和现实意义。

江西既是我国著名的革命老区，又是我国南方地区重要的生态安全屏障，面临着发展经济和保护环境的双重压力。《国家生态文明试验区（江西）实施方案》明确了江西省"中部地区绿色崛起先行区"的战略定位。如何深入贯彻落实习近平总书记和李克强总理关于江西绿色发展的指示精神，践行绿色富省、绿色惠民和绿色承诺的发展思路，切实有效地推进江西绿色发展，率先在中部地区走出一条绿色崛起的新路子，是摆在江西各级政府部门实际工作者和学界理论工作者面前的一个重大课题。

根据绿色发展的相关理论和实践，结合江西的实际特点，构建一套可靠和有特色的区域绿色发展监测指标体系和指数测算体系，及时对区域绿色转型的进展状况进行总结和评价，对于找准绿色发展中的短板，开辟绿色富省、绿色惠民新路径，推动形成绿色发展方式和生活方式，协同建设美丽中国"江西样板"，无疑具有重要的理论和现实意义。本书在国内外文献梳理和评述的基础上，结合中部地区增长和发展的现实，构建了一套涵盖绿色环境、绿色生产、绿色生活和绿色政策等内容的绿色发展指数框架，优选了绿色发展指数测算方法，基于中部六省的统计年鉴（2014~2018）、《中国城市统计年鉴（2014~2018）》及相关统计公报数据，进行了中部六省绿色发展指数测算、江西设区市绿色发展指数测算、江西城市绿色发展指数测算，并根据江西绿色发展水平的省域、设区市和城市的对比分析，提出了江西绿色发展对策建议，以期为江西实现绿色发展提供决策参考。本书丰富了我国绿色发展理念的理论体系，创新了省域、市域和城市等多尺度区域绿色发展水平测算方法，揭示了江西绿色发展的演进轨迹及其面临的问题，为进一步推进江西绿色崛起和实践生态文明建设提供了更加明确的发展方向和有针对性的对策建议。

本书是江西财经大学江西省生态文明制度建设协同创新中心"江西绿色发展指数课题组"全体研究人员集体智慧的结晶。江西财经大学生态文明研究院的翟群力、童飞德、邵慧琳、成皓、朱沛阳等参与了书稿数据、资料的收集整理，2019级博士生和硕士生参与了校稿工作。

本书在绿色发展指数指标体系构建过程中，得到了江西省农业科学院院长戴星照研究员、江西省统计局研究员张启良、江西财经大学数量经济学首席教授陶长琪、江西财经大学贸易与环境研究中心主任李秀香教授等同志的大力指导和帮助，在此深表感谢！

本书充分吸收了国内外众多专家、学者的研究成果，已在注释、参考文献中注明,一并在此致谢!由于笔者学识疏浅加之时间仓促,书中的错误疏漏在所难免,真诚希望专家、学者及使用本书的同行批评指正,相关意见建议可随时发至课题组邮箱:slendershu@163.com,以便我们进一步完善江西绿色发展指数编制。

蒋金法　谢花林

2019 年 9 月 10 日于江西财经大学蛟桥园

目 录

第一章　引言 ·· 1

　　第一节　研究背景与意义 ·· 1
　　　　一、研究背景 ·· 1
　　　　二、研究意义 ·· 4
　　第二节　国内外研究进展 ·· 6
　　　　一、绿色发展的内涵 ·· 6
　　　　二、绿色发展指数的类型研究 ·· 9
　　　　三、绿色发展指数框架构建研究 ·· 12
　　　　四、绿色发展指标体系应用研究 ·· 18
　　第三节　研究内容和技术路线 ·· 20

第二章　江西绿色发展指数框架构建及测算方法——理论与方法篇 ············ 23

　　第一节　绿色发展指数构建的基础理论 ·· 23
　　　　一、中国传统生态观 ·· 23
　　　　二、马克思主义生态观 ·· 25
　　　　三、环境伦理理论 ·· 26
　　　　四、新古典经济学 ·· 27
　　　　五、生态经济学 ·· 28
　　　　六、可持续发展理论 ·· 29
　　第二节　江西绿色发展的历程 ·· 30
　　　　一、理念支撑 ·· 31
　　　　二、现实路径 ·· 33

三、发展基础 ……………………………………………………… 37
第三节　江西绿色发展指数设计目标 …………………………………… 39
　　一、客观反映江西绿色发展现状 ………………………………… 40
　　二、体现新时代绿色发展要求 …………………………………… 40
　　三、引导新时代绿色发展方向 …………………………………… 40
　　四、推动江西绿色发展模式形成 ………………………………… 40
第四节　江西绿色发展指标选取原则 …………………………………… 41
　　一、指导思想 ……………………………………………………… 41
　　二、设计原则 ……………………………………………………… 41
　　三、基本框架 ……………………………………………………… 42
第五节　江西绿色发展指数框架构建 …………………………………… 43
　　一、江西绿色发展指数指标框架 ………………………………… 44
　　二、江西设区市绿色发展指数指标框架 ………………………… 45
　　三、江西城市绿色发展指数指标框架 …………………………… 46
　　四、江西绿色发展指数年度比较指标框架 ……………………… 47
第六节　江西绿色发展指数测算方法 …………………………………… 48
　　一、江西绿色发展指数指标筛选方法 …………………………… 48
　　二、江西绿色发展指数指标权重设定 …………………………… 48
　　三、江西绿色发展指数指标标准化处理 ………………………… 50

第三章　江西绿色发展指数测算与分析——省份篇 ……………………… 52
　　第一节　江西绿色发展指数测算与中部六省比较分析 …………… 52
　　第二节　江西绿色环境测算与中部六省比较分析 ………………… 59
　　第三节　江西绿色生产测算与中部六省比较分析 ………………… 63
　　第四节　江西绿色生活测算与中部六省比较分析 ………………… 67
　　第五节　江西绿色政策测算与中部六省比较分析 ………………… 71

第四章　江西设区市绿色发展指数测算与分析——设区市篇 …………… 75
　　第一节　江西设区市绿色发展指数测算与分析 …………………… 75
　　第二节　江西设区市绿色环境测算与分析 ………………………… 82
　　第三节　江西设区市绿色生产测算与分析 ………………………… 86
　　第四节　江西设区市绿色生活测算与分析 ………………………… 91

第五节 江西设区市绿色政策测算与分析 ………………………………… 95

第五章 江西城市绿色发展指数测算与分析——城市篇 99
    第一节 江西城市绿色发展指数测算与分析 ……………………………… 99
    第二节 江西城市绿色环境测算与分析 …………………………………… 106
    第三节 江西城市绿色生产测算与分析 …………………………………… 111
    第四节 江西城市绿色生活测算与分析 …………………………………… 116
    第五节 江西城市绿色政策测算与分析 …………………………………… 121

第六章 2013~2017年江西绿色发展指数变化及原因分析——对比篇 ……… 127
    第一节 江西绿色发展指数变化及原因分析：2013~2017年 …………… 127
        一、江西绿色发展指数测算结果 ……………………………………… 127
        二、江西绿色环境指数测算结果 ……………………………………… 130
        三、江西绿色生产指数测算结果 ……………………………………… 132
        四、江西绿色生活指数测算结果 ……………………………………… 133
        五、江西绿色政策指数测算结果 ……………………………………… 135
    第二节 江西设区市绿色发展指数变化及原因分析：2013~2017年 …… 138
        一、江西设区市绿色发展指数测算结果 ……………………………… 138
        二、江西设区市绿色环境指数测算结果 ……………………………… 142
        三、江西设区市绿色生产指数测算结果 ……………………………… 144
        四、江西设区市绿色生活指数测算结果 ……………………………… 147
        五、江西设区市绿色政策指数测算结果 ……………………………… 149
    第三节 江西城市绿色发展指数变化及原因分析：2013~2017年 ……… 152
        一、江西城市绿色发展指数测算结果 ………………………………… 152
        二、江西城市绿色环境指数测算结果 ………………………………… 157
        三、江西城市绿色生产指数测算结果 ………………………………… 160
        四、江西城市绿色生活指数测算结果 ………………………………… 163
        五、江西城市绿色政策指数测算结果 ………………………………… 167

第七章 江西绿色发展对策建议——建议篇 ……………………………………… 171
    第一节 江西绿色发展对策建议 …………………………………………… 172
        一、江西绿色发展的历程 ……………………………………………… 172

二、江西绿色发展的特征 …………………………………… 174
　　三、江西绿色发展的障碍 …………………………………… 176
　　四、江西绿色发展的对策建议 ……………………………… 177
　第二节　江西设区市绿色发展对策建议 ………………………… 181
　　一、南昌绿色发展对策建议 ………………………………… 182
　　二、景德镇绿色发展对策建议 ……………………………… 186
　　三、萍乡绿色发展对策建议 ………………………………… 189
　　四、九江绿色发展对策建议 ………………………………… 192
　　五、新余绿色发展对策建议 ………………………………… 197
　　六、鹰潭绿色发展对策建议 ………………………………… 201
　　七、赣州绿色发展对策建议 ………………………………… 205
　　八、吉安绿色发展对策建议 ………………………………… 209
　　九、宜春绿色发展对策建议 ………………………………… 213
　　十、抚州绿色发展对策建议 ………………………………… 216
　　十一、上饶绿色发展对策建议 ……………………………… 220

附　录 ……………………………………………………………… 225
　附录一　江西绿色发展指数指标解释及数据来源 ……………… 225
　附录二　江西设区市绿色发展指数指标解释及数据来源 ……… 233
　附录三　江西城市绿色发展指数指标解释及数据来源 ………… 242

参考文献 …………………………………………………………… 249

第一章　引言

第一节　研究背景与意义

一、研究背景

绿色是生命的象征、大自然的底色。绿色是永续发展的必要条件，是实现人民美好生活向往的重要指标。坚持绿色发展，是关系到我国经济社会发展的重要变革之一。习近平总书记指出：推动形成绿色发展方式与生活方式，是发展观的一场深刻革命。[①] 党中央绿色发展思想是基于世界范围内的绿色经济发展潮流、我国资源危机与环境恶化日趋严峻以及我国坚持走可持续发展道路的背景下提出的（秦书生和杨硕，2015）[②]。2002 年，联合国开发计划署在《2002 年中国人类发展报告：让绿色发展成为一种选择》中阐述了中国生态环境发展状况及面临的机遇与挑战，明确指出了中国应选择绿色发展之路。2008 年 10 月，联合国环境规划署发起"全球绿色新政"和"发展绿色经济"倡议，并于 2009 年 9 月再次强调经济"绿色化"转型，此后，美国、欧盟相继提出"绿色新政"与"绿色经济"，可见绿色发展理念不仅在国内，在国际社会也达成了共识。

我国绿色发展理念由来已久。过去数十年来，经济获得高速发展，也积累了大量生态环境问题，成为明显短板、民生之患、民心之痛。在资源危机日趋严峻、生态环境日趋恶化的背景下，亟须探索出一条资源节约型、环境友好型的绿

[①] 习近平新时代中国特色社会主义思想学习纲要 [M]. 北京：学习出版社，人民出版社，2019.
[②] 秦书生，杨硕. 习近平的绿色发展思想探析 [J]. 理论学刊，2015 (6)：4-11.

色发展道路。1982年,"环境保护"被列为基本国策,写入《宪法》。1989年,我国首部《环境保护法》正式颁布。1992年,联合国环境与发展大会以后,中国成为率先制定和实施可持续发展战略的国家之一,并于6月签署了联合国环境与发展大会以可持续发展为核心的《21世纪议程》等文件,它标志着中国政府对可持续发展理论的确认和对全球可持续发展的参与。随后,中国政府编制了《中国21世纪议程一·中国21世纪人口、环境与发展白皮书》,第一次把可持续发展战略写进中国经济和社会发展的长远规划。

2003年,我国提出科学发展观,强调以人为本,追求全面协调的可持续发展。2004年,提出建设"资源节约型、环境友好型"社会。2011年,我国"十二五"规划中将绿色发展思想确立为主题发展思想①。2006年10月,党的十六届六中全会审议通过《中共中央关于构建社会主义和谐社会若干重大问题的决定》,提出人与自然应当和谐相处。2010年4月,习近平出席博鳌亚洲论坛开幕式并发表题为《携手推进亚洲绿色发展和可持续发展》的主旨演讲,表示中国将"走出一条符合时代潮流、具有亚洲特色的绿色发展和可持续发展之路"。

2015年3月24日,中央政治局会议召开,审议了《关于加快推进生态文明建设的意见》,提出在"新四化"基础上加入"绿色化"。2015年5月5日,中共中央国务院发布《关于加快推进生态文明建设的意见》,通篇贯穿"尊重自然、顺应自然、保护自然""绿水青山就是金山银山"的绿色发展理念。2015年10月,党的十八届五中全会上提出了"创新、协调、绿色、开放、共享"五大发展理念,首次明确了绿色发展理念的定义,认为:绿色发展理念是把马克思主义生态理论与当今时代发展特征相结合,又融汇了东方文明而形成的新发展理念,是将生态文明建设融入经济、政治、文化、社会建设各方面和全过程的新发展理念。2016年1月5日,在重庆召开的推动长江经济带发展座谈会上,习近平同志指出:"长江拥有独特的生态系统,是我国重要的生态宝库。当前和今后相当长一个时期,要把修复长江生态环境摆在压倒性位置,共抓大保护,不搞大开发。"② 2016年3月,"十三五"规划纲要发布,将绿色发展、生态文明建设列为"十三五"规划期间的重要内容,节约资源和保护环境成为基本国策。2017年10

---

① 中华人民共和国国民经济和社会发展第十二个五年规划纲要 [N]. 人民日报,2011 - 03 - 17 (001).

② 走生态优先绿色发展之路 让中华民族母亲河永葆生机活力 [N]. 人民日报,2016 - 01 - 08 (001).

月,党的十九大报告又将"以共抓大保护、不搞大开发为导向推动长江经济带发展"纳入新时代实施区域协调发展战略的重要内容。党的十九大报告同时提出,将"建设美丽中国"作为现代化目标之一,必须树立和践行绿水青山就是金山银山的理念,坚持节约资源和保护环境的基本国策,像对待生命一样对待生态环境,形成绿色发展方式和生活方式,坚定走生产发展、生活富裕、生态良好的文明发展道路,建设美丽中国①。2018 年 4 月 26 日,习近平同志主持召开第二次长江经济带发展座谈会,再次强调"共抓大保护,不搞大开发,努力把长江经济带建设成为生态更优美、交通更顺畅、经济更协调、市场更统一、机制更科学的黄金经济带,探索出一条生态优先、绿色发展新路子"②。

绿色生态是江西最大财富、最大优势、最大品牌。江西历届省委、省政府认真贯彻党中央生态文明建设精神,结合江西发展的具体实际,在绿色发展上进行了长期不懈的探索。1983 年,江西启动的"山江湖开发治理工程",对鄱阳湖流域系统施策,综合治理,曾被联合国专家誉为"区域可持续发展的典范",成为"世界认识江西,江西走向世界"的亮丽生态名片。进入 21 世纪,江西进一步明确树立生态立省理念。2009 年,鄱阳湖生态经济区上升为国家战略,开始探索经济与生态协调发展新模式的重大实践。尤其是党的十八大以来,在习近平生态文明思想指引下,江西从开展国家生态文明先行示范区建设,到国家生态文明试验区建设,步步深入,全面开启生态优先、绿色发展新征程。2018 年,省委十四届六次全会,明确把"绿色崛起"作为江西发展的最佳路径。从"治湖先治江、治江先治山、治山先治穷",到"既要金山银山,又要绿水青山",再到"绿水青山就是金山银山",江西生态文明建设和绿色发展可谓醒得早、干得早,初步走出一条经济发展和生态文明水平提高相辅相成、相得益彰的路子。

但也要清醒地看到,当前,江西生态文明建设与绿色发展正处于关键期、攻坚期、窗口期,任务繁重、挑战巨大。一方面,外部发展环境发生深刻变化、经济下行压力加大,发展与保护的矛盾在新形势下更加突出;另一方面,环境保护压力加大,鄱阳湖水质下降,土壤、饮用水、重金属污染风险隐患突出,垃圾分类推进工作力度有待提升。同时,全国各地生态文明建设千帆竞发,浙江、福建绿色发展优势明显,贵州、海南改革亮点频出,前有标杆、后有追兵,形势逼

---

① 习近平. 决胜全面建成小康社会 夺取新时代中国特色社会主义伟大胜利 [N]. 人民日报,2017 – 10 – 28(001)。
② 习近平. 在深入推动长江经济带发展座谈会上的讲话 [N]. 人民日报,2018 – 06 – 14(002)。

人、使命逼人。在国家提倡绿色发展转型与江西社会经济发展中的资源环境约束瓶颈不断凸显阶段，如何实现江西绿色发展的进一步深刻转型，已成为江西当前社会经济发展亟待破解的重要问题。习近平总书记在主持中共十八届中央政治局第四十一次集体学习时的讲话就推动形成绿色发展方式与生活方式提出了五项重点任务：一要加快转变经济发展方式，把发展基点放到创新上来；二要加大环境污染综合治理，解决大气、水、土壤等突出环境问题；三要加快生态保护修复；四要倡导推广绿色消费；五要完善生态文明制度。① 从而为江西生态文明建设和绿色发展提供了根本遵循。

为了进一步研究和总结国内外绿色发展的相关理论和实践，对其进行评价和量化研究，构建一套可靠和有特色的区域绿色发展指数指标体系，本书以习近平生态文明思想为指导，在省域、市域和城市等尺度上，从绿色环境、绿色生产、绿色生活和绿色政策等方面揭示江西绿色发展的演进轨迹及其面临的问题，以期为进一步推进江西绿色崛起和实践生态文明建设提供更加明确的发展思路及方向。

二、研究意义

（一）理论意义

（1）有助于丰富江西绿色发展的理论体系。绿色发展破解高质量发展的资源环境约束前提，提供高质量发展明确目标，创造高质量发展不竭动力。本书以国家生态文明试验区省份之一的江西绿色发展作为研究对象，在全国绿色发展指数研究的基础上，对具体省域绿色发展水平进行测算与分析，包括江西各级行政单元的绿色发展指数水平，不仅丰富了绿色发展理论研究，完善了江西绿色发展的理论框架体系，也拓宽了现有研究的层次领域和具体研究对象范畴，对于江西"十四五"以绿色发展推动高质量发展有一定借鉴指导意义。

（2）有助于创新省域、市域和城市等多尺度区域绿色发展水平测算方法。绿色发展作为目前国内外多领域研究的重点内容，从生态、资源、经济、管理等诸多角度都有着丰富的研究成果，针对绿色指数的研究也取得了一定进展。然而，大多数学者的研究主要集中在对于全国以及省域间的绿色发展指数研究上，

---

① 习近平. 习近平谈治国理政（第二卷）[M]. 北京：外文出版社，2017.

针对单一省域乃至其域内设区市[①]和城市尺度的研究相对较少。鉴于我国生态文明建设不断走向纵深，绿色发展理念也在逐渐贯彻实施下去，系统研究某一特定省域的绿色发展指数水平显得十分必要。

（3）对省域绿色发展指数评估具有一定借鉴意义。本书以特定省域的全域绿色发展状况为评估对象，涵盖省域范围内的省级、设区市等多级行政单元，指标设置不仅基于该省的整体资源禀赋、经济发展水平与文化背景，同时能够反映省域内各地区差异化评估需求。作为全国首个以省域全域范围内各级行政单元绿色发展状况为评估对象的研究，本书可为省域全域范围内的绿色发展指数测算提供参考。同时，江西作为四个国家生态文明试验区之一，其本身绿色发展具有一定典型性与代表性，因此，江西绿色发展指数评估在全国范围内起到示范与导向作用。

（二）实践意义

在实践意义上，本书主要是针对江西绿色发展指数水平进行测算与分析，包括江西绿色发展指数、江西设区市绿色发展指数、江西城市绿色发展指数，具体研究江西及其省内设区市和城市的绿色发展状况。

（1）有利于客观、全面了解江西绿色发展状况，为今后江西绿色发展水平提升提供工作目标与重点领域。全面考察中部六省的绿色发展实际状况，通过江西省与中部其他省份的比较研究，对江西在绿色发展中的比较优势与劣势形成清晰认识；通过对江西省内各级行政单元横向、纵向间的比较研究，对江西省内各级行政单元绿色发展状况、政策实施效果形成清晰认识；通过对江西省内各级行政单元设置差异化评价指标体系，可有效避免评估过程中的"一刀切"现象，使得评估结果更加科学客观，为深入分析各地绿色发展过程中的实际问题提供了理论指引与实践依据，有针对性提出政策建议，促进绿色发展水平提升。

（2）绿色发展指数体现了国家政绩考核与干部使用新导向，能够发挥引导各地绿色发展的"指挥棒"作用。绿色发展指数评估框架通过指标设计及权重设置，体现绿色发展过程中的侧重点及"雷区"，为执行者提供行为依据，形成从理念到政策、行动、实施效果的一系列绿色发展传导链条和传导机制。发挥绿

---

① 《中华人民共和国宪法》第九十七条　省、直辖市、设区的市的人民代表大会代表由下一级的人民代表大会选举；县、不设区的市、市辖区、乡、民族乡、镇的人民代表大会代表由选民直接选举。第一百零二条　省、直辖市、设区的市的人民代表大会代表受原选举单位的监督；县、不设区的市、市辖区、乡、民族乡、镇的人民代表大会代表受选民的监督。2015年3月15日，第十二届全国人民代表大会第三次会议通过的《关于修改〈中华人民共和国立法法〉的决定》第三十一条正式将"较大的市"变更为"设区的市"。本书据此使用"设区市"这一名词。

色发展指数目标导向的"指挥棒"功能,能够为各级政府、公民未来行为提供对标基准线并产生催化作用,推动各地区经济社会发展的绿色转型,实现绿色发展的均衡与收敛。

(3)编制绿色发展指数是提升江西生态文明治理体系与治理能力现代化水平的重要指标,为政府生态文明决策提供了依据。生态、环境、能源、资源属于全民所有的公共物品,具有公共属性,这就决定了政府在生态、环境、能源、资源的治理与监督方面具有天然责无旁贷的责任。江西绿色发展指数评估涵盖省、设区市、城市多层级行政单元,既可以实现同级行政单元之间的横向比较,了解各地绿色发展的优势与不足,也能纵向上从上而下实现绿色发展目标层层传导,了解绿色发展政策在各级行政单元的实施效果,从而清晰认识绿色发展进程中的着力点,为政府行政效率、治理体系、治理能力的提升提供了条件。

第二节 国内外研究进展

国内外绿色发展及其指标体系研究是一个不断深化的过程,包括从开始对概念定义的研究到指数测算的差异性分析,继而针对不同指标体系框架的构建进行全方位研究。在现阶段,绿色发展及其指标体系相关研究已经深入到针对不同地区不同指标的选取与具体测算。

一、绿色发展的内涵

与绿色发展有关的概念包括绿色经济、绿色增长等。绿色经济的概念可以追溯到1946年英国经济学家希克斯提出的绿色GDP思想,认为只有当全部的资本存量随时间保持不变或增长时,这种发展方式才是可持续的。1966年,美国经济学家肯尼思·鲍尔丁(1966)提出了"宇宙飞船经济学",认为地球经济系统就像宇宙飞船,是一个孤立无援的独立系统,靠不断消耗自身资源存在,只有实现资源循环利用,地球才能得以长存。1989年英国经济学家Pearce等(1989)在《绿色经济蓝图》中首次提出"绿色经济"(Green Economy)概念,为英国经济发展构建了一幅绿色经济蓝图,并指出环境与经济之间存在相互依赖关系。之后Jacobs(1991)提出了更加广义上的绿色经济概念,将绿色表述为高于环境本身的概念。需要指出的是,在相关学术研究以及实践中,绿色经济、绿色发展与绿色增长等概念并无本质性区别。2005 年，绿色增长首次作为政治文件中的概念出现在联合国亚太社会第五届亚太环境与发展部长会议文件中，强调绿色增长具有社会包容性，是实现环境可持续性发展的关键战略。发达国家经济社会发展到了一定水平后，以环境库兹涅茨倒 U 曲线拐点出现为标志，传统环境污染问题逐渐得到缓解，西方社会对于绿色发展的理解开始显示出社会包容性特征，例如，联合国环境规划署（UNEP）2008 年开展绿色经济计划，并且在之后不断完善其绿色经济发展的框架，最终将绿色经济定义为"可增加人类福祉和社会公平，同时显著降低环境风险和生态稀缺的经济"。经济合作与发展组织（OECD）2011 年发布了一份报告"迈向绿色增长"，将绿色增长定义为"促进经济增长和发展，同时确保自然资产继续提供我们的福祉所依赖的资源和环境服务"，并详细指出了绿色增长的七个来源：资源使用效率、创新、新兴市场、投资者信心、稳定的市场环境、破除资源瓶颈、纠正自然资源失衡。2012 年，绿色经济成为了"里约 + 20"联合国可持续发展大会会议主题，大会成果文件《我们希望的未来》提出，绿色经济是实现可持续发展的重要工具之一，它在维持地球生态系统健康运转的同时，有助于消除贫穷、促进经济持续增长。同年，世界银行在其研究报告"包容的绿色增长"中指出绿色增长模式是可持续性的，即便是发展中国家也可以从中获益。

中华传统文化蕴含着深厚朴素的"天人合一"自然观与取用有节的发展观："天"即自然，"天人合一"即人与自然"你中有我、我中有你"不可分割的关系。《论语·述而》提出"子钓而不纲，弋不射宿"，白居易在诗中写道："劝君莫打枝头鸟，子在巢中望母归。"改革开放以来，为应对工业化快速推进带来的资源环境压力，国内学者对绿色发展概念的探索经历了环境保护—可持续发展—绿色发展的发展历程。2017 年，党的十九大报告中，习近平同志指出：绿色发展，就其要义来讲，是要解决好人与自然和谐共生问题。人与自然的辩证关系始终贯穿于绿色发展理念发展，由于我国是发展中国家，其对于绿色发展相关研究更侧重于经济发展和环境保护本身及其协调可持续发展。20 世纪 90 年代，刘思华等（1997）针对绿色经济以及绿色道路发展进行了研究，指出 Pearce 等（1989）的绿色经济概念可能忽视了当前人类利益，事实上，经济可持续发展所选择的绿色道路既要解决好当代与后代的利益关系，还应该解决好当代经济发展与环境保护的协调关系，并形成良性循环，共同实现多重利益。之后许多学者就绿色经济或者经济与环境协调发展等都进行了深入研究。胡鞍钢（2005）指出，中国必须摆脱和抛弃"黑色"发展之路，寻求"绿色"发展之路。2010 年，中国可持续发展战略研究组提出，绿色发展或绿色经济是相对于过去"黑色"发展而言的，其核心目的是为突破有限的资源环境承载力的制约，谋求经济增长与资源环境消耗的脱钩，实现发展与环境的双赢。随着绿色发展理念的普及，官方机构、部门也对绿色发展展开系列研究。2012年，世界银行发布了其与中国国务院发展研究中心联合完成的中国展望报告《2030年的中国：建设现代、和谐、有创造力的社会》，该报告提出，"绿色"可以成为经济增长新的来源，经济增长和"绿色"之间可以形成相互促进的良性循环的新论断。中国国际经济交流中心课题组（2013）将绿色发展等同于绿色经济，强调绿色经济是经济发展新的动能、利润和增长点。近几年来，关于绿色发展概念的研究逐渐增加，对其内涵阐述也愈加详细，如王玲玲、张艳国（2012），胡鞍钢、周绍杰（2014）将绿色发展内涵解释为包含了环境、经济、政治、文化等方面的诸多子系统关系，认为这是一种新型的具有可持续性的发展模式。何爱平等（2018）从生产力和生产关系两个层面论证了绿色发展理念对马克思主义政治经济学的继承和发展，蒋南平、向仁康（2013），刘思华（2015）则从马克思主义理论角度分析绿色发展内涵，提出坚持中国特色社会主义，坚持生态文明建设，以此推动绿色发展道路。吕福新（2013）通过研究目前我国绿色发展的实践来剖析其内在关系，认为绿色发展体现了以人为本思想，并且与中国传统文化相契合，是全面、融合和协调生态模式的集中体现。邹巅和廖小平（2017）认为，绿色发展是以人为本的合目的性和以生态为本的合规律性的统一，是绿色和发展的内在融合。绿色发展是对循环经济、绿色经济、可持续发展、低碳经济等热门理念的继承和发展，是对上述概念的综合归纳和高度概括，是可持续发展理念的延伸和升华（杨宜勇等，2017）。郭兆晖等（2017）围绕党中央国务院《关于加快推进生态文明建设的意见》和中共十八届五中全会对绿色发展的诠释，结合政府和市场发挥的作用、功效，阐明绿色发展是政府与市场相互影响、相互促进的过程。余华和彭程甸（2018）认为，作为涵盖政治、经济、文化、社会的宏大系统，绿色发展涉及"政府、市场、公民"三个层面，对绿色发展的探索须破除"中心—边缘"结构的政府主导视角，应当尊重政府、社会、公民多元主体的权力和责任，充分发挥多元主体促进绿色发展的积极作用和协同效应。辛春林等（2018）认为，绿色发展是区别于传统发展的、在考虑资源环境约束下的以可持续发展为目标的新的发展模式。黄娟（2018）认为，绿色发展不仅要解决资源环境生态问题，而且还要用绿色发展理念统筹"五大建设"，形成绿色发展"五位一体"总体布局，推进绿色生态、绿色经济、绿色文化、绿色社会、绿色政治均衡发展，满足人民美好生活、绿色生活的新需要。

绿色发展内涵的理解经历了由片面到全面、从矫枉过正到辩证扬弃的演化历程，尽管国内外关于绿色发展概念定义的理解存在差异，但其本质上仍然体现了环境与经济、人与自然的辩证关系，强调经济发展、生态环境和社会包容性之间的相互依存关系。现有研究对经济发展能够实现与资源环境脱钩、绿色经济可以成为新的经济增长点两方面普遍达成共识，并体现在党的十八大以来的生态文明建设、"十三五"规划纲要绿色发展理念及党的十九大报告中。绿色发展指数评估框架应反映绿色发展内涵，正确领会绿色发展内涵是对绿色发展指数进行科学评估的前提，在深刻领会绿色发展要义基础上，我国根据自身实际情况正在不断完善绿色发展指标体系，探索绿色发展的新型模式。

二、绿色发展指数的类型研究

伴随着绿色发展的不断推进，国内外有关绿色发展指数指标体系的研究也不断深化。联合国（主要包括可持续发展委员会、环境规划署、统计司、亚太经济与社会理事会等下属机构）、经济合作与发展组织、世界银行、世界自然基金会、耶鲁大学、哥伦比亚大学等国际组织、机构和学府，中国科学院、中国社会科学院、环境保护部等政府部门及其所属研究机构，北京师范大学、北京工商大学、福建师范大学等国内高校和研究机构都提出了具有一定特点的绿色发展指数指标体系及其构建方法。

国际组织的指标构建侧重社会包容性，如 UNEP（2012）所构建的指标体系具有比较明显的可适应性，它可以根据绿色经济的政府决策不同进行调整。OECD（1989，2009）的绿色增长指标将总体社会经济指标作为外生变量使用。耶鲁大学及哥伦比亚大学联合发布的环境可持续发展指标体系（ESI）及环境绩效指数（EPI）评估框架可对不同国家、地区的环境状况进行定性、定量比较。部分学者将绿色发展指数指标体系的构建划分为三种类型：绿色国民经济核算、绿色发展多指标测度体系和绿色发展综合指数。随着绿色发展和绿色经济的不断深入，国内学者开始综合采用多类型指标，构建综合指数评价体系，最有影响的是北京师范大学等研究机构从 2010 年开始发布中国绿色发展指数报告，从多维度分析构建相应的指标。2016 年 12 月，国家发改委等四部委为落实中央《生态文明建设目标评价考核办法》，制定了 31 个省（区、市）的绿色发展指标体系，2017 年 12 月完成并发布了对 31 个省（区、市）2016 年绿色发展指数测评工作，这是中国官方首次发布的绿色发展指数。本书在总结前人研究的基础上，梳理了国内外诸多关于绿色发展指数指标体系的相关文献以及各类研究报告，将现有的绿色发展指数指标体系分为可持续发展评价体系、环境绩效评价体系、经济核算评价体系、竞争力评价体系、绿色发展或绿色经济综合评价体系五种类型，如表1-1所示。

表1-1 国内外绿色发展指数相关指标体系概况

类型	名称	年份	机构
可持续发展评价	UNCSD 可持续发展指标体系	1996 2006	联合国可持续发展委员会（UNCSD）
	OECD 可持续发展指标体系	1989	经济合作与发展组织（OECD）
	UNSD 可持续发展指标体系	1995	联合国统计司（UNSD）
	WB 可持续发展指标体系	1995	世界银行（WB）
	CAS 可持续发展能力评估指标体系	1999	中国科学院（CAS）
	环境可持续发展指标体系	2000	耶鲁大学、哥伦比亚大学
	PRCEE 生态文明建设目标指标体系	2012	环境保护部环境与经济政策研究中心（PRCEE）
环境绩效评价	WWF 地球生命力指数与生态足迹	2004	世界自然基金会（WWF）
	CAEP 中国环境绩效指数	2009	环境保护部环境规划院（CAEP）
	环境绩效指数评估框架	2012	耶鲁大学、哥伦比亚大学
经济核算评价	UNSD 环境经济核算体系	1993	联合国统计司（UNSD）
	真实进步指标体系	1995	Cobb 等
	CAEP 绿色 GDP 核算体系	2004	环境保护部环境规划院（CAEP）
	UNESCAP 生态效率指标体系	2009	联合国亚太经济与社会理事会（UNESCAP）
	CASS 中国真实进步指标体系	2010	中国社会科学院（CASS）
	WB 财富核算和生态系统服务估值体系	2012	世界银行（WB）
竞争力评价	FNU 省域环境竞争和全球环境竞争力指标体系	2007 2013	福建师范大学（FNU）
	WEF 可持续竞争力指标体系	2011	世界经济论坛（WEF）

续表

类型	名称	年份	机构
绿色发展或绿色经济综合评价	OECD 绿色增长监测指标体系	2009	经济合作与发展组织（OECD）
	美国加州绿色创新测度体系	2009	加州政府
	BTBU 绿色经济指数	2010	北京工商大学（BTBU）
	BNU 中国绿色发展指数	2011	北京师范大学（BNU）
	CCIEE 和 WWF 中国省级绿色经济指标体系	2012	中国国际经济交流中心（CCIEE）和世界自然基金会（WWF）
	UNEP 绿色经济指标体系	2012	联合国环境规划署（UNEP）
	BNU 人类绿色发展指数	2014	北京师范大学（BNU）
	PRCEE 和 WWF 面向绿色经济决策的指标体系	2015	环境保护部环境与经济政策研究中（PRCEE）和世界自然基金会（WWF）
	绿色发展指标体系	2016	国家发展改革委、国家统计局、环境保护部、中央组织部

资料来源：根据公开资料整理。

上述指标体系各有侧重点，体现了不同侧重点所能测度出的绿色发展目标以及效果。首先，在指标体系构建原则上，这些指标都遵循了数据可获得性、可测度性、指标重要程度和内在意义、时效性、可比较性等原则。其次，在指标体系构建和具体指标筛选上，采用的方法都是科学合理的，如相关性分析、问卷调查、专家咨询等。最后，在指标具体评价和测度上，利用赋权、标准化处理等方法获取综合指数的结果，并能够根据具体指标的差异进行分层处理。然而，就目前而言，这些指标体系也存在一些问题，如指标设计中的巨大差异，绿色发展中涉及的指标过于复杂，涵盖了环境、经济与社会的诸多方面，指标覆盖面太广、涉及指标数量过多，包括不同国家或地区之间对内涵的理解存在差异。此外，数据获取难易程度、国际标准的制定、具体指标的透明度等问题阻碍了指标体系的最终构建。

通过比较这些指标体系可以看出，现阶段我国省级绿色发展指数指标体系的构建应该考虑以下几个重要因素。首先，应能够体现出绿色发展的本质内涵，涉及绿色发展的环境、经济与社会效益等；其次，应能够体现出国家或地区的基本现状，其中既要包含统一标准的指标，还要有能体现其特色的指标；再次，应能够体现出政府部门的有效作用，特别是政策因素的影响在绿色发展过程中应该充分体现出来；最后，要保证其指标层次分明，针对性强。

然而，要想构建这样一套既能涵盖绿色发展内涵，又能体现出不同国家或地区特色的绿色发展指数指标体系难度较大。这也是 UNEP 近些年研究绿色经济的主要着力点，它已经提出应该根据不同国家具体国情来构建基于统一标准下的具体指标体系，因而其避免了对于具体指标的选取障碍，转而研究针对现有指标体系所应该采取的政策，即按照绿色经济发展过程中的政策制定流程来构建指标体系，以此更好地实现政策目的。这一方法目前在非洲一些国家（如肯尼亚、毛里求斯）已经得到了推广应用，取得了较好的效果。

目前国内也形成了具有代表性的指标体系。如北京师范大学的"中国绿色发展指数"（2010～2016 年连续七年发布），突出了产业发展的绿色化程度，体现了政府部门对绿色经济的关注程度，承认了中国省区之间存在绿色发展的差异性，指出政府引导作用在推动绿色发展中有着重要作用。中国国际经济交流中心与世界自然基金会的"中国省级绿色经济指标体系"（2012 年）则侧重于体现其社会包容性，引入了国际标准的具体指标（基尼系数），将绿色经济转型发展作为一种长期化行为进行研究分析。

综上所述，构建特定地区的绿色发展指数指标体系尚需进一步了解当地环境、经济与社会发展的实际情况，并在尽可能地利用国际标准指标体现绿色发展内涵的同时，选用特色化的具体指标来显示其绿色发展的可能方向，并且采用不同的具体指标评价和确定政策导向。

三、绿色发展指数框架构建研究

（1）联合国环境规划署（UNEP）绿色经济指标。UNEP 绿色经济指标经历了一段时间的探索和实践才得以成形。UNEP 2014 年发布的《绿色经济指标指导手册》中详细指出了其指标设置以"综合型政策制定过程"为基本原则，根据"问题识别、政策制定、政策评定、政策监测及评估"四个步骤来确定及筛选指标。例如，其报告中提及毛里求斯农业绿色发展案例。具体实施步骤为：第一步，问题识别指标根据当地实际存在的问题，选取了整体农业用地面积、甘蔗用地面积、从事粮食作物种植的农民人数、从事粮食作物种植的农民平均年龄、房地产用地的土地价格等；第二步，政策制定指标根据政策目标来确定，选取了粮食进口额、农业补贴资金、土地用途转换税等；第三步，政策评定指标用来预测政策的影响，选取了农作物生产量、农业生产占 GDP 比重、进口粮食作物减少率、本地和进口蔗糖的比例等；第四步，政策监测及评估指标与政策的实施同时进行，其指标选取与政策评定阶段相类似，但其目的是用于监测政策所产生的实际影响。

（2）全球环境绩效指数（Environmental Performance Index，EPI）。全球环境绩效指数是耶鲁大学、哥伦比亚大学2006年开始开展的国家及地区环境绩效评估工作，它是在2002～2005年连续4年编制的"环境可持续指数"基础上发展而来的，每两年开展一次评估，具有广泛的影响力，近期发布的《2018年全球环境绩效指数（EPI）报告》是第七次全球尺度的评估工作。该指数主要评估了各国的空气质量，并以生态系统活力（Ecosystem Vitality）和环境健康（Environmental Health）两项指标为基准，对180个经济体的10个政策类别共24项绩效指标进行排名。EPI建立的指标体系关注于环境可持续性和每个国家的当前环境表现，通过一系列的政策制定和专家认定的表现核心污染以及自然资源管理挑战的指标来收集数据，虽然对于环境指数的合理范畴没有精确的答案，但其选择的指标可以形成一套能反映当前社会环境挑战的焦点问题的综合性指标体系，为国际间跨国、跨部门比较提供了基准。具体指标如表1-2所示。

表1-2　2018年全球环境绩效指数（EPI）评估框架

目标	政策类别	指标
环境健康	空气质量	家用固体燃料
		空气污染——PM2.5的暴露平均值
		空气污染——PM2.5的超标率
	水与卫生	卫生设施
		饮用水
	重金属	铅暴露
生态系统活力	生物多样性与栖息地	海洋保护区
		生物群落保护——全球
		生物群落保护——国家
		物种保护指数
		代表性指数
		物种栖息地指数
	森林	树木覆盖损失
	渔业	鱼类资源情况
		区域海洋营养指数

续表

目标	政策类别	指标
生态系统活力	气候与能源	二氧化碳排放总量
		二氧化碳排放量——电力行业
		甲烷排放量
		N_2O 排放量
		黑炭排放量
	空气污染	SO_2 排放量
		NO_x 排放量
	水资源	污水处理
	农业	可持续氮管理

资料来源：根据公开资料整理。

（3）经济合作与发展组织（OECD）绿色增长指标。OECD绿色增长指标是比较全面的，其前期研究中就已经涉及了绿色发展的诸多指标内容，因此在指标选取上显得较为成熟。其指标框架包括了四类：环境和资源生产率、自然资本存量、环境生活质量、经济机会和政策反应，并将社会经济维度及增长特征作为外生变量。具体指标如表1-3所示。

表1-3 经济合作与发展组织的绿色增长指标体系框架

一级指标	二级指标
环境和资源生产率	碳和能源生产率
	资源生产率
	多因素生产率
自然资本存量	可再生资源存量
	不可再生资源存量
	生物多样性和生态系统
环境生活质量	环境健康及风险
	环境服务及设施

续表

一级指标	二级指标
经济机会和政策反应	科技和创新
	环境产品和服务
	国际资金流动
	价格和资金转移
	技术和培训
	法规和管理方法
社会经济维度及增长特征	经济增长和结构
	生产率和贸易
	劳动市场、教育和收入
	社会人口形态

资料来源：根据公开资料整理。

（4）中国绿色发展指数。从 2010 年开始，北京师范大学、西南财经大学和国家统计局联合发布《中国绿色发展指数报告》，逐步建立了一套较为完善的绿色发展指标评价体系，较为科学合理地测算了中国 30 个省、直辖市和自治区以及部分城市的绿色发展状况，并进行了区域比较。这一指标体系的构建突出了绿色与发展相结合，在生产领域较为全面地体现了绿色内涵，并将政府政策支持摆在较重要的位置。其一级指标设置包括经济增长绿化度、资源环境承载潜力、政府政策支持度，在此基础上划分了二级指标（9 个）和三级指标（省级数据采用了 62 个指标，城市数据采用了 45 个指标）。其指标框架如表 1 - 4 所示。

表 1 - 4　中国绿色发展指数指标框架

一级指标	二级指标
经济增长绿化度	绿色增长效率指标
	第一产业指标
	第二产业指标
	第三产业指标
资源环境承载潜力	资源丰裕与生态保护指标
	环境压力与气候变化指标

续表

一级指标	二级指标
政府政策支持度	绿色投资指标
	基础设施指标
	环境治理指标

资料来源：根据公开资料整理。

(5) 中国省级绿色经济指标体系。中国国际经济交流中心与世界自然基金会共同发布的"中国省级绿色经济指标体系"则侧重于体现其社会包容性，引入了国际标准的具体指标（基尼系数），并将绿色经济转型发展作为一种长期化行为进行研究分析。其指标设置包括三个维度：社会与经济发展、资源环境可持续、绿色转型驱动，涉及六个方面，具体涵盖了42个指标。其指标框架如表1-5所示。

表1-5 中国省级绿色经济指标框架

三个维度	六个方面
社会与经济发展	人的发展
	包容性发展
资源环境可持续	自然财富与生态服务供给
	资源环境可持续
绿色转型驱动	政府绿色引导
	经济绿色转型

资料来源：根据公开资料整理。

(6) 人类绿色发展指数（HGDI）指标体系。借鉴人类发展指数，在社会经济可持续发展和生态资源环境可持续发展两大维度同等重要的基础上，构建的"人类绿色发展指数"，以12个元素指标为计算基础，测算了123个国家绿色发展指数值及其排序。人类绿色发展指数的理念与测算方法，可能为中国和世界的可持续发展提供有益的思路与建议。其指标框架如表1-6所示。

(7) 绿色发展指标体系。国家发展改革委等四部委2016年制定的《绿色发展指标体系》从资源利用、环境治理、环境质量、生态保护、增长质量、绿色生活、公众满意度七大层面选取 56 个指标对我国 31 个省（区、市）绿色发展进行测度，为地方绿色发展指标体系构建及生态文明建设评价考核提供了参考依据。

表1-6 人类绿色发展指数指标体系

人类绿色发展两个方面	人类绿色发展12个领域	元素指标名称
社会经济可持续发展	贫困	低于最低食物能量摄取标准的人口比例
	收入	不平等调整后收入指数
	健康	不平等调整后预期寿命指数
	教育	不平等调整后教育指数
	卫生	获得改善卫生设施的人口占一国总人口的比重
	水	获得改善饮用水源的人口占一国总人口的比重
生态资源环境可持续发展	能源	一次能源强度
	气候	人均二氧化碳排放量
	空气	PM10
	土地	陆地保护区面积占土地面积的百分比
	森林	森林面积占土地面积的百分比
	生态	受威胁动物占总物种的百分比

资料来源：根据公开资料整理。

（8）江西生态文明评价指标体系。基于生态文明建设框架，江西现有两类代表性的绿色发展指数指标体系：一是谢花林（2014）、陈胜东等（2015）所提出的由经济、环境、人居、制度、文化五大建设领域11个二级指标、38个三级指标构成的江西生态文明建设评价指标体系，其考虑到了区域差异性以及江西主体功能区不同定位，并对江西设区市和县进行了两级分层指标体系构建；二是傅春（2016）从生态经济、生态环境、生态社会、生态文化和生态制度五个方面构建的江西生态文明建设评价指标体系，其中，省级指标体系有 32 个具体指标，设区市指标体系有 29 个具体指标。

四、绿色发展指标体系应用研究

绿色发展指标体系旨在对绿色发展进行评估，而评估应用主要在以下两方面：一是通过绿色发展指数对绿色发展状况进行定量与定性评价，从而对不同地区、不同时期的绿色发展状况进行比较、衡量，发挥评估指标体系"标尺"的衡量作用；二是通过绿色发展指标体系中指标与权重的设置，体现绿色发展内涵要义，使得执行者能够根据选取的指标、权重的高低准确把握绿色发展的关键点，从而影响绿色发展过程中的行为偏好，即发挥评估指标体系"指挥棒"的导向作用。当前对于绿色发展指标体系的应用中，将其作为"标尺"来衡量绿色发展状况的应用较普遍，将其作为绿色发展"指挥棒"从而影响行为偏好的应用较为欠缺。

当前绿色发展指标体系较多应用于省域、地区绿色发展状况的比较研究，包括根据不同产业、地区的发展属性、资源禀赋差异，对绿色发展指标体系进行调整从而应用于不同产业和地区的绿色发展状况评估。如唐燕秋等（2007）采用了工业增加值能耗、水耗、SO_2排放量、COD排放量四个指标尝试构建简单的绿色发展指数，以此衡量和评价一个地区工业绿色发展水平，属于绿色发展指数的早期应用代表。郭喜、智颖飙（2011）则利用内蒙古自治区特点，以生态承载力为主要分析指标来评价其区域绿色发展竞争力程度。苏利阳等（2013）构建了共包括9个指标在内的工业绿色绩效指标体系，包括3个资源消耗指标和6个污染物排放指标，为工业绿色发展指数评价提供了新的思考。肖宏伟等（2013）在国内外绿色指数、低碳经济等相关理论和评价指标体系研究的基础上，构建了以环境保护、资源利用、竞争力提升为维度的绿色转型发展指标体系，同时对我国30个省市区进行了绿色转型发展综合评价，丰富了绿色发展指标体系的框架。陈劭锋、刘扬（2013）选取了7类资源消费和污染物排放指标对我国综合环境绩效指数进行了研究，从生态环境角度扩充了绿色发展的指标体系。北京师范大学绿色减贫指数课题组等（2014）在借鉴人类发展指数、绿色增长测度指标体系和中国绿色发展指数方法的基础上，将绿色发展与减贫融为一体构建度量绿色减贫的新方法，即由4个一级指标27个二级指标组成的绿色减贫指数，对贵州绿色减贫进行评价，丰富了现有指标体系的外延。戴鹏（2015）将青海绿色发展水平评价体系确定为五个方面，即绿色生产体系、绿色消费体系、绿色政策体系、绿色环境体系和绿色民生体系，借助青海的绿色优势分析其绿色发展的可能方向。李琳、楚紫穗（2015）借鉴"中国绿色发展指数"，用产业绿色增长度、资源环境承载力和政府政策支撑力三个维度 28 个具体指标构建了区域产业绿色发展指数评价指标体系。聂玉立、温湖炜（2015）采用四类指标：非资源投入要素（劳动力、资本存量）、资源投入要素（能源消耗）、期望产出（地区生产总值）和非期望产出（工业"三废"），利用 DEA 模型测算了中国地级以上城市的绿色经济效率。李金滟等（2016）从工业绿色增长度、工业资源环境压力和政府绿色政策支撑三个方面评价工业发展，构建了工业绿色发展水平评价指标体系。傅京燕等（2016）从环境污染、资源消耗、经济发展三个维度，采用 9 个具体指标构建了区域生态效率评价指标体系。张欢等（2016）从绿色美丽家园、绿色生产消费、绿色高端发展三个方面，采用了 24 个具体指标构建湖北省绿色发展测度指标体系。吴传清和黄磊（2017）从资源利用效率、环境治理强度、创新驱动能力、增长质量水平四方面对长江经济带工业绿色发展绩效及其协同效应进行评估。吴传清和宋筱筱（2018）从劳动投入、资本投入、能源投入三个角度选取指标对长江经济带城市绿色发展进行评估。魏源（2017）从环境污染虚拟治理费用及环保投入两方面选取 11 个指标构建了贵州省环境污染损失价值评估框架。李晓星等（2018）采用污染治理成本法，建立了基于水环境污染治理成本的绿色 GDP 核算模型。肖杰等（2018）从经济、社会、资源配置、环境保护四个方面选取指标构建人类绿色发展指数（HGDI）对关中—天水经济区人类社会综合发展状况进行测度与分析。廖筠与黄灵霞（2018）引入绿色增长潜力，从资源配置、环境保护、经济产出及绿色增长潜力四个维度构建绿色发展指数指标体系，对我国 30 个省市 2006～2015 年的绿色发展水平进行评估。

绿色发展指数能够有效发挥环境管控的长效机制作用，作为绿色发展的"指挥棒"，对环境友好、资源节约的发展模式有进一步刺激鼓励的作用。绿色发展指标体系作为绿色发展的"指挥棒"，其应用主要体现在政府的政绩考核和用人导向上，相关应用主要包括：自然资源资产离任审计制度，生态环境损害问责制度等。中国共产党第十八届三中全会所做的《中共中央关于全面深化改革若干重大问题决定》提出：探索编制自然资源资产负债表，对领导干部实行自然资源资产离任审计。据此，在领导干部经济责任审计中逐步加大了资源利用和生态环境保护的内容。2015～2017 年，我国已相继在湖南娄底、河北、内蒙古呼伦贝尔、山西等省（市）实施了领导干部自然资源资产离任审计试点，2017 年 11 月，中办和国办联合印发的《领导干部自然资源资产离任审计规定（试行）》，标志着一项全新的、经常性的审计制度正式建立，2018 年起由审计试点进入到全面推开阶段。中共中央办公厅、国务院办公厅印发的《党政领导干部生态环境损害责任追究办法（试行）》自2015年8月9日起施行。该办法提出，地方各级党委和政府对本地区生态环境和资源保护负总责，党委和政府主要领导成员承担主要责任，对在生态环境和资源方面造成严重破坏负有责任的干部不得提拔使用或者转任重要职务，领导干部因生态环境损害被免职，两年内不得升迁。绿色发展有关评估为绿色发展指数编制提供了实践基础，同时，绿色发展指数为以上绿色发展评估考核制度提供了可量化的标准，有助于将生态文明建设纳入政府政绩考核框架内。

从整体上看，绿色发展指标体系须体现绿色发展内涵，然而，绿色发展指标体系构建尚未形成公信度较高的统一标准，不同体系选取的指标类型，指数筛选方法及其权重的确定都有所不同，难以实现跨区域的横向比较；绿色发展指标体系结果应用机制尚不成熟，大多仅作为绿色发展状况的衡量"标尺"，未能充分发挥其作为绿色发展"指挥棒"的激励、引导作用。现阶段的绿色发展指标体系仍处于探索时期，其指标框架设置及结果应用机制均有待于进一步完善，这制约了我国绿色发展事业的进一步深化。

第三节 研究内容和技术路线

本书主要包括以下研究内容：

第一章 引言。首先介绍了本书的研究背景与研究意义，其次对国内外研究进展涉及的文献进行了梳理并根据不同研究方向的内容进行了评述，再次具体介绍了本书的研究内容，最后根据本书的研究思路和框架构建了技术路线图。

第二章 江西绿色发展指数框架构建及测算方法——理论与方法篇。分别从理论和方法上对本书研究内容进行了详细描述。第一，阐述了绿色发展指数构建的基础理论，并针对不同理论与绿色发展指数的关系进行了详细描述。第二，具体分析了江西绿色发展的历程，从理念支撑、现实路径、发展基础方面介绍了从20世纪80年代到现阶段的各种绿色发展理念与实践。第三，针对江西绿色发展指数设计的目标进行解释，分别从绿色环境、绿色生产、绿色生活、绿色政策角度详细剖析，并提出了绿色发展模式创新目标。第四，确定了绿色发展指标体系的选取原则。第五，根据以上研究构建出江西绿色发展指数的框架体系，包括江西绿色发展指数的纵向比较指标框架、江西绿色发展指数指标框架、江西设区市绿色发展指数指标框架、江西城市绿色发展指数指标框架。第六，制定了江西绿色发展指数测算方法，并分别确定了指标筛选、权重分配、标准化处理的方法。

第三章　江西绿色发展指数测算与分析——省份篇。确定了江西绿色发展指数框架以及测算方法之后，利用2017年的数据，通过绿色环境、绿色生产、绿色生活、绿色政策四个一级指标的具体指标结果剖析中部六省的绿色发展指数，并根据具体指标值进行详细的分析。在此基础上，将一级指标加总后得出江西绿色发展指数，并对形成这一指数排名的原因进行深入剖析。

第四章　江西设区市绿色发展指数测算与分析——设区市篇。确定了江西设区市绿色发展指数框架以及测算方法之后，利用2017年的数据，通过绿色环境、绿色生产、绿色生活、绿色政策四个一级指标的具体指标结果剖析江西设区市的绿色发展指数，并根据具体指标值进行详细的分析。在此基础上，将一级指标加总后得出江西设区市绿色发展指数，并对形成这一指数排名的原因进行深入剖析。

第五章　江西城市绿色发展指数测算与分析——城市篇。确定了江西22个城市绿色发展指数框架以及测算方法之后，利用2017年的数据，通过绿色环境、绿色生产、绿色生活、绿色政策四个一级指标的具体指标结果剖析江西22个城市的绿色发展指数，并根据具体指标值进行详细的分析。在此基础上，将一级指标加总后得出江西22个城市绿色发展指数，并对形成这一指数排名的原因进行深入剖析。

第六章　2013~2017年江西绿色发展指数变化及原因分析——对比篇。在江西绿色发展指数分析的基础上，根据2013~2017年的数据，进一步测算了2013~2017年江西绿色发展指数、江西设区市绿色发展指数、江西城市绿色发展指数。从绿色发展均衡态势、绿色发展实际增速两个方面展开对2013~2017年江西绿色发展指数的对比分析。

第七章　江西绿色发展对策建议——建议篇。绿色发展是江西加速崛起的路径，本章根据前文对江西绿色发展水平的省域、设区市、城市的对比分析，进一步得出了江西绿色发展对策建议。此外，针对设区市的绿色发展情况分别进行深度剖析并提出对策建议。

本书的技术路线如图1-1所示。

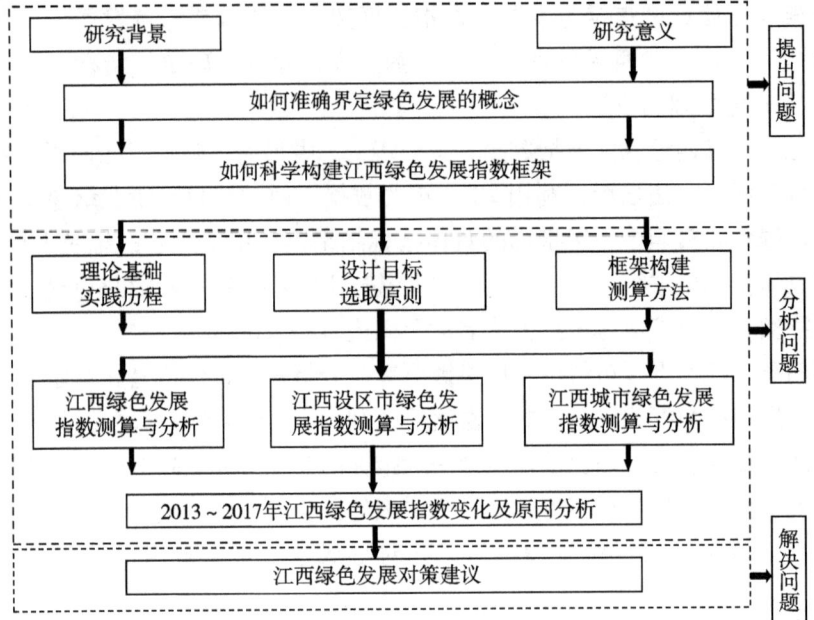

图1-1 技术路线

第二章 江西绿色发展指数框架构建及测算方法——理论与方法篇

第一节 绿色发展指数构建的基础理论

一、中国传统生态观

作为四大文明古国之一的中国,在长期的农耕生产、生活实践中形成了中国传统生态观。中国传统生态观秉承"尊重自然、热爱自然"的基本理念,强调要把天地人统一起来、把自然生态同人类文明联系起来,按照大自然活动规律取之有时,用之有度。其中,"仁民而爱物""德者泽及万物"等思想提倡环境保护,"道法自然""天人合一"等思想提倡物质生产方式的转变。同时,我国古代很早就把关于自然生态的理念上升为国家管理制度,设立了专门管理山林川泽的机构并制定政策法令。中国传统优秀文化中蕴含丰富的生态伦理思想主要有以下几种。

(1)"天人合一"协调发展理念。"天人"关系也就是自然规律与人类活动协调研究一直是我国古代传统文化的核心问题。儒家在不同时期提出"性天同一"(孟子)、"天人合德"(《易传》)、"天人相类"(董仲舒)等"天人合一"(张载)观念,认为"天人"关系中人类活动应遵循"天道","与天地合其德,与日月合其明,与四时合其序"(《乾·文言》),通过控制人类自身脾性和欲念顺应自然规律的"以天合人"路径,通过反求诸己而诚其心,实现天人的协调发展。道家在不同时期提出"道法自然""辅万物之自然而不敢为"(老子)、

"配神明,醇天地,育万物,和天下"(庄子)等"天人合一"(《易经》)观念,指出人类应遵循自然规律,体现了崇尚自然的观点,通过效法天道,自觉去配合和适应天道的"以人合天"路径,根据自然规律把人类活动融入自然生态的演化过程之中。传统文化中强调人类来源于自然,人类活动依赖于自然规律和自然资源,应规范人类行为适应自然秩序和规律,与当代社会、经济和生态协调发展的理念有着共通之处。

(2)"生生不息"永续发展理念。传统文化中提及的"取之有时""取之有度"等利用资源的观点,即为了维持万事万物"生生不息"的永续发展状态。《逸周书·聚篇》提出:"早春三月,山林不登斧,以成草木之长。夏三月,川泽不入网罟,以成鱼鳖之长。"《孟子·梁惠王》中说:"不违农时,谷不可胜食也;数罟不入洿池,鱼鳖不可胜食也;斧斤以时入山林,材木不可胜用也。"《荀子·王制》中提出:"草木荣华滋硕之时,则斧斤不入山林,不夭其生,不绝其长也。鼋鱼鳖鳅孕别之时,罔罟毒药不入泽,不夭其生,不绝其长也。"《吕氏春秋·义尝》中写道:"竭泽而渔,岂不获得,而明年无鱼;焚薮而田,岂不获得,而明年无兽。"《淮南子》中指出:"孕育不得杀,壳卵不得采,鱼不长尺不得取,彘不其年不得食。"《齐民要术》中有"顺天时,量地利,则用力少而成功多"的记述。这些思想充分体现了社会经济可持续发展的观念。

(3)"崇俭爱物"的自然资源管理理念。在实际生活生产过程,古代人的思想也体现了节制物质享受,珍惜和爱护自然资源的理念。《论语·学而》中指出,"君子食无求饱,居无求安",提倡节约,积极推行绿色消费。《管子·立政》中提出"修火宪,敬山泽,林薮积草,夫财之所出,以时禁发焉""山林虽近,草木虽美,宫室必有度,禁伐必有时",在山泽林木的开发和宫廷建造中提倡合理开发、适度用料。我国古代很早就把自然生态的观念上升到国家政策,并制定严格的政策法令保护自然资源和自然环境。周代《伐崇令》规定:"毋坏屋,毋填井,毋伐树木,毋动六畜,有不如令者,死无赦。"此外,历代还制定了保护自然资源的《野禁》《四时之禁》,《秦律》《唐律》《明律》《清律》也有禁止破坏树木、保护土地等规定。同时,中央制定山林川泽政策法令,虞衡官(少府、虞衡司、工部)执行这些政策法令具体掌管山林川泽。《周礼·地官·山虞》记载"山虞掌山林之政令,物为之厉,而为之守禁""林衡掌巡林麓之禁令,而平其守""柞氏掌攻草木及林麓"。《旧唐书》记载,虞部"掌京城街巷种植、山泽苑圃、草木薪炭供顿、田猎之事"。秦汉时期,虞衡制度分为林官、湖官、陂官、苑官、畤官等,虞衡制度一直延续至清代。

虽然这些传统文化思想主要产生于农耕文明,有一定的朴素性、猜测性和消极性的特点,但其反映出的绿色发展内涵对于当今生态、环境问题仍具有指导意义,是我国绿色发展理念形成的文化基础。

二、马克思主义生态观

马克思主义理论包含了诸多生态保护、绿色发展内涵的理论观点,虽然尚未形成成熟完整的理论体系,但很多观点在今时今日看来仍具有指导意义。

(1) 人与自然的辩证关系。马克思、恩格斯认为,"人靠自然界生活""我们连同我们的肉、血和头脑都属于自然界和存在于自然界之中的"①。人类在同自然的互动中生产、生活、发展,人类善待自然,自然也会馈赠人类,但"如果说人靠科学和创造性天才征服了自然力,那么自然力也对人进行报复",提出了人、社会与自然等哲学观点是绿色发展理念的哲学基础。马克思、恩格斯的哲学生态观主要在于对人、社会与自然关系的探讨。既强调人的自然属性,又强调人的社会属性。将人、社会与自然认定为统一整体的观点,在辩证中认识到人是体现社会自然相互联系的载体关系。这一论断为绿色发展提供了重要的哲学理论基础,由此提出的整体、全面、协调可持续发展都成为了绿色发展的应有之义。

(2) 生态危机理论。恩格斯在《自然辩证法》中写道:"美索不达米亚、希腊、小亚细亚以及其他各地的居民,为了得到耕地,毁灭了森林,但是他们做梦也想不到,这些地方今天竟因此而成为不毛之地,因为他们使这些地方失去了森林,也就失去了水分的积聚中心和贮藏库。阿尔卑斯山的意大利人,当他们在山南坡把那些在山北坡得到精心保护的枞树林砍光用尽时,没有预料到,这样一来,他们把本地区的高山畜牧业的根基毁掉了;他们更没有预料到,他们这样做,竟使山泉在一年中的大部分时间内枯竭了,同时在雨季又使更加凶猛的洪水倾泻到平原上。"② 马克思、恩格斯在研究近代环境问题时,指明了经济危机可能带来的社会问题中,以牺牲生态环境作为代价发展资本主义经济,导致了整个人类社会与环境之间出现不可调和矛盾。资本主义正是通过生态危机的方式来缓解经济危机。由此,马克思提出了科技来解决环境问题的观点,利用科技力量转变物质生产方式的这一观点充分体现了现代绿色发展理念基本方向。现代社会高端科技发展,为绿色发展提供了重要支撑,绿色环境保护、绿色生产循环利用、绿色消费出行、环境污染治理等都离不开科技。马克思、恩格斯的生态自然观为

---

① 马克思,恩格斯. 马克思恩格斯选集(第4卷)[M]. 北京:人民出版社,1995.
② 马克思,恩格斯. 马克思恩格斯选集(第4卷)[M]. 北京:人民出版社,1979.

绿色发展理念提供了重要启示。

（3）消费异化理论。马克思指出"异化劳动从人那里剥夺了他所生产的对象……而把人对动物所具有的那种优点变成缺点，因为人被夺去了他的无机的身体即自然界"①。资本主义在发展过程中不断地通过消费来实现其阶级利益，随着消费资料的不断丰富，消费的异化程度越来越高，资本主义通过丰富的物质资料来满足资产阶级的需求，同时对于广大劳动人民给予广阔的未来前景期许。通过营造对于未来消费需求来缓解现阶段的生态危机压力。正是由于资本主义劳动异化带来了消费异化，对于自然界的索取更加无度。人们的异化消费不会带来社会进步，而是对于自然界的破坏，最终形成生态灾难。

（4）重构需求理论。人与自然的关系不断恶化，环境危机逐渐加重，消费异化情况日益严重，只有针对需求理论进行重构，才能较好地解决生态环境危机问题。破解以上问题的关键在于生产消费领域的变革。生态马克思主义认为，应"以更少的劳动时间提高劳动生产率，把人从异化劳动中解放出来，扩展经济决策的理性，是自由基于自我约束、借鉴、生态上可持续的消费"②。因此，针对生产结构的变革势在必行，通过产业转型升级来带动新兴绿色产业发展。通过消费结构改造，将消费与人类的自身努力程度结合起来，通过个人创造能力的重塑来形成新的消费观。这一重构最终是为了实现人的全面发展。

（5）建设完善的自然生态系统。马克思主义曾经提到，生产资料的重要性程度不仅仅是有无问题，还包括了如何管理问题。"所谓的废料，几乎在每一个产业中都起着重要作用"③。工业社会中过度生产现象一直存在，如何优化生产方式，将人类劳动与自然和谐发展相结合？人类对于自然界的开发利用一直存在，最终形成了生态环境危机。建设完善的自然生态系统就是通过保持自然界万事万物的平衡发展，并且加强相互之间的联系，将所有事物都纳入生态系统内。

三、环境伦理理论

环境伦理理论是从哲学观和方法论的角度对人与自然关系的深度解读。从伦理角度分析自然界万事万物的联系，尝试揭露人与自然的关系，从环境伦理角度重新审视人类发展进程中自身及对自然界的行为。

（1）现代人类中心主义。作为目前联合国环境规划署、国际自然资源保护

---

① 马克思.1844年经济学哲学手稿［M］.北京：人民出版社，1979.
② 吴宁.高兹的生态学马克思主义［J］.马克思主义研究，2006（8）：99－104.
③ 马克思.资本论（第3卷）［M］.北京：人民出版社，2004.

联合会、世界自然基金会主流观点的现代人类中心主义，在传统人类中心主义的基础上，试图调和人类发展与生态平衡，既有别于传统人类中心主义在环境问题上不负责任的态度，又避开了生态中心主义因其激进立场而招致的"反人类"和"乌托邦"的指责①。现代人类中心主义依据康德哲学理论中的目的和手段的内在关系，将人类看作是自然的主导者，是自然界的管理者。因此，根据社会契约论的主旨，人类对于生态环境危机负有不可推卸的责任，人类应该科学合理地利用自然界的资源，而不是破坏生态、造成物种毁灭。这一观点充分体现了人类应该为自然负责的观点，这也是这些环境保护机构和组织支持这一观点的主要原因，只有如此，才能进一步推动各个国家和地区推行更加严格的环境保护政策及手段。

（2）非人类中心主义。非人类中心主义也被称为生物中心主义、生态中心主义，是与人类中心主义相对立的一种理论，是在对人类生态破坏和环境污染的批判基础上形成的②。这一环境伦理观点主要是将整个自然界认定为一个统一整体，无论是有机体还是无机体，或者人类与其他生物。整个自然界包括人类在内都是一个复杂的系统，在这个完整的生态系统内，人类只是其中的一部分，不应该成为主导者，而是平等对待每一个个体，以此推动整个生态系统的和谐发展。这一点充分体现了后现代主义的思想主旨，20世纪80年代开始的生态革命或者绿色运动充分体现了这一点。

基本上可以认为，环境伦理理论以人与自然的关系为基础，从其内在联系上、从不同角度进行了深入分析，尝试解释现代社会生态环境危机的根源所在。无论是人类中心主义还是非人类中心主义，都是将人与自然视为生态系统的组成部分，只是对于其定位有不同看法，最终都是为了实现和谐发展。环境伦理对于我国生态文明建设而言，是不可或缺的理论基础，生态文明建设所内含的道德伦理、价值观念都需要科学合理的环境伦理理论的解释。绿色发展理念作为其最新的实践路径选择，环境伦理理论是其解释人与自然关系的重要理论之一。

四、新古典经济学

新古典经济学关于绿色发展观点主要集中于自然资源和生态环境方面，自然资源的有效利用和生态环境问题的经济治理是其重要组成内容。新古典经济学将

---

① 韩跃红. 生命伦理学语境中人的尊严 [J]. 伦理学研究, 2015 (1): 107-112.
② 赵靓. 美国生态意识之历史与现状研究——"人类中心主义"向"生态中心主义"伦理观的转变 [J]. 宁德师范学院学报（哲学社会科学版）, 2015 (1): 54-57.

自然资源、生态环境与经济增长关系描述为：只要有足够自然资源存在和稳定的生态环境，经济增长就可以持续下去。而且加入技术创新因素之后，可以解决生态环境问题和自然资源的短缺问题。所以，新古典经济学认为经济增长和生态环境之间并不存在绝对的对立与冲突。

但地球上自然资源的有限性与自然资源的局部可用性，以及生态环境的修复成本过高，决定了无限的经济增长不可实现。一个封闭系统的自然资源在一定时期内都是有限的，生态环境的承载力存在上限，自然界能量守恒定律决定了新古典经济学尝试必然不科学，也不现实。也就是说，自然资源的有限性、生态环境的承载力决定了对其破坏的加剧必然不能够被技术创新所抵消，虽然短时间看来技术创新带来了进步，但自然资源消耗和生态环境破坏同样具有不可逆转性，当其达到无法被抵消（修复）程度的时候，宏观经济分析的经济增长将不复存在。

因此，根据新古典经济学理论，我国经济社会发展面临严峻的自然资源和生态环境约束，短期变革效果不明，技术创新作用有限，关键还在于发展模式的转变以及新的发展理论的创新。

五、生态经济学

生态经济学是经济学的一个重要分支，是基于生态学和经济学发展的交叉学科，通过将经济学理论和生态学理论结合，创造出一个复合系统来研究生态环境与经济发展的综合性问题①。生态经济学反映了人类经济活动与自然生态之间相互作用的关系，在20世纪60年代的生态保护主义运动后得到了快速发展。"二战"以后，由于科学技术持续发展、劳动生产率不断提高和世界经济快速增长，以至于世界范围内出现了严重的环境污染和生态退化问题。然而《寂静的春天》一书引发了全球关于生态问题的讨论。经济学家们开始深入探讨环境污染产生的经济根源，从生态经济基本理论、生态经济区划（规划）与优化、生态经济管理等方面形成了生态经济学较为成熟的理论与方法体系。主要研究社会生态价值理论、生态经济效益、生态经济协同发展等领域，研究内容一般包括生态经济复合系统特征、生态经济系统区域性结构、生态经济系统综合功能、生态经济系统科学管理、循环经济与生态经济实践、生态环境建设与评价等。本书选取其中与绿色发展密切相关的一些理论进行详细介绍。

（1）生态经济平衡理论。生态与经济系统的平衡问题在20世纪80年代中后

---

① Boulding K E. The economics of the coming spaceship earth [J]. Environmental Quatity in A Grouting, 1966, 58 (4): 947 - 957.

期开始受到重视。要实现生态与经济系统平衡必须有一个双方都能接受的契合点。这个契合点要实现以生态系统平衡为基础的经济平衡，包括在更大程度上实现符合经济社会发展的生态系统平衡。实现这种平衡，首先要了解生态经济系统各自构造和现实情况，以实现帕累托效率为终极目标，实现生态平衡的时候不损害经济系统效益，在实现经济系统平衡的时候不损害生态环境。要实现这种均衡，需要构建一个非常完善的生态经济系统。由于存在着动态变化，在这一过程中把握生态经济系统的均衡需要不断去适应新的环境变化和新的经济条件，充分体现了环境承载力这一内涵，也是绿色发展必不可少的重要环节。

（2）生态经济效益理论。生态经济效益主要体现物质资料生产的综合效益，其中主要以投入产出表作为衡量标准。物质资料生产包括了社会生产和再生产，这是生态经济系统两个类型的投入产出活动，会导致生态经济系统的变动。生产活动的经济效益会对生态效益产生影响，特别是对生态环境产生影响；同时，利用生态环境资源参与物质资料生产和再生产，可以产生经济效益。要实现生态经济效益，需要综合考虑人类经济生产活动长期和短期、局部和整体的效益。对于整体生态经济效益的评价需要综合考虑各方面因素。本书研究绿色发展指数是基于生态经济效益的综合评价考虑，当然，具体的生态经济效益的评价指标还处于探索阶段，主要是根据综合指数方法进行评价分析。本书的江西绿色发展指数评价方法也是在此基础上深入考虑的结果。

六、可持续发展理论

绿色发展与可持续发展的关系非常密切。绿色发展理念体现了可持续发展在经济社会发展新阶段的内涵。可持续发展理论可以从经济可持续、生态可持续、社会可持续等方面剖析。在可持续发展理论的指导下，对于经济与生态环境、自然资源的关系越来越重视，生态环境和自然资源是经济发展的基础，可持续发展是要实现以生态环境和自然资源可持续利用为目的的经济发展。可持续发展理论是当今世界绿色发展最为显著的代表。

（1）经济可持续。经济可持续对于经济增长的观点并不是说为了生态环境保护工作而牺牲经济增长速度。但经济可持续的内涵不仅是经济增长速度，还包括经济增长质量，而且增长质量更优于增长速度。对于过去存在的高污染、高排放、高能耗的经济生产方式和生活方式，应该推动绿色生产方式转型和绿色生活方式转变。经济可持续本质上是实现经济效益的质量提升，更需要进一步优化当地生态环境，也就是保证当地生态效益的质量水平。

(2）生态可持续。生态可持续是要求经济社会发展过程中尊重生态环境，保护生态环境，合理利用自然资源，其代表性的指标是当地的生态环境承载能力。明显可以看出，可持续发展是存在诸多限制条件的，实现生态可持续在短期看来，可能影响经济发展速度，但缓解了当地环境压力，对于经济可持续的长期发展是有利的。所以，强调可持续发展，实施环境保护和节约资源的基本国策，是生态可持续的必然选择，实现发展模式的转变是解决生态环境问题的基本路径。

（3）社会可持续。社会可持续主要是体现社会公平，这也是经济可持续和生态可持续所希望达到的终极目标。可持续发展理论需要根据不同经济发展阶段选择经济政策，根据不同生态环境条件选择不同的生态环境保护手段，但基本内涵包括对于人类生活质量的完善，人类健康水平的提升，社会环境的保障。可以看出，在整个可持续发展理论中，经济可持续发展是基本要素，生态可持续发展是重要驱动力，社会可持续发展是最终目的。

绿色发展是可持续发展在 21 世纪新时期的重要体现。绿色环境的保护，绿色生产方式转型升级、绿色生活方式推广、绿色政策的制定和实施等一系列绿色发展实践活动都离不开可持续发展理论的支撑。

第二节　江西绿色发展的历程

江西地处我国东南部，长江中下游南岸，全省疆域面积 16.69 万平方千米，总人口 4500 余万。地形以山地、丘陵为主，亚热带季风气候显著，四季分明，境内水热条件差异明显。江西绿色资源丰富，生态环境良好。习近平总书记 2016 年视察江西时强调"绿色生态是江西最大财富、最大优势、最大品牌"。境内河网密布，河流总长达到 18000 多千米，97.7% 的国土面积属于长江流域，水资源非常丰富，水质十分优良，2017 年全省国家考核断面水质优良率 92%；拥有全国最大的淡水湖，也是中国淡水湖唯一的"一湖清水"——鄱阳湖，其是世界上最大的鸟类保护区，也是长江江豚重要栖息地和种质资源库；境内野生动植物种类繁多，拥有梅花鹿、黑麂、穿山甲、黄喉噪鹛、铁皮石斛等众多珍稀物种；现有各级各类自然保护地 200 余个，其中世界遗产地 5 处、世界地质公园 4 处、国际重要湿地 1 处、国家级风景名胜区 14 处、国家级自然保护区 17 处、国家级森林公园 49 处、国家级湿地公园 33 处；森林覆盖率高达 63.1%，位居全国第二；空气质量优良，2017 年全省空气质量优良率 83.9%。

2013 年 7 月，江西省委十三届七次全体会议上提出了"发展升级、小康提速、绿色崛起、实干兴赣"的战略方针，把"绿色崛起"确定为江西社会经济发展的重大战略。实际上，绿色发展的接力赛，江西一直没有停步。从 1983 年开始的"山江湖工程"，到 2003 年"既要金山银山，更要绿水青山"生态立省战略，到 2009 年鄱阳湖生态经济区规划落地实施，再到 2014 年全境列入国家生态文明先行示范区、2016 年成为首批国家生态文明试验区，江西 30 多年奋斗不止，传承并逐步丰富绿色发展理念，延续并不断创新绿色发展实践。

一、理念支撑

2012 年 11 月，面对资源约束趋紧、环境污染严重、生态系统退化的严峻形势，党的十八大提出：必须树立尊重自然、顺应自然、保护自然的生态文明理念，把生态文明建设放在突出地位，融入经济建设、政治建设、文化建设、社会建设各方面和全过程，努力建设美丽中国，实现中华民族永续发展。"绿水青山就是金山银山"。"五位一体"总体布局，是中国共产党对"实现什么样的发展、怎样发展"这一重大战略问题的科学回答。党的十八届五中全会首次明确提出绿色发展理念，对绿色发展的发展规律、发展道路、发展方向和长远目标进行了全面阐释，强调要坚持绿色富国、绿色惠民，推动形成绿色发展方式和生活方式，协同推进人民富裕、国家富强、中国美丽。这标志着我国经济社会发展进入全面绿色化的新阶段，彰显了党坚定不移走绿色发展道路的信心和决心。绿色发展对推进经济社会可持续发展具有重要指导意义，是破解资源环境约束的客观需要，是促进人与自然和谐共生的内在要求，是全面建成小康社会的重要举措。

事实上，早在 21 世纪初的《"十五"计划纲要》中，我国就提出了"绿色食品基地"建设、"绿色通道"建设和"推行绿色消费方式"，涉及绿色农业、绿色消费和绿色流通三个方面的内容，为后来形成一整套"绿色发展"的理念奠定了基础。在"十五"计划的基础上，"十一五"规划增加了"绿色建筑"和"绿色工业"这两个方面的内容，提出要稳步推行"绿色农业"和"绿色流通"产业发展，在建筑业和工业方面实现"绿色发展"。继承《"十一五"规划纲要》的理念，《"十二五"规划纲要》明确提出"树立绿色、低碳发展理念"，"建设资源节约型、环境友好型社会"，分别从"绿色建筑""绿色金融""积极应对全球气候变化""加强资源节约和管理""大力发展循环经济""加大环境保护力度"和"促进生态保护和修复"等方面对"绿色发展"的内容给予了较为详尽的论述,进一步升华了"绿色发展"的理念及内涵。到《"十三五"规划纲要》,"绿色发展"已贯穿于国民经济和社会发展的方方面面,明确将"绿色发展"列为五大新发展理念之一,提出"绿色是永续发展的必要条件和人民对美好生活追求的体现",对"绿色消费""绿色农业""绿色制造""绿色流通""绿色基础设施""绿色城市""绿色区域发展""绿色产业""绿色生态空间"及"绿色制度"等方面内容给出了更为详尽的阐释①。

党的十九大报告明确指出,要坚持人与自然和谐共生,实现人与自然和谐共生的现代化,既要创造更多物质财富和精神财富以满足人民日益增长的美好生活需要,也要形成绿色发展方式和生活方式,提供更多优质生态产品以满足人民日益增长的优美生态环境需要,为全球生态安全做出贡献。2018年5月19日,习近平总书记在全国生态环境保护大会上指出:"要自觉把经济社会发展同生态文明建设统筹起来……充分利用改革开放40年来积累的坚实物质基础,加大力度推进生态文明建设、解决生态环境问题,坚决打好污染防治攻坚战,推动我国生态文明建设迈上新台阶。"习近平在讲话中强调,生态文明建设是关系中华民族永续发展的根本大计,提出了包括新时代生态文明建设必须坚持六大新原则、加快五大新体系建设以构建完整的生态文明体系、2035年基本实现美丽中国宏伟新目标、多项生态文明建设具体工作的新任务、党政领导是生态环境保护第一责任人的新要求等完整的习近平生态文明思想这一新时代生态文明建设的根本遵循和行动指南,也是马克思主义关于人与自然关系理论的最新成果。

面对资源约束趋紧、生态环境恶化、经济发展任务艰巨的严峻形势,江西省委省政府认真贯彻党的十八大、结合江西发展的具体实际,在省委十三届七次全体会议、十四次党代会、十四届六次全体(扩大)会议上将"绿色崛起"持续确定为江西社会经济发展的重大战略。江西省委十四次党代会提出必须推进生态立省,发挥绿色生态这个最大优势,把推动绿色发展作为加速江西崛起的路径,促进生态与经济协调发展,打造美丽中国"江西样板",加快绿色崛起。并提出要牢牢把握建设国家生态文明试验区这个历史性机遇,把生态文明理念融入经济建设、政治建设、文化建设、社会建设各方面和全过程,探索生态文明建设新模式,打造美丽中国"江西样板",成为生态文明建设领跑者。江西省委十四届六次全体(扩大)会议提出,从更高层次贯彻落实习近平总书记对江西工作的重

---

① 邹晓霞,张双悦."绿色发展"理念的形成及未来走势[J].经济问题,2017(2):30-34.

要要求,大力实施"创新引领、改革攻坚、开放提升、绿色崛起、担当实干、兴赣富民"工作方针。并提出绿色崛起是江西发展的最佳路径,良好生态是江西最为宝贵的财富、最具竞争力的品牌,必须通过坚持生态优先、绿色发展,加快推进国家生态文明试验区建设,坚决打好污染防治攻坚战,做好治山理水、显山露水的文章,在生态优先、绿色发展上有率先之举、务实之效,以更高标准打造美丽中国"江西样板"。实质上,"绿色崛起"是可持续发展条件下实现的经济崛起,是以生态保护为前提,以经济崛起为核心,以最小的环境代价和最合理的资源消耗获得最大的经济社会效益,实现经济增长的科学发展模式。

习近平总书记视察江西时指出,江西生态秀美、名胜甚多,绿色生态是江西最大财富、最大优势、最大品牌,一定要保护好,做好治山理水、显山露水的文章,走出一条经济发展和生态文明水平提高相辅相成、相得益彰的路子。在习近平总书记的绿色发展理念指导下,江西省第十四次党代会、十四届六次全体(扩大)会议上先后提出,要充分发挥绿色生态这个最大优势,打造美丽中国"江西样板",加快绿色崛起。因而,在国家提倡绿色发展转型与江西社会经济发展中,资源环境约束瓶颈不断凸显阶段,如何实现绿色发展,已成为江西当前社会经济发展亟待破解的重要议题。

二、现实路径

绿色发展在江西社会经济发展中具有良好的历史基础与后发优势。20世纪80年代起,江西绿色发展经历了"山江湖"工程、"既要金山银山,更要绿水青山"生态立省战略、鄱阳湖生态经济区建设、国家生态文明先行示范区建设、国家生态文明试验区建设等路径演进,有力促进了生态建设与经济发展共进双赢,展现了走具有江西特色的绿色发展新路的强大生命力。

山江湖工程开发治理。20世纪80年代中期之前,江西出现了山区毁林种粮、湖区盲目围垦和酷渔滥捕等短视行为,造成生态环境严重恶化。为此,1983年,江西省委、省政府组织了多次全境大规模全面深入的科学考察,针对江西三面环山、一面临江、五河共汇鄱阳湖、全境—全流域的独特自然地理特征,提出了"山是源,江是流,湖是库,山、江、湖互相联系,共同构成了一个互为依托的大流域生态经济系统"、"治湖必须治江、治江必须治山、治山必须治穷"、"立足生态,着眼经济,系统开发,综合治理"的山江湖工程开发治理的系统论思想、基本方针和基本战略,"山江湖工程"项目由此在全国叫响。1985年,江西成立了山江湖开发治理领导小组暨办公室,由省长挂帅,对山江湖开发治理进行统一规划、管理和协调；并于1991年将山江湖工程纳入法治轨道。这一工程把"山水田林湖"作为一个大生态系统进行生态保护，先后打响了"灭荒"造林、"山上再造"和"跨世纪绿色工程"三大全省性战役，开创了我国大河流域生态经济建设、实施"环境与发展"协调战略的先河，从源头上扭转了生态环境恶化的趋势，成为全球可持续发展的典范生态工程，产生了重要的国际影响力，为江西绿色崛起奠定了坚实基础。

"既要金山银山，更要绿水青山"生态立省战略。2003年，时任江西省委书记孟建柱在谈到坚持可持续发展问题时说，发展经济既要遵循经济规律，也要遵循自然规律，既要金山银山，更要绿水青山。《江西省国民经济和社会发展第十一个五年规划纲要》提出：必须切实保护生态环境，坚持"既要金山银山，更要绿水青山"。继续实施山江湖工程，把治山、治江、治湖有机结合起来，做到保护优先、合理开发、综合治理，促进人水和谐、人地和谐。推行有利于资源节约和环境保护的生产模式、消费模式和城乡建设模式，发展循环经济，建设资源节约型、环境友好型的绿色生态江西。

鄱阳湖生态经济区建设。鄱阳湖生态经济区是中国南方经济最活跃的地区之一，位于江西省北部，包括南昌、九江、景德镇三市，以及鹰潭、新余、抚州、宜春、上饶、吉安的部分县（市、区），共38个县（市、区）和鄱阳湖全部湖体在内，面积为5.12万平方千米。该区域是中国重要的生态功能保护区，是世界自然基金会划定的全球重要生态区，承担着调洪蓄水、调节气候、降解污染等多种生态功能。鄱阳湖生态经济区还是长江三角洲、珠江三角洲、海峡西岸经济区等重要经济板块的直接腹地，是中部地区正在加速形成的重要增长极，是中部制造业重要基地和中国三大创新地区之一，具有发展生态经济、促进生态与经济协调发展的良好条件。早在1999年11月南昌召开的流域管理国际研讨会上，专家提出21世纪中国应该建设开放的生态经济区，而江西在全国最有条件成为一个省级生态经济区。还有专家提出，生态经济发展战略是江西在21世纪的发展战略之一，其基本构想就是在山江湖工程治理的基础上提出来的。江西省委、省政府沿着这一发展思路，于2008年初开始着手筹备鄱阳湖生态经济区规划与建设的相关工作，努力探索经济与生态协调发展的新模式，该项工作的主要时间节点如下：

（1）2008年2月22日，鄱阳湖生态经济区建设领导小组正式成立；

（2）2008年3月8日，中共十一届全国人大一次会议江西代表团在北京人民大会堂举行了"关于建立环鄱阳湖生态经济区构想"的记者招待会，推出鄱阳湖生态经济区构想；

（3）2008年4月13日，省政府召开鄱阳湖生态经济区规划工作动员大会，标志着这项重大战略实施进入实质阶段；

（4）2008年9月11日，省委常委会讨论审议原则通过《鄱阳湖生态经济区规划》，并要求进一步修改后按程序上报国务院审批；

（5）2008年9月14日，省委、省政府上报规划，提请审议；

（6）2008年11月6日，国家发改委组织召开专家审查会，要求进一步提升完善规划；

（7）2009年4月14~19日，国家发改委副主任杜鹰带队，率24个国家部委有关领导和同志组成国家部委联合调研组来赣调研；

（8）2009年6月下旬，国家发改委正式向25个国家部委行文征求意见建议，随后，根据调研情况和反馈意见，专家专题组对《鄱阳湖生态经济区规划》作了进一步修改完善；

（9）2009年10月21日，国家发改委第44次委主任办公会议原则通过了《鄱阳湖生态经济区规划（送审稿）》，在进一步修改完善的基础上，正式行文报请国务院审议批准规划；

（10）2009年12月12日，国务院正式批复同意《鄱阳湖生态经济区规划》，标志着鄱阳湖生态经济区规划已上升为国家战略层面的区域发展规划。

鄱阳湖生态经济区是新中国成立以来，江西第一个纳入国家战略的区域性发展规划。鄱阳湖生态经济区建设既是"山江湖工程的继续和扩展"，也是江西绿色崛起的良好开局。江西全省上下按照"特色是生态，核心是发展，关键是转变发展方式，目标是走出一条科学发展、绿色崛起之路"的本质内涵，紧抓龙头，开拓进取，以鄱阳湖为核心，以鄱阳湖城市圈为依托，全力推进鄱阳湖生态经济区建设，把鄱阳湖生态经济区建设成为世界性生态文明与经济社会发展协调统一、人与自然和谐相处的生态经济示范区和中国低碳经济发展先行区，取得显著成效。鄱阳湖生态经济区成为江西省科学发展、绿色崛起的强动力和主引擎。

国家生态文明先行示范区建设。自党的十八大"五位一体"总体布局提出以来，江西为实现绿色崛起进行了不懈努力，迎来了宝贵的历史机遇，绿色崛起开启崭新篇章。重要的时间节点如下：

（1）2013年7月，江西省委十三届七次全体会议上提出了"发展升级、小康提速、绿色崛起、实干兴赣"的战略方针，把"绿色崛起"确定为江西社会经济发展的重大战略。

(2) 2013年底，省委、省政府就江西建设全国生态文明先行示范区事宜向党中央、国务院汇报。

(3) 2014年3月，在十二届全国人大二次会议上，江西代表团以代表团名义提出把江西纳入全国生态文明先行示范区的议案。

(4) 2014年11月，国家六部委正式批复《江西省生态文明先行示范区建设实施方案》，江西全境列入生态文明先行示范区。

(5) 2015年1月，江西省十二届人大四次会议审议通过了《江西省人民代表大会关于大力推进生态文明先行示范区建设的决议》，这是江西首次以人民代表大会决议案方式推动国家重大战略实施。

(6) 2015年3月，习近平总书记在参加十二届全国人大三次会议江西代表团审议时指出，江西要着力推动生态环境保护，走一条经济发展与生态文明相辅相成、相得益彰的路子，巩固提升江西生态优势，打造生态文明建设的江西样板。

(7) 2015年7月，江西省委十三届十一次全会明确了绿色崛起的核心要义、基本路径、重要基础、有力保障和根本目的，谋划绿色崛起的路线图，进一步深化细化了十六字方针，号召全省把绿色发展理念落实到"十三五"规划中，落实到全省各地各部门的经济社会发展规划、城乡建设规划、土地利用规划、生态环境保护规划以及各专项规划。

(8) 2016年2月，习近平总书记视察江西时，又明确提出，绿色生态是江西最大财富、最大优势、最大品牌，一定要保护好，做好治山理水、显山露水的文章，打造美丽中国"江西样板"。

(9) 2016年2月，南昌综合保税区成功获批；5月，南昌市被列入国家开放型经济新体制试验区；赣江新区又获批为国家级新区。

(10) 2016年8月12日，中央印发了《关于设立统一规范的国家生态文明试验区的意见》，正式将江西列入国家生态文明试验区，肩负起"探索形成可在全国复制推广的成功经验"的神圣使命。从"先行示范区"到"试验区"，意味着江西在全国生态文明建设格局中的地位进一步提升。

(11) 2016年8月11日，省委书记鹿心社在《人民日报》发表署名文章《不忘初心好扬帆》：深度对接融入"一带一路"建设和长江经济带发展，举全省之力建设赣江新区，把江西建成内陆双向开放高地。坚持向特色优势要竞争力，立足生态环境这个最大财富、最大优势、最大品牌，加快建设生态文明先行示范区，走出一条经济和生态相辅相成、相得益彰的路子，奋力打造美丽中国的

"江西样板"。

（12）2017年2月，江西省发改委牵头编制完成了《国家生态文明试验区（江西）实施方案（征求意见稿）》。

（13）2017年6月，中央深改组审议通过《国家生态文明试验区（江西）实施方案》。

（14）2017年10月，中共中央办公厅、国务院办公厅印发了《国家生态文明试验区（江西）实施方案》。

江西生态环境优良、生态区位重要，开展生态文明先行示范区建设，有利于提升江西在全国区域发展格局中的地位，形成发展新优势；有利于提升发展质量，加快全面建成小康社会进程；有利于巩固长江中下游生态安全屏障，促进长江经济带建设；有利于创新生态文明建设体制机制，率先走出一条绿色循环低碳发展的新路。国家生态文明先行示范区建设，贵在先行，重在示范。打造美丽中国的"江西样板"，只有先行先试、探索前行、全力以赴，才能攀上生态文明建设的最高峰。江西在这一时期重点推进生态补偿、河湖管理与保护、生态文明建设考评体系等方面改革，强化制度探索创新，先行先试、由点带面，统筹推进生态文明建设。

国家生态文明试验区建设。建设国家生态文明试验区，是江西创新发展、绿色崛起的宝贵机遇。在江西建设国家生态文明试验区，有利于发挥江西生态优势，使绿水青山产生巨大生态效益、经济效益、社会效益，探索江西省绿色崛起新路径；有利于保护鄱阳湖流域作为独立自然生态系统的完整性，构建山水林田湖生命共同体，探索大湖流域保护与开发新模式；有利于把生态价值实现与精准脱贫有机结合起来，实现生态保护与生态扶贫双赢，推动生态文明共建共享，探索形成人与自然和谐发展新格局。自2016年8月被纳入首批国家生态文明试验区以来，江西肩负起"探索形成可在全国复制推广的成功经验"的神圣使命，努力践行生态新使命。按照"边申报、边推进、边落实"的原则，全面启动国家生态文明试验区建设：加强顶层设计，生态立省的战略格局更加鲜明；厚植生态优势，全省生态环境质量进一步提升；绿色动能越发强劲，生态与经济发展更加协调，初步探索出一条具有江西特色的绿色发展新路子。

三、发展基础

在绿色发展的进程中，江西取得了一系列成绩，在不同领域成就显著。经济总量不断扩大，综合实力稳步提升。2017年，江西地区生产总值（GDP）达到

20818.5亿元,增速为8.9%,全国排名第16位,比2016年上升一位。结构调整取得重大进展,三次产业协调发展。2017年,第一产业增加值1953.9亿元,增长4.4%;第二产业增加值9972.1亿元,增长8.3%;第三产业增加值8892.6亿元,增长10.7%。三次产业结构由上年的10.3∶47.7∶42.0调整为9.4∶47.9∶42.7,三次产业对GDP增长的贡献率分别为5.0%、47.0%、48.0%。第三产业比重不断上升,产业结构调整日趋合理。三大需求发展加快,拉动作用明显增强。2017年,全年社会消费品零售总额7448.1亿元,比上年增长12.3%。全年全社会固定资产投资22085.3亿元,比上年增长12.1%。全年进出口总值3020.0亿元,比上年增长14.5%。社会事业全面进步,经济社会协调发展。2017年,全年城镇居民人均可支配收入31198元,增长8.8%;农村居民人均可支配收入13242元,增长9.1%。城市居民和农村居民得到政府最低生活保障的人数分别为66.6万和168.4万。生态建设有效实施,节能降耗卓有成效。2017年末地表水Ⅰ~Ⅲ水质达标比例为88.5%,国家考核断面水质优良率92%。11个设区市环境空气质量优良率达83.9%。完成造林面积134.1万亩,森林抚育572.2万亩,改造低产低效林177.1万亩,森林覆盖率稳定在63.1%。启动赣州国家山水林田湖草生态保护修复试点,实施15条生态清洁型小流域建设,推动重点生态功能区、江河源头地区水土流失治理,综合治理水土流失面积1100平方千米以上。共建立自然保护区159处,其中,国家级16处、省级39处、市县级104处。武夷山列入世界文化与自然双遗产名录,上饶、赣州、景德镇创建国家森林城市,靖安、资溪、婺源被授予国家生态文明建设示范县。自然保护区面积106.33万公顷,占全省疆域面积的6.4%。启动劣Ⅴ类水和城市黑臭水体整治,完成25个重点工业园区污水配套管网建设,运营的工业园区污水处理厂全部达到"一级B"排放标准。完成48个县市污水管网建设任务,90%的行政村纳入城乡生活垃圾收运处理体系,垃圾焚烧处理能力达到3400吨/日。2017年,全年万元GDP能耗0.4501吨标准煤,比上年下降5.5%,超额完成年度节能"双控"目标任务;万元规模以上工业增加值能耗下降5.9%,超额完成下降4%的年度目标任务。

值得注意的是,由于发展基础的差异,江西在绿色发展中依然存在短板。如在绿色实践上,行动还滞后于理念。绿色发展理念在不同领域的实施细则尚未出台,绿色发展实际工作在部分领域尚未落地。在发展导向上,面临经济平稳增长压力。地区生产总值增速近五年一直持续下降,经济下行压力大,面对供给侧结构性改革带来的重大产业结构调整的准备还不足,"降成本优环境"专项行动还需要进一步深化推动。在工业发展上，呈现产能过剩依然存在、产品供给质量不高、创新要素供给不足、供给主体竞争力偏弱、企业成本仍需要降低"五大短板效应"①。在生态保护上，环境容量压力持续加大。2017年，全年全社会能源消费总量8995.3万吨标准煤，比上年增长2.8%；规模以上工业综合能源消费量5300.0万吨标准煤，比上年增长2.7%；2017年，各设区市空气质量均未达到国家二级标准，除南昌、九江、鹰潭、抚州外，其他设区市均未完成PM10年度考核任务；水质优良（Ⅰ～Ⅲ类）水体比例同比下降、丧失使用功能（劣Ⅴ类）水体比例同比上升，尤其是鄱阳湖、仙女湖水质考核断面随着季节出现恶化、降类现象，城市黑臭水体还没有完全根治；水土流失面积仍有2.64万平方千米；湖泊数量减少、湖泊面积萎缩；土壤污染防治工作面临污染底数不够清、个别地方重金属污染较重，少数地方危险废物管理不够严格，部分企业存在危险废物台账、贮存不够规范等问题。在产业层次上，绿色产业比重不高。江西"三品一标"即无公害农产品、绿色食品、有机农产品和农产品地理标志等工作普及程度不高；生态产业化与产业生态化工作成效不明显；生态保护和环境治理产业发展滞后，探索创新主动性不够。生态产品的价值实现机制尚未理顺，生态补偿机制尚未健全，河（湖）长制、林长制、生态管护员制度尚未全面见效，数据采集和监测体系尚未完善，绿色数据的互联共享平台尚未搭建。

鉴于此，为有效推动江西绿色发展的前进步伐，非常有必要开展江西绿色发展指数研究，以及时梳理清楚江西绿色发展的现实情况、已有成就及存在的短板和问题，为进一步推进江西绿色崛起提供更加明确的发展方向和有针对性的对策建议，促进经济和环境的良性互动，使江西的绿水青山真正产生巨大生态、经济和社会效益，实现绿色崛起。

第三节　江西绿色发展指数设计目标

　　推进绿色发展，是实现高质量发展的必由之路。江西自然资源丰富、生态优势明显，应明确绿色发展目标，在夯实绿色环境基础上，创新绿色发展模式，按照产业生态化和生态产业化的思路，大力推进生态与产业深度融合，加快实现绿

---

① 周国兰，周吉.进一步深化江西工业供给侧结构性改革的思考与建议［J］.价格月刊，2018（4）：1-5.

色产业转型升级，推进绿色生活方式转变、优化绿色发展制度，打通绿水青山就是金山银山的转化通道，加快推动绿色崛起。江西绿色发展目标主要包括以下几个方面：

一、客观反映江西绿色发展现状

作为特定省域多尺度绿色发展指数评估框架，要求在借鉴国内外绿色发展指数评估框架基础上，结合江西资源禀赋、社会经济发展特征、文化背景、政策方案等具体情况，依据科学性、系统性、完整性、目标性、可操作性和动态性等指标选取原则，形成能够客观、全面反映江西绿色发展状况的评估框架，达到既能够对同级评估单元绿色发展优势与劣势进行横向比较，又能纵向上反映绿色发展有关政策自上而下在各级行政单元实施效果，还能从时间序列揭示评估单元绿色发展演进轨迹的设计目标。

二、体现新时代绿色发展要求

新时代绿色发展指数指标体系应能够紧扣时代发展脉络，把握学术发展前沿，充分体现党中央关于夯实绿色环境基础、实现绿色产业转型升级、增加绿色产品供给、转变绿色生活方式、优化绿色发展制度、创新绿色发展模式、培育绿色发展新动能等的绿色发展要求，体现江西构建低碳循环的绿色工业体系、生态有机的绿色农业体系、集约高效的绿色服务业体系等绿色发展路径。

三、引导新时代绿色发展方向

江西新时代绿色发展指数评估框架应具有一定前瞻性，能够反映党中央对新时代绿色发展的最新要求，充分发挥引导绿色发展方向的"指挥棒"作用。依据绿色发展进程中的关键着力点对指标及权重进行差异化设置，使得评估对象能够根据指标选取依据及差异化的权重设置，准确把握绿色发展进程中的重点领域及"雷区"，在推进绿色发展进程中有的放矢制定政策措施，充分发挥理论指导实践的作用，实现提质增效、以评促建、绿色转型的目标效果。

四、推动江西绿色发展模式形成

江西绿色发展指数是对江西绿色发展状况的全面、客观、动态评价，对于政府政策设计、公众行为模式选择具有参考借鉴价值。绿色发展指数评价结果可以引导江西各地区有的放矢地落实绿色发展相关工作，为江西各级行政部门将生态文明建设与绿色发展纳入政府政绩考核体系提供了测评依据。作为一项综合评价指标，政府各部门能够根据评估结果指导绿色发展，对于具有优势的领域继续巩固和保持，对于需要改进和提高的领域深入总结、对比分析，提出有针对性的解决措施并加以落实，从而补齐绿色发展短板；公众能够根据评估结果对绿色发展理念产生更深刻的认识，了解江西绿色发展现实性、紧迫性，转变不利于绿色发展的行为观念，促进全社会绿色生活方式形成，引导全社会从资源、环境、生态、增长质量、生活方式等全方位共同发力，推动江西绿色发展模式形成。

第四节　江西绿色发展指标选取原则

一、指导思想

绿色发展是以生态文明理念为指导，以生态制度为保障，以实现经济、社会和环境的和谐、可持续发展为目标的一种新型的社会发展模式。绿色发展是可持续发展的理论创新，强调了生态保护的重要性，生态即是发展不可或缺的部分。绿色发展强调了生态与经济的横向协调，将生态文明建设纳入"五位一体"总体布局，把绿色发展理念融入经济社会发展各个方面。绿色发展还强调了生态与经济的纵向协调，要为子孙后代留下天蓝地绿水清的美好家园。绿色发展更需要推动经济社会改革的不断深化，改革不适应绿色发展的生产关系和上层建筑，实施环境保护制度，完善政策机制，促进可持续发展，解决绿色发展与经济发展的矛盾。由此可以看出，绿色发展的内涵主要包括以下四个方面：一要注重绿色环境保护；二要实现绿色生产方式转变；三要实现绿色生活方式转变；四要加大绿色政策支持力度。随着绿色发展不断深入，探索研究江西绿色发展评价体系，对于深入推进绿色发展、提高绿色发展水平、完善绿色发展制度体系具有重要意义。

二、设计原则

（1）因地制宜原则。对于江西绿色发展目标制定，要充分考虑到江西经济社会发展的历史和现状，从江西绿色发展的历程以及其现实基础实际情况出发，提出绿色发展指标评价体系并进行客观监测。

(2) 与时俱进原则。绿色发展指标体系建设应该是一个动态的过程，因此，在选取指标过程中应该以发展的眼光确定指标。

(3) 可测度可比较原则。可测度是指可以对指标进行数值上的衡量，可比较是建立定量化评价指标的目的，可比较性应该包括时间上和空间上的比较。

(4) 科学性与可操作性相结合的原则。绿色发展指标体系的建立，既要能够体现出指标体系和监测标准的科学合理性，又要与现实数据采集的实际可操作性相结合。

三、基本框架

根据上述指标体系的指导思想和基本原则的要求，通过多次部门以及研讨座谈，本书对各项预选指标进行了反复研究讨论，目前确定从绿色环境、绿色生产、绿色生活、绿色政策四个方面，提出了江西绿色发展指标体系。

(1) 绿色环境。绿色环境是关系到人类生存的重要方面，又是"以人为本"原则的直接体现。作为绿色发展的重要基石，绿色环境的好坏直接决定了绿色发展水平的高低。对于绿色环境的测度主要是通过资源禀赋、生态保护、环境压力等方面反映，体现绿色环境的保护状况。其中：资源禀赋是指自然资源的相对丰裕程度，资源禀赋决定了所在地区的绿色产业结构，主要是从森林、耕地、水资源等方面对所在地区的资源丰裕程度进行有效测算；生态保护是指所在地区现有生态状况、生态环境的改善及其保护程度如何，主要是从森林覆盖率、水质达标率、生态保护红线、自然保护区、湿地面积等方面分别阐释生态环境的改善及保护情况；环境压力是指生态环境所带来的危害程度，体现环境承载力的重要方面，主要是从废气、废水排放量，农业化肥农药使用量等方面分别测算所在地区环境压力情况。

(2) 绿色生产。绿色生产是指按照有利于生态环境保护原则进行生产活动，以节能、降耗、减污为目标，以管理和技术为手段，实施生产过程严格的污染控制，使污染物的产生量最小化，最终提供绿色产品和服务的一种综合性措施。对于绿色生产能力的测度主要是通过增长质量、资源节约、循环利用等方面反映，体现经济发展绿色程度。其中：增长质量是指产业发展中涉及绿色增长的部分所带来的绿色效应程度大小，主要是从人均地区生产总值、服务业增加值、单位地区生产总值、废气和固体废物排放量、单位耕地面积农业产值等方面分别测算增长的质量如何；资源节约是指通过对资源的合理配置、高效和循环利用、有效保护和替代，使经济社会发展与资源环境承载能力相适应，使污染物产生量最小化并使废弃物得到无害化处理,构建人与自然和谐共处的社会,主要是从能耗、水耗、建设用地面积等角度分析所在地区资源利用情况;循环利用是指一种既能减少垃圾填埋又能节约自然资源的方法,主要是从用水量、废弃物综合利用等方面剖析资源循环再利用的实际情况。

(3) 绿色生活。绿色生活与人类生命、生态环境状况紧密相连,如今绿色已经成为一种崭新理念,与人们的生活息息相关,从生活细节着手使人们的生活更健康,也让绿色发展理念深入人心。对于绿色生活水平的测度主要是通过绿色居住、绿色出行、绿色消费等方面反映,体现绿色生活质量高低、社会和谐程度。其中:绿色居住体现了人居环境的绿色化程度,主要是从垃圾无害化处理、绿化覆盖率等角度反映绿色化程度;绿色出行是指采用对环境影响最小的出行方式,既节约能源、提高能效、减少污染,又益于健康、兼顾效率的出行方式,涉及交通便利化程度,主要是从公共交通运营线路以及公共交通车辆情况反映绿色出行实际情况;绿色消费是指以节约资源和保护环境为特征的消费行为,主要是从用电、用水、用气量等反映绿色生活中实际消费情况。

(4) 绿色政策。绿色政策是指利用政策工具以及经济环境手段改善所在地区绿色生态环境问题,把绿色发展总体思路和理念转化为具体政策、技术和行动,推进经济社会发展绿色化。对于绿色政策执行情况的测度主要是通过绿色投资、环境治理等方面反映,体现所在地区绿色发展政策支持力度及其保障条件。其中:绿色投资是指政府财政支出和固定资产投资等使用情况,主要是从环境保护支出、科教文卫支出、污染治理投资、林业投资、研发费用等方面反映绿色投资能力和实际水平;环境治理是指利用各种手段,通过多方合力,综合防治环境污染的管理过程,主要是从水土流失治理、农业化肥农药使用量降低率、废水排放量、废气排放量、污水处理、空气质量等方面反映环境治理实际效果。

第五节 江西绿色发展指数框架构建

江西绿色发展指数指标框架包括江西绿色发展指数、江西设区市绿色发展指数、江西城市绿色发展指数三种类型。2016 年底,本书根据江西绿色发展实际以及国家生态文明试验区试点,召开了多次绿色发展指数研讨会,在 2014~2016 年江西绿色发展实际情况基础上,构建了一整套适合江西绿色发展指数评价的指标框架。同时，为了保证评价指标一致性和连贯性，本书指标框架沿用《江西绿色发展指数绿皮书（2014～2016年）》相同指标，但在三种类型的具体指标选取上仍保持了一定特色。

一、江西绿色发展指数指标框架

江西绿色发展指数由绿色环境、绿色生产、绿色生活、绿色政策四个一级指标及11个二级指标、46个三级指标构成。鉴于江西绿色发展实际，本书研究认为，选取中部六省进行比较分析能更加清晰地了解江西绿色发展的阶段和水平。因此，本书构建了江西绿色发展指数指标框架，通过部分省份比较分析，深入了解江西绿色发展所处阶段和水平。现阶段确定的江西绿色发展指数指标框架如表2-1所示。

表2-1 江西绿色发展指数指标框架

一级指标	二级指标	三级指标	
绿色环境	资源禀赋	1. 人均耕地面积	2. 人均水资源量
		3. 城市人均绿地面积	4. 人均活立木蓄积量
	生态保护	5. 森林覆盖率	6. 水功能区水质达标率
		7. 生态保护红线区占国土面积比例	8. 自然保护区面积占辖区面积比重
		9. 湿地面积占国土面积比重	
	环境压力	10. 人均化学需氧量排放量	11. 人均氨氮排放量
		12. 人均二氧化硫排放量	13. 人均氮氧化物排放量
		14. 单位耕地面积化肥施用量	15. 单位耕地面积农药使用量
绿色生产	增长质量	16. 地区生产总值增幅	17. 服务业增加值增幅
		18. 单位地区生产总值废水排放量	19. 单位地区生产总值一般工业固体废物排放量
	资源节约	20. 能耗总量	21. 单位地区生产总值能源消耗
		22. 单位耕地面积农田灌溉用水量	23. 单位工业增加值水耗
		24. 单位地区生产总值建设用地面积	
	循环利用	25. 单位工业增加值水耗降低率	26. 一般工业固体废物综合利用率
绿色生活	绿色居住	27. 城市生活垃圾无害化处理率	28. 建成区绿化覆盖率
	绿色出行	29. 人均城市公共交通运营线路网长度	30. 城市每万人拥有公交车辆数
	绿色消费	31. 人均居民生活用电量增长率	32. 人均居民生活用水量增长率
		33. 城市人均天然气消费量增长率	

第二章 江西绿色发展指数框架构建及测算方法——理论与方法篇

续表

一级指标	二级指标	三级指标	
绿色政策	绿色投资	34. 环境保护支出占项目财政支出比重	35. 环境污染治理投资占比
		36. 单位森林面积林业投资完成额	37. 科教文卫支出占财政支出比重
	环境治理	38. 水土流失治理面积	39. 单位耕地面积化肥施用量降低率
		40. 单位耕地面积农药使用量降低率	41. 化学需氧量排放量降低率
		42. 氨氮排放量降低率	43. 二氧化硫排放量降低率
		44. 氮氧化物排放量降低率	45. 城市污水处理率
		46. 空气质量优良天数占比	

二、江西设区市绿色发展指数指标框架

江西设区市绿色发展指数由绿色环境、绿色生产、绿色生活、绿色政策四个一级指标及 11 个二级指标、49 个三级指标构成。需要特别指出，这些具体指标的选取主要基于江西实际适当选取，关于绿色发展具体指标还有一些具有代表性的并未选入，主要是由于江西相关指标的数据统计工作尚未完成，例如，有机绿色无公害农产品种植比率、农村生活垃圾处理率、城镇绿色建筑面积等指标；或者有些指标在全国具有较强适用性但在江西现阶段并未推广，例如，新能源汽车保有量等指标。这些指标在今后绿色发展指数研究中会陆续加入进来。现阶段确定的江西设区市绿色发展指数指标框架如表 2-2 所示。

表 2-2 江西设区市绿色发展指数指标框架

一级指标	二级指标	三级指标	
绿色环境	资源禀赋	1. 耕地保有量	2. 人均耕地面积
		3. 人均水资源量	4. 城市人均绿地面积
		5. 人均活立木蓄积量	
	生态保护	6. 森林覆盖率	7. 水功能区水质达标率
		8. 生态保护红线区占国土面积比例	9. 自然保护区面积占辖区面积比重
		10. 湿地面积占国土面积比重	
	环境压力	11. 人均化学需氧量排放量	12. 人均氨氮排放量
		13. 人均二氧化硫排放量	14. 人均氮氧化物排放量
		15. 单位耕地面积化肥施用量	16. 单位耕地面积农药使用量

续表

一级指标	二级指标	三级指标	
绿色生产	增长质量	17. 人均地区生产总值增长率	18. 服务业增加值比重
		19. 单位地区生产总值废水排放量	20. 单位地区生产总值一般工业固体废物排放量
		21. 单位耕地面积农业产值	
	资源节约	22. 能耗总量	23. 单位地区生产总值能源消耗降低率
		24. 单位耕地面积农田灌溉用水量	25. 单位工业增加值水耗
		26. 单位地区生产总值建设用地面积	
	循环利用	27. 工业用水重复利用率	28. 一般工业固体废物综合利用率
绿色生活	绿色居住	29. 城市生活垃圾无害化处理率	30. 建成区绿化覆盖率
	绿色出行	31. 人均城市公共交通运营线路网长度	32. 城市每万人拥有公交车辆数
	绿色消费	33. 人均居民生活用电量增长率	34. 人均居民生活用水量增长率
		35. 城市人均天然气消费量增长率	
绿色政策	绿色投资	36. 环境保护支出占项目财政支出比重	37. 环境污染治理投资占比
		38. 单位森林面积林业投资完成额	39. 科教文卫支出占财政支出比重
		40. 研究与试验发展经费占地区生产总值比重	
	环境治理	41. 水土流失治理面积	42. 单位耕地面积化肥施用量降低率
		43. 单位耕地面积农药使用量降低率	44. 化学需氧量排放量降低率
		45. 氨氮排放量降低率	46. 二氧化硫排放量降低率
		47. 氮氧化物排放量降低率	48. 城市污水处理率
		49. 空气质量优良天数占比	

三、江西城市绿色发展指数指标框架

江西城市绿色发展指数由绿色环境、绿色生产、绿色生活、绿色政策四个一级指标及11个二级指标、39个三级指标构成。相较于江西设区市绿色发展指数，为了突出江西城市发展过程中的突出特征和新型城镇化发展方向，在数据可得性基础上，城市绿色发展指数增加了城市用水普及率、城市燃气普及率、每万人互联网宽带接入用户、城市公用设施建设固定资产投资占比等指标。现阶段确定的江西城市绿色发展指数指标框架如表2-3所示。

表 2-3 江西城市绿色发展指数指标框架

一级指标	二级指标	三级指标	
绿色环境	资源禀赋	1. 人均水资源量	2. 城市人均绿地面积
	生态保护	3. 水功能区水质达标率	
	环境压力	4. 人均工业废水排放量	5. 人均二氧化硫排放量
		6. 人均氮氧化物排放量	7. 人均烟(粉)尘排放量
绿色生产	增长质量	8. 人均地区生产总值增长率	9. 服务业增加值比重
		10. 单位地区生产总值废水排放量	11. 单位地区生产总值一般工业固体废物排放量
	资源节约	12. 能耗总量	13. 单位地区生产总值能源消耗降低率
		14. 单位工业增加值水耗	15. 单位地区生产总值建设用地面积
	循环利用	16. 工业用水重复利用率	17. 一般工业固体废物综合利用率
绿色生活	绿色居住	18. 城市生活垃圾无害化处理率	19. 建成区绿化覆盖率
		20. 绿地面积占城市建设用地面积比重	21. 用水普及率
		22. 燃气普及率	
	绿色出行	23. 人均城市公共交通运营线路网长度	24. 城市每万人拥有公交车辆数
	绿色消费	25. 人均居民生活用电量增长率	26. 人均居民生活用水量增长率
		27. 城市人均液化石油气消费量增长率	28. 每万人互联网宽带接入用户
绿色政策	绿色投资	29. 环境保护支出占项目财政支出比重	30. 环境污染治理投资占地区生产总值比重
		31. 科学技术支出占财政支出比重	32. 研究与试验发展经费占地区生产总值比重
		33. 城市公用设施建设固定资产投资占比	
	环境治理	34. 工业废水排放量降低率	35. 二氧化硫排放量降低率
		36. 氮氧化物排放量降低率	37. 烟(粉)尘排放量降低率
		38. 城市污水处理率	39. 空气质量优良天数占比

四、江西绿色发展指数年度比较指标框架

本书在历年《江西绿色发展指数绿皮书》的基础上对 2013~2017 年江西绿色发展指数做年度比较分析,涉及近几年江西设区市以及城市、中部六省绿色发展情况。经过多次专家研讨以及本书研究目标最终确定了三种类型的绿色发展指数指标框架：江西绿色发展指数、江西设区市绿色发展指数、江西城市绿色发展指数。

第六节　江西绿色发展指数测算方法

基于本书江西绿色发展指数指标框架的设定，对于绿色发展指数的测算还面临着以下两个问题：一是如何确定指标权重，二是如何进行标准化处理。对于这些问题的处理，本书经过多次专家研讨认为，应该采取多元化处理方式，对江西绿色发展指数进行多层次全方位的测算处理，从不同角度的分析中得出江西绿色发展的各种可能路径选择。为此，本书选择了绿色环境导向，主要侧重于绿色基础性指标的测算。下文将根据绿色环境导向来测算江西绿色发展指数，并加以详细分析。

一、江西绿色发展指数指标筛选方法

指标的筛选方法主要有定性筛选和定量筛选两种。其中，定性筛选更加侧重于主观性指标的确定，特别是涉及政策类指标的选取及其测度时。定量筛选主要是基于客观数据的选取，以可量化数据为基础，降低了出现人为偏差的可能性。一般综合性指数的评价分析都会采用两种方法相结合，针对具体指标选用适合的方法。

定性筛选法。主要包括专家咨询法、层次分析法等。专家咨询法主要是根据专家的打分原则，利用专家学者的经验来确定指标选择。层次分析法是将具体的指标按照各类层次进行划分，如目标层、准则层、指标层等，对各项指标进行两两对比分析，按照标度法进行排序，构造出可供评价的判断矩阵，由此确定其指标选取。

定量筛选法。主要包括频度统计法、熵权法等。频度统计法主要是基于前人研究，综合统计出国内外相关文献中所采用的指标使用频度，特别是涉及一些共性指标的选取，较为科学合理。熵权法则是通过计算各项指标可能的信息量大小来判断其是否合理，对于一级指标的影响越高其权重越大。

二、江西绿色发展指数指标权重设定

指标权重的确定是基于其所采用的筛选方法，同样存在主观和客观两种类

型。主观赋权法主要包括了专家调查法,与筛选指标中的专家咨询法类似,利用专家打分原则进行赋权,但可能存在一些人为因素干扰。同样也可以采用层次分析法,将不同层次的指标筛选出来后,根据其顺序来确定权重大小。客观赋权法可以通过多元回归分析法,利用因素分析和主成分分析确定指标权重系数。此外,还可以根据均分权重来保证指标的稳定性,主要适用于指标体系较为复杂情况下的综合性指数评价。在本次测算过程中,本书经过多次研讨之后最终确定了江西绿色发展指数指标框架的权重。

权重设定的主要考虑因素如下:第一,基于绿色环境导向的因素考虑,将绿色环境这个一级指标的权重设置为最高。第二,对于绿色生产、绿色生活、绿色政策这三个一级指标,由于其侧重点各有不同,但都是绿色发展中的重要方面,其权重做相同处理。第三,作为具体指标的三级指标设置选择了均分权重,主要是由于其具体表现各有不同,所涉及的内涵和意义都在各自领域十分突出,选择三级指标的均分权重可以更加简洁明了地对绿色发展指数进行剖析,进一步细化权重就没有很大必要了。同时,二级指标的设置并不代表具体的指标解释,本书基于三级指标中的不同导向,选择了设置一档二级指标进行区分,因此,可以通过三级指标的均分权重来倒推二级指标权重,这样的处理方法显得更为科学合理。现阶段的指标处理和权重设置是基于当前情况的综合考虑,目前看来其科学性、合理性都有所保证,但可能还存在一些不足之处,希望在今后的研究中加以完善。表2-4、表2-5、表2-6分别表示了三种类型绿色发展指数的权重划分情况。

表2-4 江西绿色发展指数指标权重

一级指标	一级指标权重(%)	二级指标	三级指标(个)	三级指标权重(%)
绿色环境	40	资源禀赋	15	2.67
		生态保护		
		环境压力		
绿色生产	20	增长质量	11	1.82
		资源节约		
		循环利用		
绿色生活	20	绿色居住	7	2.86
		绿色出行		
		绿色消费		
绿色政策	20	绿色投资	13	1.54
		环境治理		

表2-5　江西设区市绿色发展指数指标权重

一级指标	一级指标权重（%）	二级指标	三级指标（个）	三级指标权重（%）
绿色环境	40	资源禀赋 生态保护 环境压力	16	2.5
绿色生产	20	增长质量 资源节约 循环利用	12	1.67
绿色生活	20	绿色居住 绿色出行 绿色消费	7	2.86
绿色政策	20	绿色投资 环境治理	14	1.43

表2-6　江西城市绿色发展指数指标权重

一级指标	一级指标权重（%）	二级指标	三级指标（个）	三级指标权重（%）
绿色环境	40	资源禀赋 生态保护 环境压力	7	5.71
绿色生产	20	增长质量 资源节约 循环利用	10	2
绿色生活	20	绿色居住 绿色出行 绿色消费	11	1.82
绿色政策	20	绿色投资 环境治理	11	1.82

三、江西绿色发展指数指标标准化处理

由于指标所采用的数据涉及的含义数值都不同，量纲也不统一。因而对指标的无量纲化处理是必不可少的。其中，较为典型的是极值法和标准差法。极值法主要是利用指标数据的极值作为参照系，对原始数据进行处理后，使得数据最终

结果都落在 0~1 区间内。标准差法是以指标均值作为参照系，使得经过处理后的数据符合标准正态分布。极值法的应用使得数值之间差异较小，进行比较的时候较为便利，标准差法的结果分布较为分散，可能出现负值等情况，进行比较的时候较为复杂。两种方法各有特色，前文所述"中国绿色发展指数"在前期采用的是标准差法，后期又采用了极值法，并进行了基期处理以保证其可比性。

绿色发展指数的指标选取各有特色，其中涉及不同类型不同量纲的指标。因此，对于指标的标准化处理势在必行，前文所介绍的标准化处理方式各有特色。针对本书研究的需要，采用了极值法进行无量纲化处理。极值法主要是利用指标数据的极值作为参照系，对原始数据进行处理后，使得数据最终结果都落在 0~1 区间内。其计算方式是通过原值减去极小值作为分子，将极大值减去极小值作为分母，然后相除得出结果。考虑到所选取的三种类型绿色发展指数具体指标中既存在正向指标，也存在逆向指标，还需要进行正向化处理才能进行分析，较常采用的正向化处理方法有倒数法、负数法、求补法等，本书经过多种形式测算后发现，负数法对于绿色发展指数的测算更为科学，虽然会出现一些指标负值情况，但对标准化的处理结果而言，其正向化之后的变动最小，能够更加准确地反映绿色发展指数的真实情况。

第三章 江西绿色发展指数测算与分析——省份篇

根据江西绿色发展指数测算方法，利用2017年数据，从绿色发展指数及其绿色环境、绿色生产、绿色生活和绿色政策四个一级指标的具体测算结果中剖析中部六省的绿色发展指数。

第一节 江西绿色发展指数测算与中部六省比较分析

本书基于分析江西实际情况的考虑，选取了中部六省来测算绿色发展指数，以此研究现阶段江西绿色发展的现状及其在中部六省的排名情况，如表3-1、图3-1所示。

表3-1 2017年中部六省绿色发展指数及其排名

地区	一级指标								绿色发展指数		类型
	绿色环境指数		绿色生产指数		绿色生活指数		绿色政策指数				
	指数值	排名	指数值	排名	指数值	排名	指数值	排名	指数值	排名	
山西	0.0246	5	-0.0353	5	0.0641	4	0.1103	3	0.1637	5	政策主导型
安徽	0.0455	3	-0.0145	3	0.0701	2	0.0766	6	0.1776	3	均衡发展型
江西	0.0942	1	-0.0691	6	0.1072	1	0.1231	1	0.2554	1	环境主导型
河南	-0.0040	6	-0.0120	2	0.0413	6	0.1179	6	0.1431	6	滞后发展型

续表

地区	一级指标								绿色发展指数		类型
	绿色环境指数		绿色生产指数		绿色生活指数		绿色政策指数				
	指数值	排名	指数值	排名	指数值	排名	指数值	排名	指数值	排名	
湖北	0.0740	2	-0.0112	1	0.0556	5	0.0913	4	0.2097	2	生活主导型
湖南	0.0423	4	-0.0190	4	0.0660	3	0.0788	5	0.1681	4	生产主导型

注：①本表根据江西绿色发展指数指标框架，依据各项指标2017年数据测算得出。本表中的年份均指代当年期数据。
②本表中地区顺序是根据《中国统计年鉴》中行政区划先后顺序来排序，并不根据排名先后来排序。
③本表中绿色发展指数等于四个一级指标绿色环境指数、绿色生产指数、绿色生活指数、绿色政策指数之和。
④基于原始数据小数点分布规律，本表采用了小数点后四位的处理方式来表示指数值，如果存在指数值完全一样的情况，根据其实际值大小排序。
资料来源：《中国统计年鉴》《中国城市统计年鉴》、各省份统计年鉴、各省份环境状况公报、各省份环境年报、各省份水资源公报等。

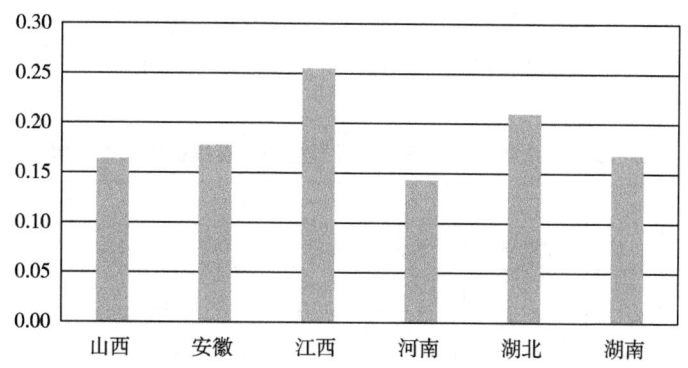

图3-1 2017年中部六省绿色发展指数

根据表3-1和图3-1可以看出，2017年中部六省绿色发展指数排名从第1~6位依次为江西、湖北、安徽、湖南、山西、河南。就具体指数值而言，江西绿色发展指数在中部六省处于最高水平，突出表现为遥遥领先的绿色环境指数值、绿色生活指数值和绿色政策指数值，但绿色生产指数垫底。其次是湖北，湖北有着领先的绿色生产指数值和相对较高的绿色环境指数值，但绿色生活指数和绿色政策指数相对靠后。安徽、湖南、山西、河南四省绿色发展指数相对于江西、湖北要落后一些。其中，安徽除绿色政策指数值垫底之外，其他几项指数都处于中等靠前水平，总体来说相对比较均衡；湖南、山西两省绿色发展指标值大小相当，各项指标都处于中等靠后的水平；河南尽管有着比较突出的绿色生产指数值和绿色政策指数值，但绿色环境指数值和绿色生活指数值均垫底，导致绿色发展综合指数值最小。

为了进一步区分中部六省的绿色发展水平，以及为今后绿色发展指标评价体系的进一步完善提供支撑，本书还针对不同地区的绿色发展情况进行分类，主要是通过绿色发展指数值大小进行区分，采用描述性统计方法。

首先，根据2017年江西绿色发展指数及在中部六省排名情况，将一级指标的得分情况按照描述性统计得出均值和标准差来进行分类。可以根据指数值的大小从高到低排列，划分为四个等级。其中指标值大于均值与标准差之和的地区绿色发展指数水平最高，为第一等级；指标值介于均值到均值与标准差之和的区间则次之，为第二等级；指标值介于均值减去标准差到均值的区间更低，为第三等级；指标值小于均值减去标准差的区间最低，为第四等级。

其次，根据各地区四个一级指标的实际指数值情况，分别对不同等级地区赋予不同的等级得分。鉴于本书研究的实际情况，根据四个等级采用了反向取值划分方法。第一等级得分为4，第二等级得分为3，第三等级得分为2，第四等级得分为1。通过这样的得分情况来进一步分析，如表3-2所示。

表3-2 2017年中部六省绿色发展指数一级指标等级得分情况

地区	一级指标			
	绿色环境得分	绿色生产得分	绿色生活得分	绿色政策得分
山西	2	2	2	3
安徽	2	3	3	1
江西	4	1	4	4
河南	1	3	1	3
湖北	3	3	2	2
湖南	2	3	2	1

资料来源：本表中的数值是基于四个一级指标绿色环境指数、绿色生产指数、绿色生活指数、绿色政策指数不同等级得分而得出的。

根据中部六省的绿色发展指数一级指标等级得分情况可以看出，六个省份的得分情况各有不同，就总分而言，有三种不同情况，河南和湖南得分相同、安徽和山西得分相同、江西总分第一、湖北总分第二。充分说明不同省份的绿色发展水平各有差异，绿色发展的实际情况各有特色。因此，划分绿色发展指数的不同类型还要综合考虑多种情况，通过进一步分析中部六省绿色发展的各自特色来确定类型划分。

本书进行绿色发展指数类型划分的基本原则主要是：根据中部六省绿色发展指数一级指标的实际指数值以及一级指标的等级得分情况综合分类。在这四个一级指标中，绿色环境是关系到人类生存的重要方面，又是"以人为本"原则的直接体现，作为绿色发展的重要基石，绿色环境的好坏直接决定了绿色发展水平的高低；绿色生产是按照有利于生态环境保护的原则进行生产活动，以节能、降耗、减污为目标，以管理和技术为手段，实施生产过程严格的污染控制，使污染物产生量最小化，最终提供绿色产品和服务的一种综合性措施；绿色生活与人类生命、生态环境的状况紧密相连，如今绿色已经成为一种崭新的理念，与人们的生活息息相关，从生活细节着手使人们的生活更健康，也让绿色发展理念深入人心；绿色政策是利用政策工具以及经济环境手段来改善所在地区绿色生态环境问题，把绿色发展的总体思路和理念转化为具体政策、技术和行动，推进经济社会发展绿色化。

根据中部六省的一级指标实际指数值可以看出，有些省份的绿色环境指数水平较高，但绿色生产能力欠缺；有些省份绿色生产能力较强，但绿色环境破坏严重；有些省份绿色生活方式较为先进，但绿色政策执行效果不明显；有些省份绿色政策执行能力较强，但当地的绿色环境基础仍显不足。当然，还有些省份各项指标水平都较高，或者都存在一定缺陷的情况。根据绿色发展水平在不同地区的特点，本书基于前人研究归纳出了绿色发展六种类型：均衡发展型、环境主导型、生产主导型、生活主导型、政策主导型、滞后发展型，如表3-1最后一列所示。

为了更加直观地展示江西绿色发展指数分析结果，本书绘制了相关指数结果的雷达图。根据雷达图指向标来判断中部六省绿色发展水平以及不同的一级指标排名情况。从图3-2中可以看出，排在前两位的江西、湖北指向标处于最外围区域，排名靠后的安徽、湖南、山西差距不大，基本处于同一区域，河南则处于雷达图指向标内侧区域。接下来通过对绿色发展指数的一级指标分解，进一步分析出现这一指数值的内在原因。

根据表3-1和图3-3可以看出，2017年一级指标绿色环境指数排名第1~6位依次是江西、湖北、安徽、湖南、山西、河南。根据绿色环境具体指数值分布来看，排在首位的江西绿色环境指数拥有较大优势。其中江西排名主要得益于二级指标资源禀赋、生态保护排名首位。其次是湖北，除环境压力以外，湖北的各项指标都名列前茅。安徽、湖南两省绿色环境指数水平相当,其中,安徽各项绿色环境二级指标值比较均衡,而湖南主要得益于较高的生态保护值;山西的资源禀赋和环境压力水平相对靠前,而生态保护则相对靠后。河南尽管环境压力排名首位,但由于资源禀赋和生态保护垫底,因此绿色环境指数居于末位。

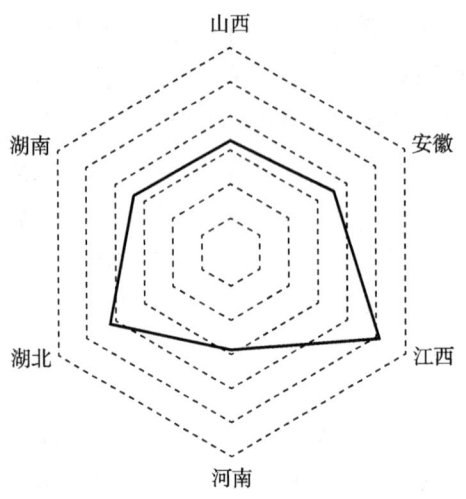

图 3-2 中部六省绿色发展指数排名

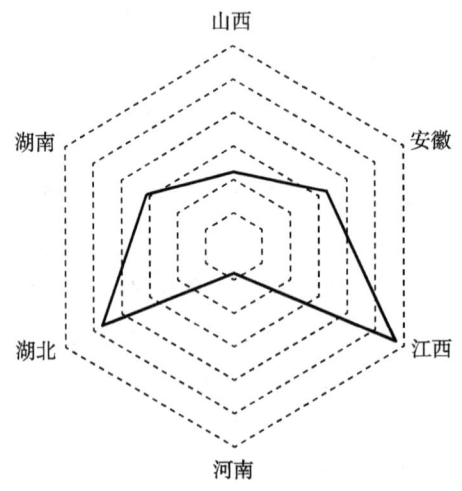

图 3-3 中部六省绿色环境指数排名

根据表3-1和图3-4可以看出，2017年一级指标绿色生产指数排名第1~6位依次是湖北、河南、安徽、湖南、山西、江西。根据绿色生产具体指数值分布来看，湖北尽管循环利用指数排名靠后，但其遥遥领先的增长质量和较高的资源节约，让该省绿色生产总排名第一。其次为河南和安徽，河南资源节约排名首位，而增长质量和循环利用都位于中游，安徽有着领先的循环利用和较高的增长质量，但资源节约垫底。湖南的各项指标相对比较均衡。山西各项指标都比较靠后，和其他省份有一定的距离。最后是江西，绿色生产方面整体不容乐观，且与其他省份差距较大，江西资源节约指数值排名第五，增长质量和循环利用指数均垫底。

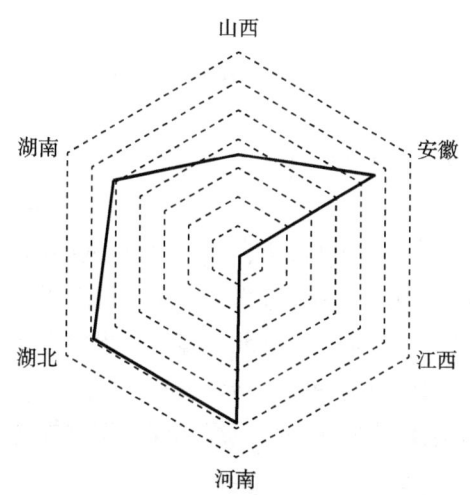

图3-4 中部六省绿色生产指数排名

根据表3-1和图3-5可以看出，2017年一级指标绿色生活指数排名第1~6位依次是江西、安徽、湖南、山西、湖北、河南。江西绿色生活水平排名遥遥领先，绿色消费排名首位，绿色居住、绿色出行均居于第二。接下来是安徽，安徽的绿色居住指标值排名第一，绿色消费居于中游，而绿色出行垫底。湖南、山西两省绿色生活综合排名为中等相当水平，其中，湖南各项指标都居于中游，总体比较均衡，山西在绿色消费方面做得比较好，但绿色居住垫底。湖北在绿色出行方面做得很好，但其他两个方面是末流水平，导致总体水平靠后，河南虽然没有垫底的二级指标值，但由于每个指标排名都靠后，因此总体水平垫底。

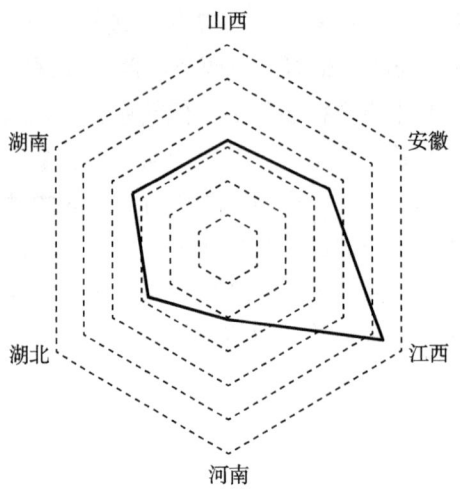

图3-5 中部六省绿色生活指数排名

根据表3-1和图3-6可以看出,2017年一级指标绿色政策指数排名第1~6位依次是江西、河南、山西、湖北、湖南、安徽。根据绿色政策具体指数值分布来看,江西拥有最好的环境治理能力,但在绿色投资方面只居于中游。其次为河南,绿色投资和环境治理能力都比较靠前。再者是山西,绿色政策指数排名中等靠前,得益于绿色投资排名第二。湖北环境治理指数排名中等靠前,但绿色投资靠后。湖南绿色投资和环境治理能力指数值都相对靠后。安徽尽管有着领先的绿色投资,但由于环境治理垫底从而导致绿色政策指数排名最末。

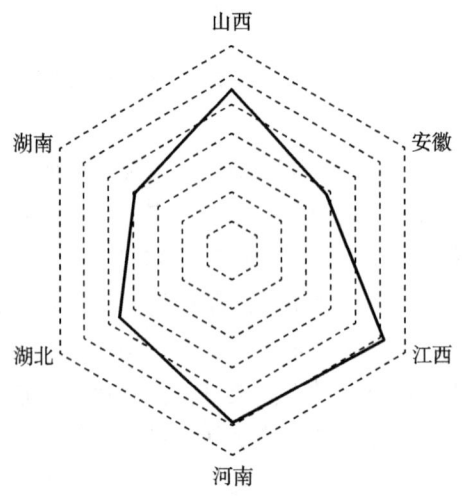

图3-6 中部六省绿色政策指数排名

第二节 江西绿色环境测算与中部六省比较分析

在前文已经研究了绿色发展指数的基础上,进一步研究江西绿色发展指数一级指标情况。根据江西绿色发展指数指标框架中绿色环境指数的测度方法和权重标准设定,对2017年中部六省的绿色环境指数及其二级指标进行测算,结果如表3-3所示。

表3-3 2017年中部六省绿色环境指数及其排名

地区	二级指标						一级指标	
	资源禀赋		生态保护		环境压力		绿色环境指数	
	指数值	排名	指数值	排名	指数值	排名	指数值	排名
山西	0.0568	3	0.0324	5	-0.0646	3	0.0246	5
安徽	0.0531	4	0.0515	4	-0.0591	2	0.0455	3
江西	0.0716	1	0.1206	1	-0.0980	6	0.0942	1
河南	0.0152	6	0.0221	6	-0.0413	1	-0.0040	6
湖北	0.0588	2	0.0946	2	-0.0793	4	0.0740	2
湖南	0.0316	5	0.0915	3	-0.0808	5	0.0423	4

注:①本表根据江西绿色发展指数指标框架的绿色环境指数,依据各项指标2017年数据测算得出。本表中的年份均指代当年期数据。
②本表中地区顺序是根据《中国统计年鉴》中行政区划先后顺序来排序,并不根据排名先后来排序。
③本表中绿色环境指数等于三个二级指标资源禀赋、生态保护、环境压力之和。
④基于原始数据小数点分布规律,本表采用了小数点后四位的处理方式来表示指数值,如果存在指数值完全一样的情况,根据其实际大小排序。
资料来源:《中国统计年鉴》《中国城市统计年鉴》、各省份统计年鉴、各省份环境状况公报、各省份环境年报、各省份水资源公报等。

根据表3-3和图3-7可以看出,2017年一级指标绿色环境指数排名第1~6位依次是江西、湖北、安徽、湖南、山西、河南。根据绿色环境具体指数值分布来看,排在首位的江西绿色环境指数拥有较大优势,其指数值远高于其他省份。其中,江西排名主要得益于二级指标资源禀赋、生态保护排名首位。紧随其后的湖北绿色环境指数优势也相对较为明显，湖北的资源禀赋和生态保护都排名第二，并且环境压力也处于中游水平。湖南、安徽两省绿色环境指数水平相当，其中，安徽的环境压力排名靠前，并且整体上比较均衡；湖南各项指标相对靠后。山西由于生态保护靠后，导致绿色环境指数值排名靠后。河南尽管环境压力指数领先，但资源禀赋、生态保护均垫底，从而导致绿色环境指数排名最末。

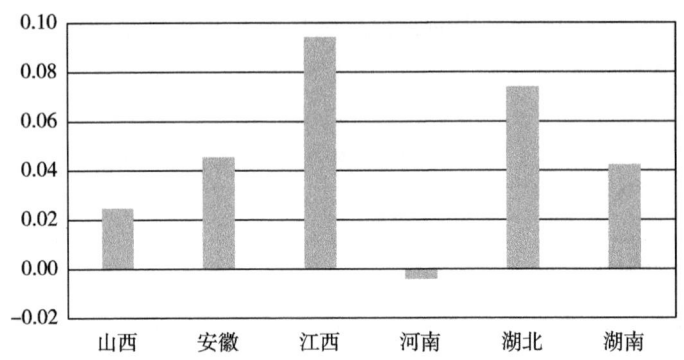

图3-7　2017年中部六省绿色环境指数排名

为了进一步展示江西绿色发展一级指标绿色环境指数的分析结果，本书绘制了相关指数结果的雷达图。根据雷达图指向标来判断江西绿色环境指数不同的二级指标排名情况，并进行详细分析。

前文所述资源禀赋作为绿色环境指数的第一个二级指标，主要是因为它代表了绿色环境最基础的指标。其中涉及的三级指标人均耕地面积、人均水资源量、城市人均绿地面积、人均活立木蓄积量都是体现各省份资源禀赋不同方面的突出代表。本书在充分讨论研究以及数据可得性条件充分的基础上，选取以上三级指标来体现各省份资源禀赋的特征。

根据表3-3和图3-8可以看出，2017年绿色环境指数中的资源禀赋排名第1~6位依次是江西、湖北、山西、安徽、湖南、河南。根据资源禀赋具体指数值分布来看，排在首位的江西依然保持着较大的优势，说明资源丰裕程度很高，以人均水资源量、城市人均绿地面积、人均活立木蓄积量三级指标排名首位，但人均耕地面积排名垫底。湖北和山西紧随其后，保持着较高的指数值水平。其中，湖北拥有较丰富的人均耕地面积、人均水资源量和人均活立木蓄积量，三项指标在中部六省中均排位第三。河南由于地处中部平原，耕地资源丰富，人均耕地面积在中部六省排名第一,但水资源短缺、森林覆盖率低,人均水资源量和人均活力木蓄积量指数在中部六省都排名垫底,因而资源禀赋总体排名中等偏低。湖南因为山区地貌且人多地少,因而人均耕地面积排名第五,加之城市绿化建设滞后,城市人均绿地面积排名垫底。

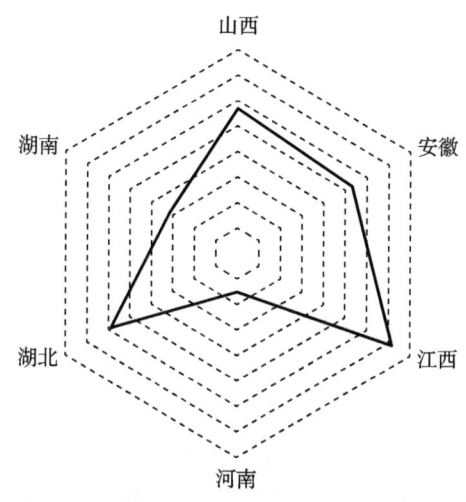

图3-8 中部六省绿色环境指数资源禀赋指标排名

前文所述生态保护作为绿色环境指数的第二个二级指标,它代表着各省份环境保护水平高低,特别是现阶段对于环境保护的重视程度如何的问题。其中,涉及的三级指标森林覆盖率、水功能区水质达标率、生态保护红线区占国土面积比例、自然保护区面积占辖区面积比重、湿地面积占国土面积比重都体现了各省份环境保护的重要性程度。根据数据可得性和实际调查研究选取了这些具体指标,可以很好地反映出生态保护的实际情况。

前文所述环境压力作为绿色环境指数的第三个二级指标,本书基于环境压力所要表达的含义,基本上选取的都是体现各省份环境承载力的逆向指标,试图从不同方面反映当地环境污染的实际情况和可能需要改进的地方。其中,涉及的三级指标人均化学需氧量排放量、人均氨氮排放量、人均二氧化硫排放量、人均氮氧化物排放量、单位耕地面积化肥施用量、单位耕地面积农药使用量都是可能带来环境污染的具体方面,包括了废水、废气、农业污染等领域。由于数据获取的难易程度不同,有些指标没有加入,现阶段选取的指标从一定程度上已经足够反映出各省份环境压力的大小。

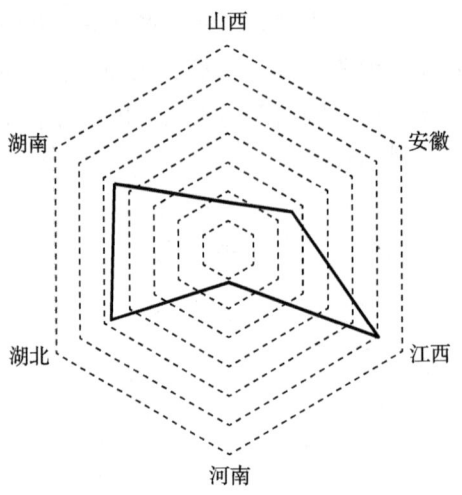

图 3-9　中部六省绿色环境指数生态保护指标排名

根据表 3-3 和图 3-10 可以看出，2017 年绿色环境指数中的环境压力指数排名第 1~6 位依次是河南、安徽、山西、湖北、湖南、江西。根据环境压力具体指数值分布来看，选取的三级指标都受到逆向指标的影响，各省份的指数值都是负数。其中，排名前列的江西环境压力最小，江西单位耕地面积农药使用量最小，且人均化学需氧量排放量、人均氨氮排放量、人均氮氧化物排放量、单位耕地面积化肥施用量等各项指标值都比较小，排名第三或第四。其次为河南、湖南，

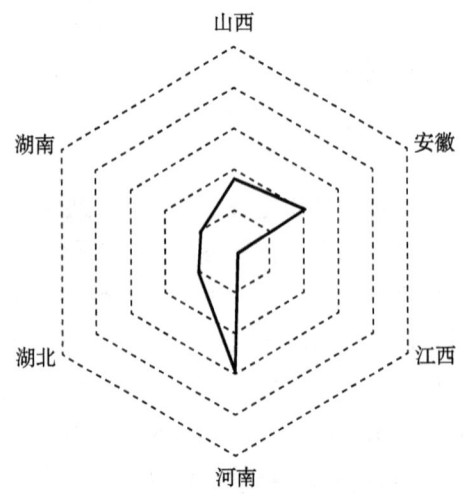

图 3-10　中部六省绿色环境指数环境压力指标排名

环境压力水平相近。河南人均化学需氧量排放量、人均氨氮排放量较少,排名第二;湖南人均二氧化硫排放量和人均氮氧化物排放量最少,排名第一,但人均化学需氧量排放量和人均氨氮排放量最多,排名垫底。湖北环境压力较大,各项三级指标值都比较大,且排名靠后。山西环境压力最大,主要是因为人均二氧化硫排放量、人均氮氧化物排放量和单位耕地面积农药使用量为中部六省中最大值。

第三节 江西绿色生产测算与中部六省比较分析

根据江西绿色发展指数指标框架中绿色生产指数的测度方法和权重标准设定,对 2017 年江西的绿色生产指数及其二级指标进行测算,结果如表 3-4 所示。

表 3-4 2017 年中部六省绿色生产指数排名

地区	二级指标						一级指标	
	增长质量		资源节约		循环利用		绿色生产指数	
	指数值	排名	指数值	排名	指数值	排名	指数值	排名
山西	-0.0073	5	-0.0461	4	0.0182	4	-0.0353	5
安徽	0.0106	2	-0.0519	6	0.0268	1	-0.0145	3
江西	-0.0214	6	-0.0483	5	0.0005	6	-0.0691	6
河南	0.0001	4	-0.0306	1	0.0185	3	-0.0120	2
湖北	0.0168	1	-0.0441	2	0.0162	5	-0.0112	1
湖南	0.0023	3	-0.0442	3	0.0229	2	-0.0190	4

注:①本表根据江西绿色发展指数指标框架的绿色生产指数,依据各项指标 2017 年数据测算得出。本表中的年份均指代当年期数据。
②本表中地区顺序是根据《中国统计年鉴》中行政区划先后顺序来排序,并不根据排名先后来排序。
③本表中绿色生产指数等于三个二级指标增长质量、资源节约、循环利用之和。
④基于原始数据小数点分布规律,本表采用了小数点后四位的处理方式来表示指数值,如果存在指数值完全一样的情况,根据其实际值大小排序。
资料来源:《中国统计年鉴》《中国城市统计年鉴》、各省份统计年鉴、各省份环境状况公报、各省份环境年报、各省份水资源公报等。

根据表3-4和图3-11可以看出,2017年一级指标绿色生产指数排名第1~6位依次是湖北、河南、安徽、湖南、山西、江西。根据绿色生产具体指数值分布来看,受绿色生产指数中逆向指标数值的影响,各省份绿色生产指数均为负值。其中,湖北绿色生产指数最高,排名第一,且远远领先于其他五省,主要得益于排名第一的增长质量和较高的资源节约二级指标。绿色生产指数排名第二的河南在资源节约方面做得较好,排名第一并且优势比较大。安徽在循环利用方面领先其他省份,同时增长质量指标值也相对比较理想,但资源节约垫底。湖南在各个方面都比较均衡。最差的是山西和江西,绿色生产各项指标排名靠后,亟待调整产业结构、加快产业转型升级、促进绿色生产和绿色制造。

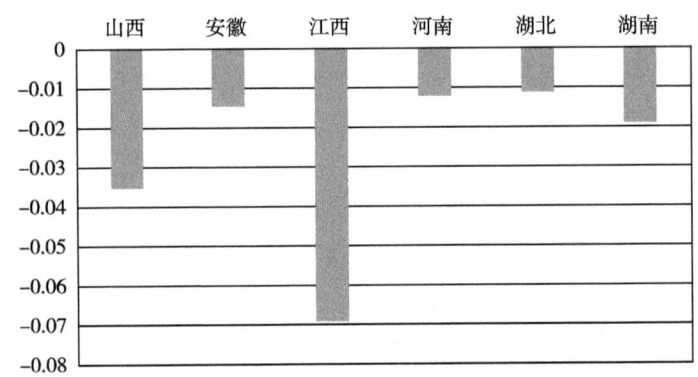

图3-11　2017年中部六省绿色生产指数排名

为了进一步展示江西绿色发展一级指标绿色生产指数的分析结果,本书绘制了相关指数结果的雷达图。根据雷达图指向标来判断江西绿色生产指数不同的二级指标排名情况,并进行详细分析。

前文所述增长质量作为绿色生产指数的第一个二级指标,主要目的是反映各省份的产业发展水平,其中主要是考察其增长质量而非数量。其中涉及的三级指标地区生产总值增幅、服务业增加值增幅、单位地区生产总值废水排放量、单位地区生产总值一般工业固体废物排放量都是体现各省份产业结构和经济增长质量的代表性指标。本书基于数据可得性和指标设定科学合理性,选取了以上指标来表示各省份绿色生产环节中的增长质量,通过指标测算得出以下结论。

根据表3-4和图3-12可以看出,2017年绿色生产指数中的增长质量排名第1~6位依次是湖北、安徽、湖南、河南、山西、江西。根据增长质量具体指数值分布来看,排在首位的湖北和第二位的安徽增长质量较高,而且二者的指数值差距不大，说明这两个省份的产业结构较为合理。其中，湖北的三级指标单位地区生产总值废水排放量最低，安徽和湖南略次于湖北，不过整体的增长仍保持着积极态势，指数值也都为正值。其中，安徽的服务业增加值增幅和单位地区生产总值一般工业固体废物排放量排名靠前，湖南则得益于地区生产总值增幅水平较高。排在末位的江西和山西受到逆向指标数值过大的影响，增长质量指数值为负数，当地产业结构存在不合理之处，还需要进一步优化产业结构。其中江西单位地区生产总值废水排放量过高，排名垫底。山西则受制于地区生产总值增幅过低和单位地区生产总值一般工业固体废物排放量过高。

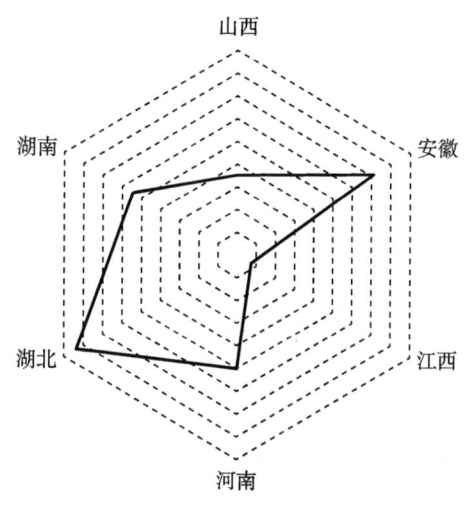

图3-12 中部六省绿色生产指数增长质量指标排名

前文所述资源节约作为绿色生产指数的第二个二级指标，主要是用来表示各省份的资源利用集约化程度。其中，涉及的三级指标能耗总量、单位地区生产总值能源消耗、单位耕地面积农田灌溉用水量、单位工业增加值水耗、单位地区生产总值建设用地面积都是基于各方面的资源节约情况来确定。本书根据资源利用在不同领域的实际情况和数据可得性基础上选取了以上指标，通过测算得出以下结论。

根据表3-4和图3-13可以看出，2017年绿色生产指数中的资源节约排名第1~6位依次是河南、湖北、湖南、山西、江西、安徽。根据资源节约具体指数值分布来看，选取指标多受到逆向指标的影响，在其数值过大的情况下造成了资源节约的指数值都是负数。排在前列的河南、湖北和湖南资源节约程度总体较高,且水平相当。山西得益于较低的单位工业增加值水耗和单位耕地面积农田灌溉用水量,两项指标分别排名第一和第二。湖北得益于较高的单位地区生产总值能源消耗降低率和较低的单位地区生产总值建设用地面积,两项指标都排名第一。江西除能耗总量控制较好外,单位耕地面积农田灌溉用水量过高,且其他各项三级指标排名靠后。安徽主要因为单位工业增加值水耗、单位地区生产总值建设用地面积过高而排名垫底。

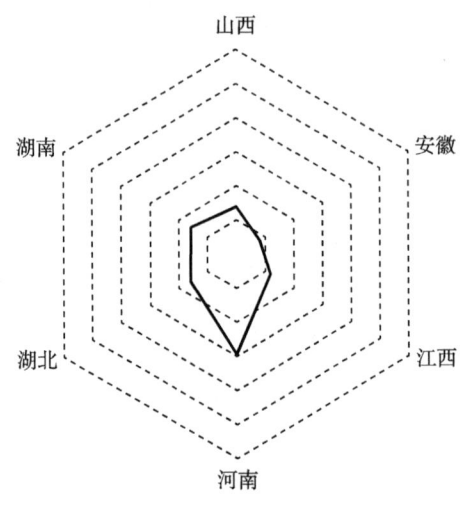

图3-13 中部六省绿色生产指数资源节约指标排名

前文所述循环利用作为绿色生产指数的第三个二级指标,主要反映各省份的循环经济发展情况。受限于数据可得性问题,目前对于循环产业的数据收集还存在不足,本书目前选取的三级指标主要集中在工业领域,采用单位工业增加值水耗降低率和一般工业固体废物综合利用率来衡量循环利用的水平。通过这两个三级指标的测算简单分析一下现阶段各省份工业领域循环利用水平,具体测算结果如下。

根据表3-4和图3-14可以看出,2017年绿色生产指数中的循环利用排名第1~6位依次是安徽、湖南、河南、山西、湖北和江西。根据循环利用具体指数值分布来看,排在前列的安徽循环利用水平最高,安徽的一般工业固体废物综合利用率排名第一,而且与其他各省份指数值相比有一定优势。江西单位工业增加值水耗降低率最高,需进一步改善当地工业领域的循环利用水平。

第三章 江西绿色发展指数测算与分析——省份篇

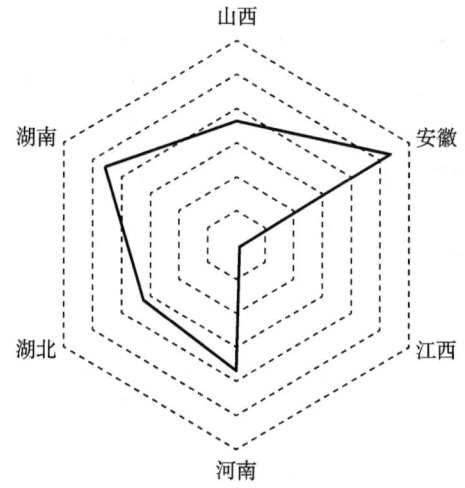

图 3-14 中部六省绿色生产指数循环利用指标排名

第四节 江西绿色生活测算与中部六省比较分析

根据江西绿色发展指数指标框架中绿色生活指数的测度方法和权重标准设定，对 2017 年江西的绿色生活指数及其二级指标进行测算，结果如表 3-5 所示。

表 3-5 2017 年中部六省绿色生活指数排名

地区	二级指标						一级指标	
	绿色居住		绿色出行		绿色消费		绿色生活指数	
	指数值	排名	指数值	排名	指数值	排名	指数值	排名
山西	0.0092	6	0.0245	4	0.0303	2	0.0641	4
安徽	0.0445	1	0.0136	6	0.0120	3	0.0701	2
江西	0.0440	2	0.0286	2	0.0346	1	0.1072	1
河南	0.0316	4	0.0191	5	-0.0094	5	0.0413	6
湖北	0.0286	5	0.0460	1	-0.0189	6	0.0556	5

续表

地区	二级指标						一级指标	
	绿色居住		绿色出行		绿色消费		绿色生活指数	
	指数值	排名	指数值	排名	指数值	排名	指数值	排名
湖南	0.0398	3	0.0262	3	0	4	0.0660	3

注：①本表根据江西绿色发展指数指标框架的绿色生活指数，依据各项指标2017年数据测算得出。本表中的年份均指代当年期数据。
②本表中地区顺序是根据《中国统计年鉴》中行政区划先后顺序来排序，并不根据排名先后来排序。
③本表中绿色生活指数等于三个二级指标绿色居住、绿色出行、绿色消费之和。
④基于原始数据小数点分布规律，本表采用了小数点后四位的处理方式来表示指数值，如果存在指数值完全一样的情况，根据其实际值大小排序。
资料来源：《中国统计年鉴》《中国城市统计年鉴》、各省份统计年鉴、各省份环境状况公报、各省份环境年报、各省份水资源公报等。

根据表3–5和图3–15可以看出，2017年一级指标绿色生活指数排名第1~6位依次是江西、安徽、湖南、山西、湖北、河南。根据绿色生活具体指数值分布来看，江西和安徽的绿色生活指数值最高，绿色生活水平优势明显，两省绿色居住质量和绿色消费位居中部地区前列。湖南、山西和湖北次之，且三省总体水平相当，湖南、湖北民众的绿色出行以及山西的绿色消费值得称赞。排在末位的河南绿色生活水平较低，六省排名垫底，且绿色居住、绿色出行、绿色消费三项二级指标均排位不高，其绿色生活水平有很大的提升空间。

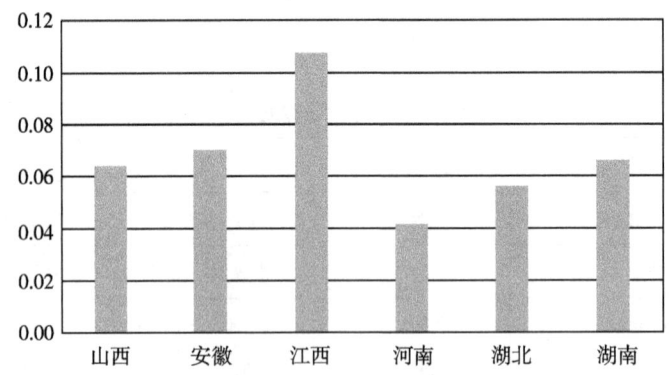

图3–15　2017年中部六省绿色生活指数排名

为了进一步展示江西绿色发展一级指标绿色生活指数的分析结果，本书绘制了相关指数结果的雷达图。根据雷达图指向标判断江西绿色生活指数不同的二级指标排名情况,并进行详细分析。

前文所述绿色居住作为绿色生活指数的第一个二级指标,其主要体现各省份绿色生活的居住水平。鉴于绿色居住中涉及的一些指标难以获取数据,本书现阶段只选取了城市生活垃圾无害化处理率和建成区绿化覆盖率这两个三级指标来表现绿色居住情况。通过这两个三级指标的测算,简单分析一下现阶段各省份绿色居住水平,具体测算结果如下。

根据表3-5和图3-16可以看出,2017年绿色生活指数中绿色居住排名第1~6位依次是安徽、江西、湖南、河南、湖北、山西。根据绿色居住具体指数值分布来看,排在首位的安徽和第二位的江西绿色居住水平最高,相较于其他省份的指数值而言,有着较为明显优势。其中,安徽的城市生活垃圾无害化处理率高居第一,并且建成区绿化覆盖率处于中部地区第二位;江西建成区绿化覆盖率六省排名第一,且远超过其他省份。湖南和河南的绿色居住水平次之,属于第二梯队。其中,湖南的城市生活垃圾无害化处理率和建成区绿化覆盖率均位居第三,河南的城市生活垃圾无害化处理率和建成区绿化覆盖率排名不高。山西的绿色居住水平最差,指数值相较于排名靠前省份有着较大差距。山西的城市生活垃圾无害化处理率排名垫底且建成区绿化覆盖率也不高。

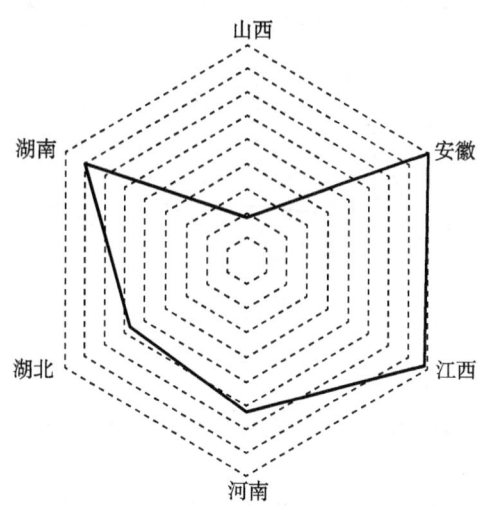

图3-16 中部六省绿色生活指数绿色居住指标排名

前文所述绿色出行作为绿色生活指数的第二个二级指标,其主要体现各省份绿色生活的交通出行情况。鉴于绿色出行中涉及的一些指标难以获取数据,本书现阶段只选取了人均城市公共交通运营线路网长度和城市每万人拥有公交车辆数这两个三级指标表现绿色出行情况。通过这两个三级指标的测算简单分析一下现阶段各省份的绿色出行情况,具体测算结果如下。

根据表3-5和图3-17可以看出,2017年绿色生活指数中绿色出行排名第1~6位依次是湖北、江西、湖南、山西、河南、安徽。根据绿色出行具体指数值分布来看,湖北和江西分别排在第一、第二位,二者属于第一梯队,交通情况最为良好。其中,湖北的三级指标人均城市公共交通运营线路网长度排在第三位,并且其城市每万人拥有公交车辆数排在第一位。江西的人均城市公共交通运营线路网长度最长。湖南排名第三,人均城市公共交通运营线路网长度排名第四,但城市每万人拥有公交车辆数排名第二。山西和河南的交通情况略差,当地绿色出行受到一定影响。排在末位的安徽交通情况较差,人均城市公共交通运营线路网长度排名倒数第二,城市每万人拥有公交车辆数排名倒数第三,还需要进一步提高绿色出行质量。

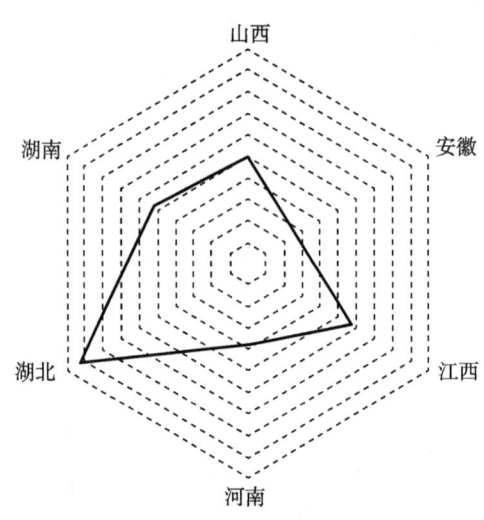

图3-17 中部六省绿色生活指数绿色出行指标排名

前文所述绿色消费作为绿色生活指数的第三个二级指标,主要是体现各省份绿色发展的消费实际情况。其中,涉及的三级指标人均居民生活用电量增长率、人均居民生活用水量增长率、城市人均天然气消费量增长率都体现了现阶段各省份绿色消费情况实际水平。水电气是绿色生活消费的主要代表性指标,本书基于数据可得性和指标设置的科学合理性考虑,选取以上指标作为考察各省份绿色消费的重点，具体测算结果如下。

根据表3-5和图3-18可以看出，2017年绿色生活指数中绿色消费排名第1~6位依次是江西、山西、安徽、湖南、河南、湖北。根据绿色消费具体指数值分布来看，排在首位的江西和第二位的山西绿色消费水平较高，且远高于其他四省份。江西城市人均天然气消费量增长率、人均居民生活用电量增长率、人均居民生活用水量增长率分别排名第一、第二、第三位。山西人均居民生活用电量增长率排名第一，人均居民生活用水量增长率排名第五。安徽绿色消费水平排名第三，各项三级指标均排名中等。河南、湖北绿色消费指数都为负值，水平较低，尤其是这两省人均居民生活用水量增长率较高，以及人均居民生活用电量增长率排名垫底。

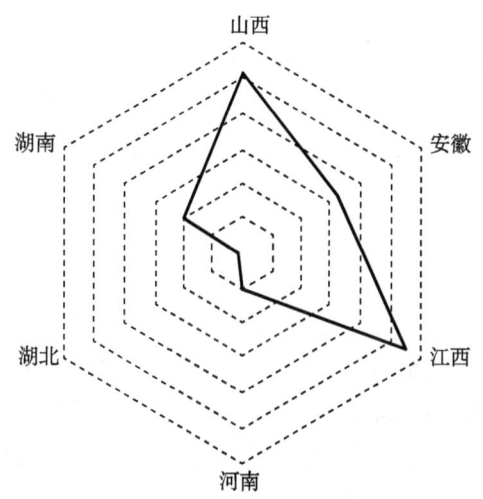

图3-18 中部六省绿色生活指数绿色消费指标排名

第五节 江西绿色政策测算与中部六省比较分析

根据江西绿色发展指数指标框架中绿色政策指数的测度方法和权重标准设定，对2017年江西的绿色政策指数及其二级指标进行测算，结果如表3-6所示。

表3-6 2017年中部六省绿色政策指数排名

地区	二级指标				一级指标	
	绿色投资		环境治理		绿色政策指数	
	指数值	排名	指数值	排名	指数值	排名
山西	0.0455	2	0.0648	5	0.1103	3
安徽	0.0482	1	0.0283	6	0.0766	6
江西	0.0355	4	0.0876	1	0.1231	1
河南	0.0389	3	0.0790	2	0.1179	2
湖北	0.0226	5	0.0687	3	0.0913	4
湖南	0.0122	6	0.0665	4	0.0788	5

注：①本表根据江西绿色发展指数指标框架的绿色政策指数，依据各项指标2017年数据测算得出。本表中的年份均指代当年期数据。
②本表中地区顺序是根据《中国统计年鉴》中行政区划先后顺序来排序，并不根据排名先后来排序。
③本表中绿色政策指数等于两个二级指标绿色投资和环境治理加总。
④基于原始数据小数点分布规律，本表采用了小数点后四位的处理方式来表示指数值，如果存在指数值完全一样的情况，根据其实际值大小排序。
资料来源：《中国统计年鉴》《中国城市统计年鉴》、各省份统计年鉴、各省份环境状况公报、各省份环境年报、各省份水资源公报等。

根据表3-6和图3-19可以看出，2017年一级指标绿色政策指数排名第1~6位依次是江西、河南、山西、湖北、湖南、安徽。根据绿色政策具体指数值分布来看，江西绿色政策指数最高，且大于其他5个省份，尤其是环境治理二级指标排名第一。其次是河南，环境治理力度较大，排名第二，但绿色投资力度有待加强。山西排名第三，缘于绿色投资力度较大。排名第四和第五的湖北、湖南绿色政策指数处于同一水平，相差无几。安徽环境治理能力最差，有待加大治理力度，绿色政策指数在中部六省排名垫底，亟须加强改进。

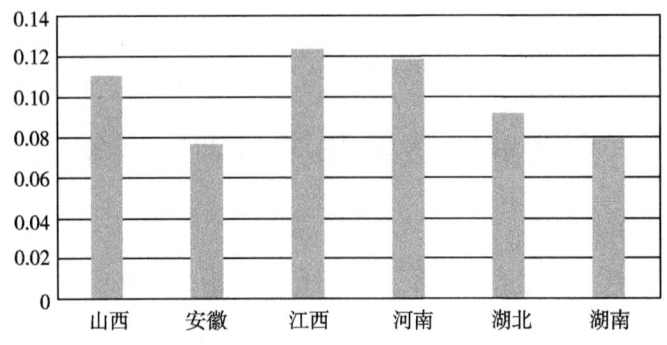

图3-19 2017年中部六省绿色政策指数排名

为了进一步展示江西绿色发展一级指标绿色政策指数的分析结果，本书绘制了相关指数结果的雷达图。根据雷达图指向标来判断江西绿色政策指数不同的二级指标排名情况，并进行详细分析。

前文所述绿色投资作为绿色政策指数的第一个二级指标，主要用来衡量政府的各项支出水平和投资情况。其中，涉及的三级指标环境保护支出占项目财政支出比重、环境污染治理投资占比、单位森林面积林业投资完成额、科教文卫支出占财政支出比重都是通过政府部门的各项支出和投资体现现阶段当地政策支持力度和政府公共财政支出水平。本书基于数据可获得性和指标设置的科学合理性选取了以上指标测算当地绿色投资水平，具体测算结果如下。

根据表3-6和图3-20可以看出，2017年绿色政策指数中绿色投资排名第1~6位依次是安徽、山西、河南、江西、湖北、湖南。根据绿色投资具体指数值分布来看，排在首位的安徽优势明显，说明安徽公共财政支出水平较高。安徽的三级指标环境污染治理投资占比排在第一，环境保护支出占项目财政支出比重、科教文卫支出占财政支出比重均排在第二。排在第二、第三位的山西和河南，绿色投资水平相差不大，指数值也处于高位。其中，山西的环境保护支出占项目财政支出比重、单位森林面积林业投资完成额都排名最高，河南的环境保护支出占项目财政支出比重和科教文卫支出占财政支出比重都排名靠前。江西绿色投资水平较低，单位森林面积林业投资完成额排名垫底。湖北、湖南绿色投资力度不大，湖北的环境保护支出占项目财政支出比重六省最低，湖南的环境污染治理投资占比和科教文卫支出占财政支出比重都排名垫底，且其他各项指标也都排名靠后。

前文所述环境治理作为绿色政策指数的第二个二级指标，其主要用于衡量环境治理的效果水平。其中，涉及的三级指标水土流失治理面积、单位耕地面积化肥施用量降低率、单位耕地面积农药使用量降低率、化学需氧量排放量降低率、氨氮排放量降低率、二氧化硫排放量降低率、氮氧化物排放量降低率、城市污水处理率、空气质量优良天数占比都是体现各个领域环境污染治理情况的代表性指标。本书在数据可得性基础上选取了尽可能多的环境治理三级指标，以此全面反映当地环境治理实际情况，具体测算结果如下。

根据表3-6和图3-21可以看出，2017年绿色政策指数中的环境治理排名第1~6位依次是江西、河南、湖北、湖南、山西、安徽。根据环境治理具体指数值分布来看，排名首位的江西环境治理能力较高，指数值相较于其他省份有一定优势，空气质量优良天数占比排名第一，其他各项指标均位居中部地区前列。

其次是河南，环境治理能力较好，多项指标均位居中部地区前列，但空气质量优良天数占比排名倒数第二。湖北、湖南、山西三省环境治理水平总体相当，差异不大。其中，湖北需要控制氨氮排放量、化学需氧量排放量；湖南需要控制单位耕地面积农药使用量、加强水土流失治理、控制氨氮排放量；山西需要控制单位耕地面积农药使用量、二氧化硫排放量和改善空气质量。安徽则需要在水土流失治理面积、化学需氧量排放量降低率、二氧化硫排放量降低率和氨氮排放量降低率等方面加以提升。

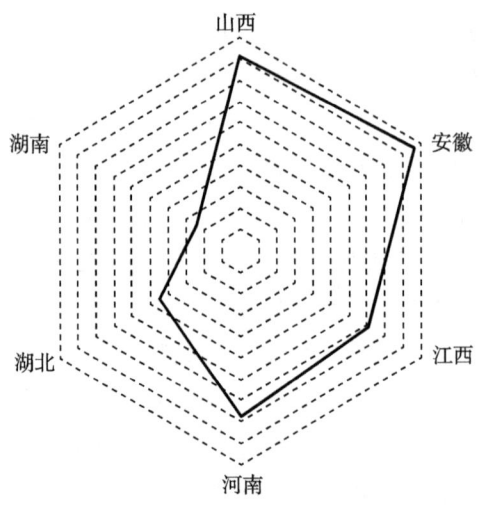

图 3-20 中部六省绿色政策指数绿色投资指标排名

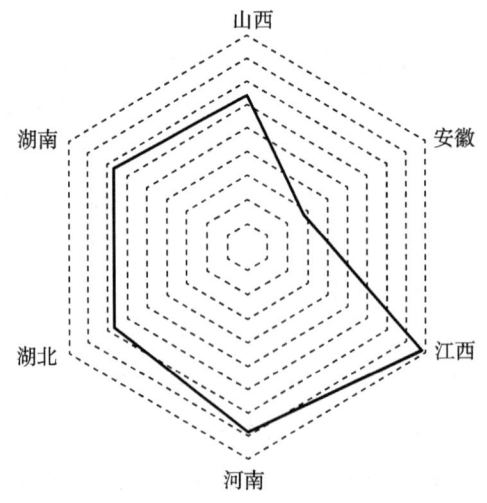

图 3-21 中部六省绿色政策指数环境治理指标排名

第四章　江西设区市绿色发展指数测算与分析——设区市篇

本章主要在市域尺度上分析江西设区市的绿色发展指数。根据各项绿色发展指标的具体分析可以进一步发掘其中的测度影响因素。利用2017年数据，从绿色发展指数及其绿色环境、绿色生产、绿色生活和绿色政策四个一级指标的具体测算结果中进一步剖析江西设区市绿色发展指数。

第一节　江西设区市绿色发展指数测算与分析

本书基于江西实际情况的考虑，通过11个设区市来测算绿色发展指数，以此研究现阶段江西绿色发展的市域情况，11个设区市绿色发展指数具体测算结果分析如表4-1所示。

表4-1　2017年江西设区市绿色发展指数排名

地区	一级指标								绿色发展指数		类型
	绿色环境指数		绿色生产指数		绿色生活指数		绿色政策指数				
	指数值	排名	指数值	排名	指数值	排名	指数值	排名	指数值	排名	
南昌	0.0529	9	-0.0042	11	0.0896	3	0.0889	4	0.2273	7	生活主导型
景德镇	0.0661	8	0.0126	8	0.0458	10	0.0549	9	0.1793	9	滞后发展型
萍乡	0.0184	10	0.0221	6	0.0420	11	0.0465	11	0.1290	11	滞后发展型
九江	0.0739	7	0.0319	4	0.0495	9	0.0649	7	0.2203	8	生产主导型
新余	-0.0111	11	0.0195	7	0.0972	1	0.0593	8	0.1649	10	滞后发展型

续表

地区	一级指标								绿色发展指数		类型
	绿色环境指数		绿色生产指数		绿色生活指数		绿色政策指数				
	指数值	排名	指数值	排名	指数值	排名	指数值	排名	指数值	排名	
鹰潭	0.1054	4	0.0399	2	0.0644	7	0.1048	1	0.3145	3	政策主导型
赣州	0.0897	5	0.0243	5	0.0600	8	0.0885	5	0.2626	5	均衡发展型
吉安	0.1414	1	0.0405	1	0.0946	2	0.0750	6	0.3515	1	均衡发展型
宜春	0.0874	6	0.0123	9	0.0664	6	0.1009	3	0.2670	4	政策主导型
抚州	0.1219	2	0.0322	3	0.0732	5	0.1017	2	0.3291	2	均衡发展型
上饶	0.1149	3	0.0002	10	0.0893	4	0.0391	11	0.2435	6	环境主导型

注：①本表根据江西设区市绿色发展指数指标框架，依据各项指标2017年数据测算得出。本表中的年份均代指当年期数据。

②本表中地区顺序是根据设区市行政区划先后顺序来排序，并不根据排名先后来排序。

③本表中绿色发展指数等于四个一级指标绿色环境指数、绿色生产指数、绿色生活指数、绿色政策指数之和。

④基于原始数据小数点分布规律，本表采用了小数点后四位的处理方式来表示指数值，如果存在指数值完全一样的情况，根据其实际值大小排序。

资料来源：《江西统计年鉴》《中国城市统计年鉴》《江西环境状况公报》《江西环境年报》《江西水资源公报》等。

如表4-1和图4-1所示，2017年江西设区市绿色发展指数排在前3位的设区市依次是吉安、抚州、鹰潭，居于第4~8位的依次是宜春、赣州、上饶、南昌、九江，居于第9~11位的依次是景德镇、新余、萍乡。根据具体指数值可以看出，排在第一位的吉安绿色发展指数为0.3515，其中，一级指标绿色环境和绿色生产水平都处于首位，绿色生活排名第二，导致其优势愈加明显。位于中间的宜春、赣州、上饶、南昌等设区市绿色发展指数都在0.2~0.3，相差不大，各项指标的数值相互交织，各有优劣。值得注意的是，上饶的绿色政策指数和南昌的绿色生产指数排名均于末位，是当地绿色发展的短板所在。排名末位的萍乡绿色环境指数与其他设区市差距较为明显。其中，除了一级指标绿色生产指数值较高之外，其他一级指标排名基本处于末位，当地绿色环境、绿色生活、绿色政策都还有待提高。

为了进一步区分江西设区市的绿色发展水平，以及为今后绿色发展指标评价体系的进一步完善提供支撑，本书还针对不同设区市的绿色发展情况进行分类，主要还是通过绿色发展指数值的大小进行区分，采用描述性统计方法。

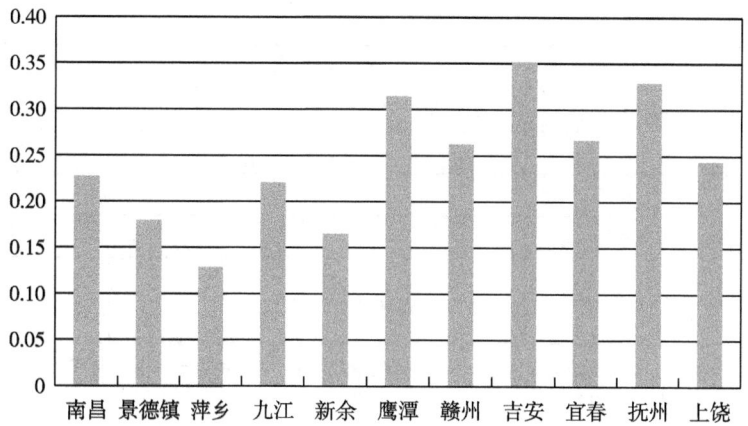

图4-1 2017年江西设区市绿色发展指数排名

首先,根据2017年江西设区市绿色发展指数排名情况,将一级指标的得分情况按照描述性统计得出均值和标准差来进行分类。可以根据指数值的大小从高到低排列,划分为四个等级。其中,指标值大于均值与标准差之和的设区市绿色发展指数水平最高,为第一等级;指标值介于均值到均值与标准差之和的区间则次之,为第二等级;指标值介于均值减去标准差到均值的区间更低,为第三等级;指标值小于均值减去标准差的区间最低,为第四等级。

其次,根据各设区市的四个一级指标的实际指数值情况,分别对不同等级设区市赋予不同的等级得分。鉴于本书研究的实际情况,根据四个等级采用了反向取值划分方法。第一等级得分为4,第二等级得分为3,第三等级得分为2,第四等级得分为1。通过这样的得分情况来进一步分析,如表4-2所示。

表4-2 2017年江西设区市绿色发展指数一级指标等级得分情况

地区	一级指标			
	绿色环境得分	绿色生产得分	绿色生活得分	绿色政策得分
南昌	3	4	2	2
景德镇	3	3	4	3
萍乡	4	2	4	4
九江	3	2	4	3
新余	4	3	1	3
鹰潭	2	1	3	1

续表

地区	一级指标			
	绿色环境得分	绿色生产得分	绿色生活得分	绿色政策得分
赣州	2	2	3	2
吉安	1	1	1	2
宜春	2	3	3	1
抚州	2	2	2	1
上饶	2	4	2	4

资料来源：本表中的数值是基于四个一级指标绿色环境指数、绿色生产指数、绿色生活指数、绿色政策指数不同的等级得分而得出的。

根据江西设区市的绿色发展指数一级指标等级得分情况可以看出，11个设区市的得分情况各有不同。就总分而言，鹰潭、抚州的总得分相同，宜春、赣州的总得分相同，南昌、新余的总得分相同，九江、上饶的总得分相同。充分说明不同设区市的绿色发展水平各有差异，绿色发展的实际情况各有特色。因此，划分绿色发展指数的不同类型还要综合考虑多种情况，通过进一步分析江西设区市绿色发展的各自地区特色来确定类型划分。

本书进行绿色发展指数类型划分的基本原则主要是：根据江西设区市绿色发展指数一级指标的实际指数值以及一级指标的等级得分情况综合分类。在这四个一级指标中，绿色环境是关系到人类生存的重要方面，又是"以人为本"原则的直接体现，作为绿色发展的重要基石，绿色环境的好坏直接决定了绿色发展水平的高低；绿色生产是按照有利于生态环境保护的原则进行生产活动，以节能、降耗、减污为目标，以管理和技术为手段，实施生产过程严格的污染控制，使污染物的产生量最小化，最终提供绿色产品和服务的一种综合性措施；绿色生活与人类生命、生态环境的状况紧密相连，如今绿色已经成为一种崭新的理念，与人们的生活息息相关，从生活的细节着手使人们的生活更健康，也让绿色发展理念深入人心；绿色政策是利用政策工具以及经济环境手段来改善所在地区绿色生态环境问题，把绿色发展的总体思路和理念转化为具体的政策、技术和行动，推进经济社会发展绿色化。

根据江西设区市的一级指标实际指数值可以看出，有些设区市的绿色环境指数水平较高，但绿色生产能力欠缺；有的设区市的绿色生产能力较强，但绿色环境破坏严重；有的绿色生活方式较为先进，但绿色政策执行效果不明显；有的设区市的绿色政策执行能力较强，但当地的绿色环境基础仍显不足。当然，还有些设区市各项指标水平都较高,或者都存在一定缺陷的情况。根据绿色发展水平在不同设区市的特点,本书基于前人研究的基础上归纳出了绿色发展的六种类型:均衡发展型、环境主导型、生产主导型、生活主导型、政策主导型、滞后发展型,如表4-1最后一列所示。

为了更加直观地展示江西设区市绿色发展指数的分析结果,本书绘制了相关指数结果的雷达图。根据雷达图指向标来判断江西设区市绿色发展水平以及不同的一级指标排名情况。从图4-2中可以明显看出,设区市绿色发展指数排名靠前的吉安、抚州、鹰潭等地指向标向外凸出,排名靠后的设区市则凹向中心点。接下来通过对绿色发展指数的一级指标分解,进一步分析出现这一指数值的内在原因。

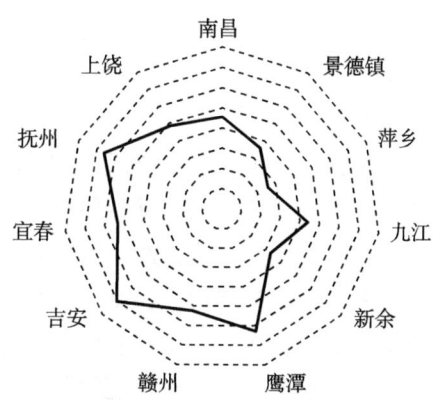

图4-2 江西设区市绿色发展指数排名情况

根据表4-1和图4-3可以看出,2017年一级指标绿色环境指数排在前3位的设区市依次是吉安、抚州和上饶,居于第4~8位的依次是鹰潭、赣州、宜春、九江和景德镇,居于第9~11位的依次是南昌、萍乡和新余。根据绿色环境具体指数值分布来看,排名前两位的吉安、抚州的绿色环境指数优势非常明显,其中,吉安的二级指标资源禀赋、生态保护指数值排名前列,抚州三个二级指标资源禀赋、生态保护与环境压力指数值则较为均衡。位于中间的鹰潭、赣州、宜春等设区市其绿色环境水平相差不大,其中,鹰潭的环境压力较小,赣州的生态保护能力较高,宜春的资源禀赋水平较高。处于末位的萍乡和新余受其逆向指标数值影响,绿色环境指数最低,新余更是为负值,说明目前两市绿色环境亟待改善。其中,新余的环境压力最大,萍乡的资源禀赋指数值最低。

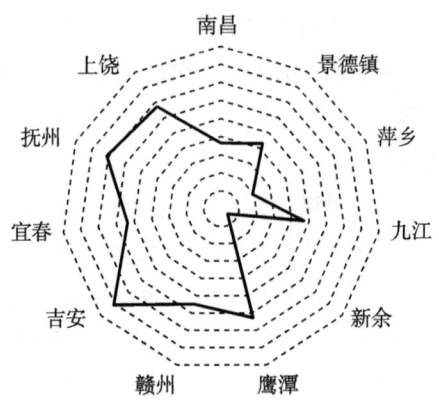

图 4-3　江西设区市绿色环境指数排名情况

根据表 4-1 和图 4-4 可以看出，2017 年一级指标绿色生产指数排在前 3 位的设区市依次是吉安、鹰潭、抚州，居于第 4~8 位的依次是九江、赣州、萍乡、新余和景德镇，居于第 9~11 位的依次是宜春、上饶和南昌。根据绿色生产具体指数值分布来看，排名前二位的吉安和鹰潭绿色生产指数优势比较明显，其中，二级指标资源节约与循环利用指数值均较高，导致整体排名上升。中间的各设区市之间指数分布较为均衡，相互之间有一定差距，其中抚州排名第三位主要是受益于当地循环利用水平的提升。九江排名第四位则缘于增长质量和资源节约水平较高。受逆向指标数值的影响，排在末位的上饶和南昌的绿色生产指数最低，南昌为负值，绿色生产水平还有待提升。其中，上饶的资源节约水平排名第二，而增长质量和循环利用水平最低，导致指数值严重下降；南昌则增长质量、资源节约与循环利用水平均有待提高。

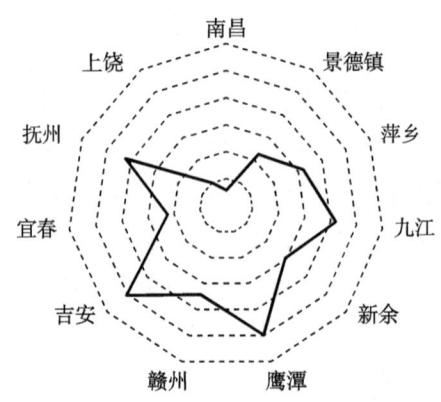

图 4-4　江西设区市绿色生产指数排名情况

根据表4-1和图4-5可以看出，2017年一级指标绿色生活指数排在前3位的设区市依次是新余、吉安和南昌，居于第4~8位的依次是上饶、抚州、宜春、鹰潭和赣州，居于第9~11位的依次是九江、景德镇和萍乡。根据绿色生活具体指数值分布来看，前四位的绿色生活指数值都比较接近，新余排名首位主要是受益于绿色居住指数值和绿色出行指数值均较高，吉安主要是源于绿色消费水平很高，南昌则受益于绿色出行交通状况较好。中间各设区市的数值也基本处于同一档次，如上饶绿色消费指数排名第一，但受到绿色出行水平过低影响，最终位列中间。景德镇和萍乡的绿色生活指数最低，其中，景德镇的绿色消费水平太低，萍乡的绿色居住能力垫底，绿色出行状况也不佳，导致整体生活水平下降严重。

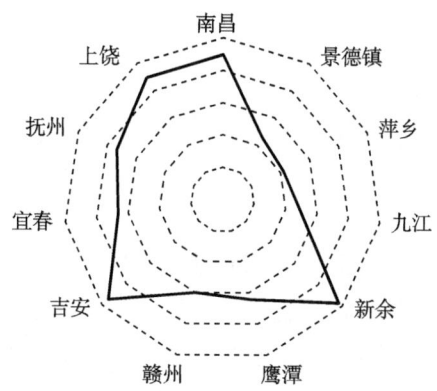

图4-5 江西设区市绿色生活指数排名情况

根据表4-1和图4-6可以看出，2017年一级指标绿色政策指数排在前3位的设区市依次是鹰潭、抚州和宜春，居于第4~8位的依次是南昌、赣州、吉安、九江和新余，居于第9~11位的依次是景德镇、萍乡和上饶。根据绿色政策具体指数值分布来看，排在首位的鹰潭表现最为突出，其环境治理能力和绿色投资水平均较高。抚州和宜春绿色政策指数相当，其中，抚州受益于环境治理水平，宜春则是绿色投资效率最高。排在中间的南昌和吉安的两个二级指标较为均衡，赣州受益于较高的绿色投资效率。排在末位的上饶环境治理能力最差，绿色投资效率也不高。

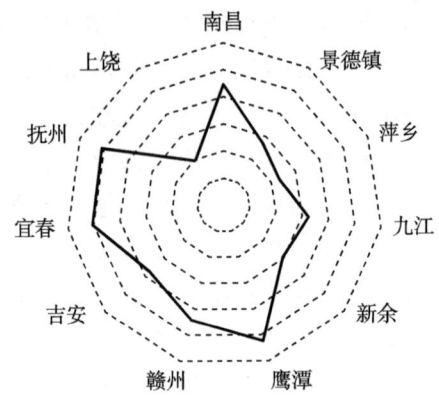

图4-6 江西设区市绿色政策指数排名情况

第二节 江西设区市绿色环境测算与分析

在前文已经研究了绿色发展指数的基础上,进一步研究设区市绿色发展指数一级指标情况。根据江西设区市绿色发展指数指标框架中绿色环境指数的测度方法和权重标准设定,对2017年江西设区市的绿色环境指数及其二级指标进行测算,结果如表4-3所示。

表4-3 2017年江西设区市绿色环境指数排名

地区	二级指标						一级指标	
	资源禀赋		生态保护		环境压力		绿色环境指数	
	指数值	排名	指数值	排名	指数值	排名	指数值	排名
南昌	0.0529	9	-0.0042	11	0.0896	3	0.0889	4
景德镇	0.0661	8	0.0126	8	0.0458	10	0.0549	9
萍乡	0.0184	10	0.0221	6	0.0420	11	0.0465	10
九江	0.0739	7	0.0319	4	0.0495	9	0.0649	7
新余	-0.0111	11	0.0195	7	0.0972	1	0.0593	8
鹰潭	0.1054	4	0.0399	2	0.0644	7	0.1048	1
赣州	0.0897	5	0.0243	5	0.0600	8	0.0885	5

续表

地区	二级指标						一级指标	
	资源禀赋		生态保护		环境压力		绿色环境指数	
	指数值	排名	指数值	排名	指数值	排名	指数值	排名
吉安	0.1414	1	0.0405	1	0.0946	2	0.0750	6
宜春	0.0874	6	0.0123	9	0.0664	6	0.1009	3
抚州	0.1219	2	0.0322	3	0.0732	5	0.1017	2
上饶	0.1149	3	0.0002	10	0.0893	4	0.0391	11

注：①本表根据江西设区市绿色发展指数指标框架中绿色环境指数，依据各项指标2017年数据测算得出。本表中的年份均指代当年期数据。
②本表中地区顺序是根据设区市行政区划先后顺序来排序，并不根据排名先后来排序。
③本表中绿色环境指数等于三个二级指标资源禀赋、生态保护、环境压力加权之和。
④基于原始数据小数点分布规律，本表采用了小数点后四位的处理方式表示指数值，如果存在指数值完全一样的情况，根据其实际值大小排序。
资料来源：《江西统计年鉴》《中国城市统计年鉴》《江西环境状况公报》《江西环境年报》《江西水资源公报》等。

从表4-3和图4-7可以看出，2017年一级指标绿色环境指数排名依次为吉安、抚州、上饶、鹰潭、赣州、宜春、九江、景德镇、南昌、萍乡和新余。根据绿色环境具体指数值分布来看，排名前两位的吉安、抚州的绿色环境指数优势非常明显，其中，吉安的二级指标资源禀赋、生态保护的指数值排名前列，抚州则是资源禀赋、生态保护以及环境压力的指数值均排位靠前。上饶和鹰潭则紧跟其后，且绿色环境指数值均在0.1以上。位于中间的赣州和宜春的绿色环境水平相差不大，其中，赣州的生态保护力度较大，宜春绿色环境优势主要体现在资源禀赋上，其生态保护和环境压力则是制约绿色发展的主要障碍。

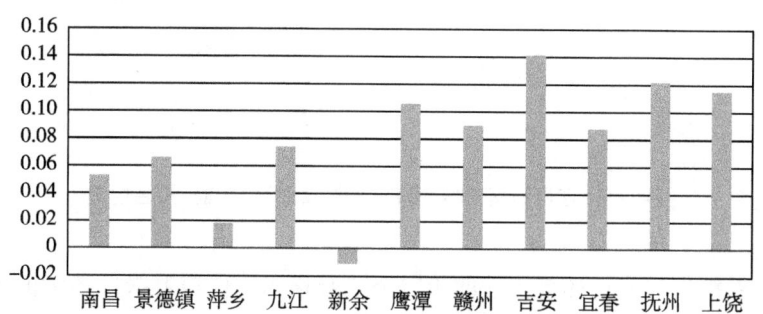

图4-7 2017年江西设区市绿色环境指数排名

为了进一步展示江西绿色发展一级指标绿色环境指数的分析结果,本书绘制了相关指数结果的雷达图。根据雷达图指向标来判断江西设区市绿色环境指数不同的二级指标排名情况,并进行详细分析。

资源禀赋作为绿色环境指数的第一个二级指标,主要是基于其所代表的是绿色环境基础。其中,涉及的三级指标耕地保有量、人均耕地面积、人均水资源量、城市人均绿地面积、人均活立木蓄积量都是体现当地资源禀赋不同方面的突出代表。本书在充分讨论研究以及数据可得性条件充分的基础上,选取以上三级指标来反映当地资源禀赋的特征。

根据表4-3和图4-8可以看出,2017年绿色环境指数中的二级指标资源禀赋得分排在前3位的设区市依次是吉安、宜春、抚州。居于第4~8位的依次是上饶、鹰潭、九江、赣州、新余。居于第9~11位的依次是景德镇、南昌和萍乡。根据资源禀赋具体指数值分布来看,得分第一的吉安资源丰裕程度最高,可以看出,其耕地、林地、水资源、城市绿地等资源相较于其他地区都具有突出优势。只有处于末位的南昌和萍乡两地资源禀赋处于很低的水平上,南昌的资源禀赋指数值约为吉安的1/4,主要源于南昌地区人口众多,人均资源量不足现象明显。

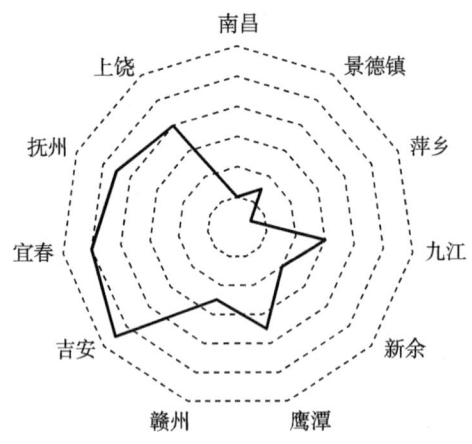

图4-8 江西设区市绿色环境指数资源禀赋指标排名情况

生态保护作为绿色环境指数的第二个二级指标,代表着绿色环境的另外一个重要方面,是体现环境保护重要性程度的重要指标。其中,涉及的三级指标森林覆盖率、水功能区水质达标率、生态保护红线区占国土面积比例、自然保护区面积占辖区面积比重、湿地面积占国土面积比重都体现了生态保护的重要性。本书根据数据可得性和实际调查研究选取了这些具体指标,可以很好地反映出生态保护的重要程度。

根据表4-3和图4-9可以看出,2017年绿色环境指数中的二级指标生态保护得分排在前3位的设区市依次是吉安、赣州、抚州,居于第4~8位的依次是景德镇、鹰潭、上饶、萍乡、宜春,居于第9~11位的依次是九江、新余、南昌。

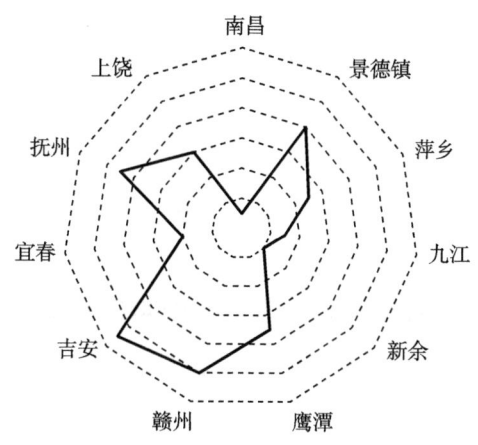

图4-9 江西设区市绿色环境指数生态保护指标排名情况

环境压力作为绿色环境指数的第三个二级指标,主要是体现逆向指标的反作用程度,是基于可能给环境带来压力的污染性指标,主要依据是环境承载力这一表述。其中,涉及的三级指标人均化学需氧量排放量、人均氨氮排放量、人均二氧化硫排放量、人均氮氧化物排放量、单位耕地面积化肥施用量、单位耕地面积农药使用量都是可能带来环境污染的具体源头,涉及废水排放、废气排放、农业污染等领域。由于数据获取的难易程度不同,有些指标没有加入,现阶段选取的指标从一定程度上已经足够反映出环境压力的程度大小。

根据表4-3和图4-10可以看出,2017年绿色环境指数中的二级指标环境压力得分排在前3位的设区市依次是南昌、上饶和鹰潭,居于第4~8位的依次是抚州、吉安、九江、景德镇、赣州,居于第9~11位的依次是宜春、萍乡和新余。根据环境压力具体指数值分布来看,除了南昌和上饶,其余设区市环境压力的指数值都是负值,主要是因为所有的三级指标都是逆向指标,本书采用的取负数方法导致得出了环境压力指数值大都为负值的情况。其中，排在首位的南昌，其环境压力最小，而且相较于第二位的指数值而言，南昌的环境优势十分明显。之后的排名指数值逐步扩大，但差距并不明显，第3~9位的指数值都相差不大。

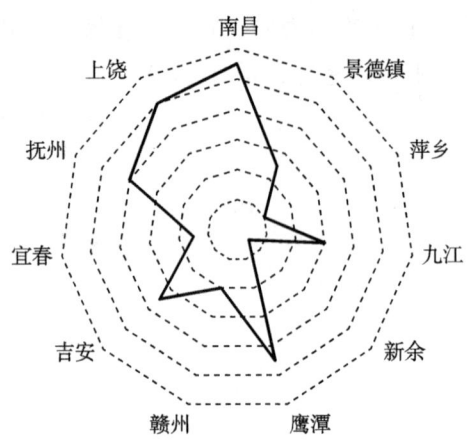

图4-10 江西设区市绿色环境指数环境压力指标排名情况

第三节 江西设区市绿色生产测算与分析

根据江西设区市绿色发展指数指标框架中绿色生产指数的测度方法和权重标准设定，对2017年江西设区市的绿色生产指数及其二级指标进行测算，结果如表4-4所示。

表4-4 2017年江西设区市绿色生产指数排名

地区	二级指标				一级指标			
	增长质量		资源节约		循环利用		绿色生产指数	
	指数值	排名	指数值	排名	指数值	排名	指数值	排名
南昌	0.0192	6	-0.0400	10	0.0164	9	-0.0042	11
景德镇	0.0253	3	-0.0450	11	0.0327	1	0.0126	8

第四章 江西设区市绿色发展指数测算与分析——设区市篇

续表

地区	二级指标				一级指标			
	增长质量		资源节约		循环利用		绿色生产指数	
	指数值	排名	指数值	排名	指数值	排名	指数值	排名
萍乡	0.0373	1	-0.0310	9	0.0153	10	0.0221	6
九江	0.0227	4	-0.0140	4	0.0228	6	0.0319	4
新余	0.0156	7	-0.0230	8	0.0268	5	0.0195	7
鹰潭	0.0021	10	0.0070	1	0.0304	2	0.0399	2
赣州	0.0282	2	-0.0220	7	0.0180	7	0.0243	5
吉安	0.0113	9	-0.0010	3	0.0299	3	0.0405	1
宜春	0.0131	8	-0.0190	6	0.0180	8	0.0123	9
抚州	0.0195	5	-0.0160	5	0.0284	4	0.0322	3
上饶	-0.0148	11	0.0020	2	0.0131	11	0.0002	10

注：①本表根据江西设区市绿色发展指数指标框架中绿色生产指数，依据各项指标2017年数据测算得出。本表中的年份均指代前一年期数据。
②本表中地区顺序是根据设区市行政区划先后顺序来排序，并不根据排名先后来排序。
③本表中绿色生产指数等于三个二级指标增长质量、资源节约、循环利用之和。
④基于原始数据小数点分布规律，本表采用了小数点后四位的处理方式来表示指数值，如果存在指数值完全一样的情况，根据其实际值大小排序。
资料来源：《江西统计年鉴》《中国城市统计年鉴》《江西环境状况公报》《江西环境年报》《江西水资源公报》等。

根据表4-4和图4-11可以看出，2017年一级指标绿色生产指数排名依次为吉安、鹰潭、抚州、九江、赣州、萍乡、新余、景德镇、宜春、上饶、南昌。根据绿色生产具体指数值分布来看，吉安、鹰潭、抚州、九江绿色生产指数优势比较明显。中间的各设区市之间指数分布较为均衡，相互之间有一定差距。上饶增长质量指数为负且循环利用指数排在倒数，但由于资源节约相比其他设区市做得很出色，所以绿色生产指数排在倒数第二；由于南昌增长质量指数与资源节约指数均较低，南昌的绿色生产指数排在末位且为负值，上饶和南昌的绿色生产水平还有待提升。

为了进一步展示江西设区市绿色发展一级指标绿色生产指数的分析结果，本书绘制了相关指数结果的雷达图。根据雷达图指向标来判断江西设区市绿色生产指数不同的二级指标排名情况，并进行详细分析。

增长质量作为绿色生产指数的第一个二级指标，主要是基于其产业发展水平来确定的，侧重于质量增长而非单纯的经济增长。其中，涉及的三级指标人均地

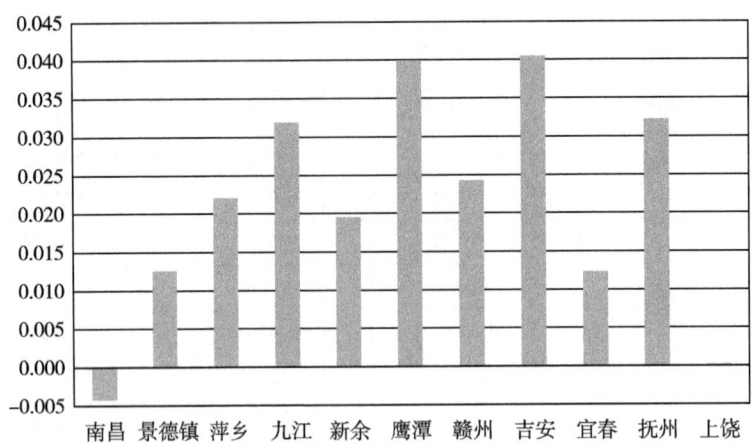

图4-11 2017年江西设区市绿色生产指数排名

区生产总值增长率、服务业增加值比重、单位地区生产总值废水排放量、单位地区生产总值一般工业固体废物排放量、单位耕地面积农业产值是体现当地产业结构和经济增长质量的不同方面代表性指标。本书基于数据可得性和指标设定科学合理性，选取了以上指标表示当地的绿色生产环节中增长质量水平，通过指标测算得出以下结论。

根据表4-4和图4-12可以看出，2017年绿色生产指数中的二级指标增长质量得分排在前3位的设区市依次是萍乡、赣州和景德镇，居于第4~8位的依次是九江、抚州、南昌、新余、宜春，居于第9~11位的依次是吉安、鹰潭、上饶。根据增长质量具体指数值分布来看，排在首位的萍乡优势十分明显，其后赣州、景德镇、九江增长质量指标差异不明显，南昌与抚州增长质量指标差异不明显，宜春与吉安增长质量指标差异不明显，上饶与鹰潭增长质量指标差异也不明显且都很低。萍乡、赣州的人均地区生产总值增长率和服务业增加值比重较高。景德镇单位地区生产总值一般工业固体废物排放量较低且单位耕地面积农业产值最高，吉安单位地区生产总值废水排放量较高，单位耕地面积农业产值最低。排在末位的上饶单位地区生产总值废水排放量和单位地区生产总值一般工业固体废物排放量都很高，导致指数值为负值，说明当地增长质量亟待提升，需要进一步优化产业结构。

资源节约作为绿色生产指数的第二个二级指标，更多的是体现了资源利用集约化程度。其中，涉及的三级指标能耗总量、单位地区生产总值能源消耗降低率、单位耕地面积农田灌溉用水量、单位工业增加值水耗、单位地区生产总值建

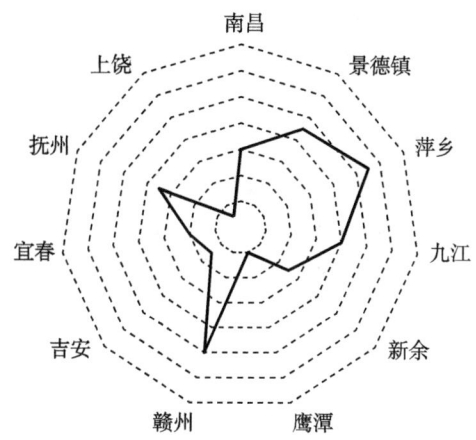

图 4-12 江西设区市绿色生产指数增长质量指标排名情况

设用地面积都是基于不同层面的资源节约情况来确定的。本书根据资源利用在不同领域的实际情况和数据可得性的基础上选取了以上指标,通过测算得出以下结论。

根据表 4-4 和图 4-13 可以看出,2017 年绿色生产指数中的二级指标资源节约得分排在前 3 位的设区市依次是鹰潭、上饶、吉安,居于第 4~8 位的依次是九江、抚州、宜春、赣州、新余,居于第 9~11 位的依次是萍乡、南昌、景德镇。根据资源节约具体指数值分布来看,受到资源节约逆向指标设置影响,除了鹰潭、上饶外,其他所有设区市的指数值都是负值。排在前二位的上饶指数值非常接近零,说明当地资源集约化程度相对较高,能耗总量较低。吉安紧随其后,其中,吉安的单位耕地面积农田灌溉用水量、单位地区生产总值建设用地面积都处于较低水平。处于第二梯队的宜春、抚州、赣州等地的资源节约指数值十分接近,属于集约化程度相对较弱的地区。萍乡、南昌和景德镇处于第三梯队,景德镇能耗总量、单位地区生产总值能源消耗降低率低,且单位工业增加值水耗、单位地区生产总值建设用地面积都很高,资源节约指数值更低,需要进一步改善当地资源使用方式。南昌受限于能耗总量最大。

循环利用作为绿色生产指数的第三个二级指标,其主要是体现循环产业发展的程度。受限于数据可得性问题,目前对于循环产业的数据收集还存在不足,本书目前选取的三级指标还是集中在工业领域,采用工业用水重复利用率和一般工业固体废物综合利用率来衡量循环利用的水平。通过这两个三级指标的测算简单分析一下现阶段当地工业领域循环利用的水平,具体测算结果如下。

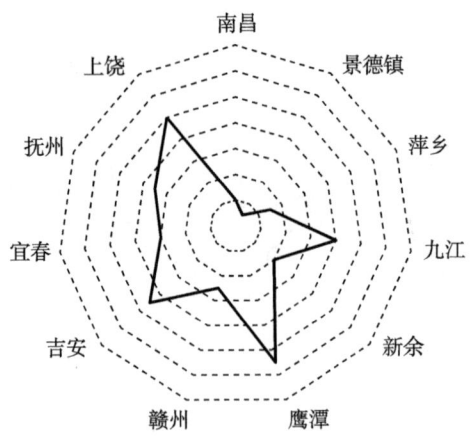

图4-13 江西设区市绿色生产指数资源节约指标排名情况

根据表4-4和图4-14可以看出，2017年绿色生产指数中的二级指标循环利用得分排在前3位的设区市依次是景德镇、鹰潭、吉安，居于第4~8位的依次是抚州、新余、九江、赣州、宜春，居于第9~11位的依次是南昌、萍乡、上饶。根据循环利用具体指数值分布来看，排在前四位的设区市循环利用水平都较为接近。其中，景德镇的工业用水重复利用率排在首位，一般工业固体废物综合利用率排在第四位。吉安的工业用水重复利用率排在第二位，鹰潭的工业用水重复利用率水平排在第三位。南昌、宜春、赣州的工业用水重复利用率排在末位且数值较低，与其他设区市有较大差距。宜春的一般工业固体废物综合利用率最高，

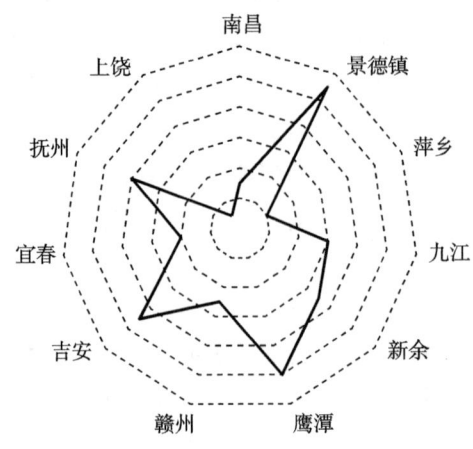

图4-14 江西设区市绿色生产指数循环利用指标排名情况

但与南昌、抚州、景德镇相差不大。上饶和萍乡的一般工业固体废物综合利用率很低且与其他设区市有较大差距。

第四节 江西设区市绿色生活测算与分析

根据江西设区市绿色发展指数指标框架中绿色生活指数的测度方法和权重标准设定，对2017年江西设区市的绿色生活指数及其二级指标进行测算，结果如表4-5所示。

表4-5 2017年江西设区市绿色生活指数排名

地区	二级指标						一级指标	
	绿色居住		绿色出行		绿色消费		绿色生活指数	
	指数值	排名	指数值	排名	指数值	排名	指数值	排名
南昌	0.0330	10	0.0383	2	0.0184	4	0.0896	3
景德镇	0.0571	1	0.0081	9	-0.0195	11	0.0458	10
萍乡	0.0286	11	0.0061	10	0.0073	7	0.0420	11
九江	0.0405	6	0.0096	8	-0.0005	9	0.0495	9
新余	0.0531	2	0.0337	3	0.0103	6	0.0972	1
鹰潭	0.0419	5	0.0120	6	0.0104	5	0.0644	7
赣州	0.0429	4	0.0105	7	0.0067	8	0.0600	8
吉安	0.0390	8	0.0287	4	0.0269	2	0.0946	2
宜春	0.0362	9	0.0425	1	-0.0123	10	0.0664	6
抚州	0.0394	7	0.0140	5	0.0198	3	0.0732	5
上饶	0.0438	3	0.0000	11	0.0455	1	0.0893	4

注：①本表根据江西设区市绿色发展指数指标框架中绿色生活指数，依据各项指标2017年数据测算得出。本表中的年份均代指当年期数据。

②本表中地区顺序是根据设区市行政区划先后顺序来排序，并不根据排名先后来排序。

③本表中绿色生活指数等于三个二级指标绿色居住、绿色出行、绿色消费之和。

④基于原始数据小数点分布规律，本表采用了小数点后四位的处理方式来表示指数值，如果存在指数值完全一样的情况，根据其实际值大小排序。

资料来源：《江西统计年鉴》《中国城市统计年鉴》《江西环境状况公报》《江西环境年报》《江西水资源公报》等。

根据表4-5和图4-15可以看出，2017年一级指标绿色生活指数排名顺序依次为新余、吉安、南昌、上饶、抚州、宜春、鹰潭、赣州、九江、景德镇、萍乡。中间各设区市的数值也基本处于同一档次，如景德镇绿色居住指数排名第一，宜春的绿色出行指数排名第一，上饶的绿色消费排名第一。萍乡的绿色居住处于倒数第一，上饶的绿色出行排名倒数第一，景德镇的绿色消费排名倒数第一。

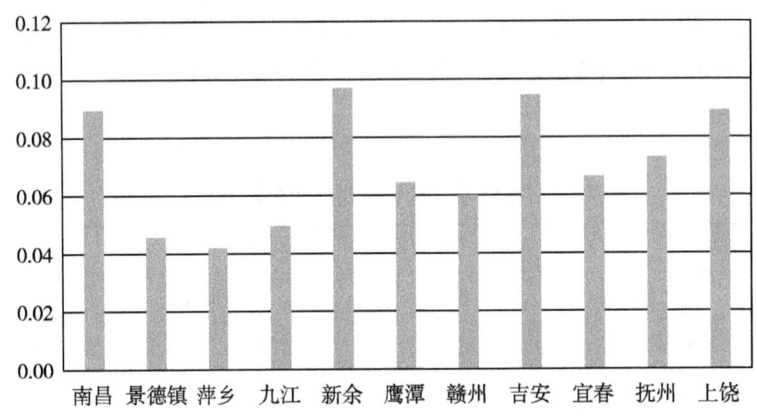

图4-15 2017年江西设区市绿色生活指数排名

为了进一步展示江西设区市绿色发展一级指标绿色生活指数的分析结果，本书绘制了相关指数结果的雷达图。根据雷达图指向标来判断江西设区市绿色生活指数不同的二级指标排名情况，并进行详细分析。

绿色居住作为绿色生活指数的第一个二级指标，其主要体现绿色生活的居住水平。鉴于绿色居住中涉及的一些指标难以获取数据，本书现阶段只选取了城市生活垃圾无害化处理率和建成区绿化覆盖率这两个三级指标来表现绿色居住情况。通过这两个三级指标的测算简单分析一下现阶段当地绿色居住水平，具体测算结果如下。

根据表4-5和图4-16可以看出，2017年绿色生活指数中的二级指标绿色居住得分排在前3位的设区市依次是景德镇、新余和上饶，居于第4~8位的依次是赣州、鹰潭、九江、抚州、吉安，居于第9~11位的依次是宜春、南昌、萍乡。根据绿色居住具体指数值分布来看，排在前3位的设区市绿色居住水平较高，且相互之间数值非常接近。因城市生活垃圾无害化处理率水平相差不大，其中，景德镇的排名主要得益于建成区绿化覆盖率最高，新余的建成区绿化覆盖率排在第二位,上饶则排在第三位。第二梯队的赣州、鹰潭、九江绿色居住水平也比较合理,主要也是受到建成区绿化覆盖率水平高低的影响。随后几个设区市的指数值逐步下降。

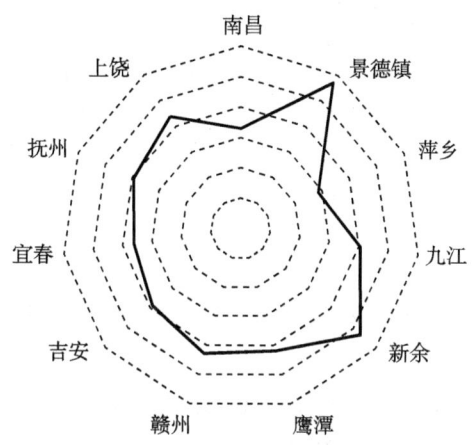

图 4-16　江西设区市绿色生活指数绿色居住指标排名情况

绿色出行作为绿色生活指数的第二个二级指标,其主要体现绿色生活的交通出行情况。鉴于绿色出行中涉及的一些指标难以获取数据,本书现阶段只选取了人均城市公共交通运营线路网长度和城市每万人拥有公交车辆数这两个三级指标来表现绿色出行情况。通过这两个三级指标的测算简单分析一下现阶段当地绿色出行情况,具体测算结果如下。

根据表4-5和图4-17可以看出,2017年绿色生活指数中的二级指标绿色出行得分排在前3位的设区市依次是宜春、南昌、新余,居于第4~8位的依次是吉安、抚州、鹰潭、赣州、九江,居于第9~11位的依次是景德镇、萍乡、上饶。根据绿色出行具体指数值分布来看,排在前面的宜春、南昌两地交通出行情况非常好,绿色出行水平较高。其中,宜春是人均城市公共交通运营线路网长度最长,南昌的城市每万人拥有公交车辆数最多且人均城市公共交通运营线路网长度也不短,新余也是受益于人均城市公共交通运营线路网长度排名第二。第4~9位的多个设区市交通情况都相差不大,交通出行情况都较为良好。其中,各项三级指标的数值差距较小,城市每万人拥有公交车辆数和人均城市公共交通运营线路网长度相差不大。排在末位的上饶绿色出行情况较差,萍乡的人均城市公共交通运营线路网长度排位倒数,上饶则是两项三级指标都处于最低水平。

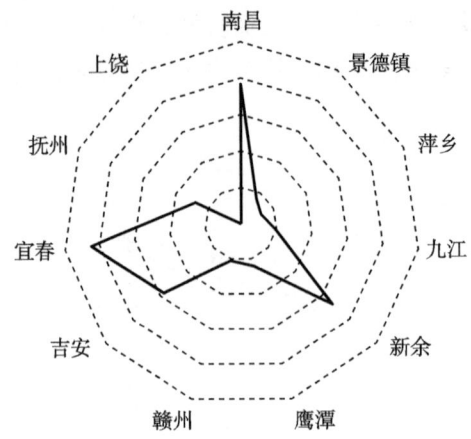

图4-17 江西设区市绿色生活指数绿色出行指标排名情况

绿色消费作为绿色生活指数的第三个二级指标,主要是用来体现绿色发展领域的消费情况。其中,涉及的三级指标人均居民生活用电量增长率、人均居民生活用水量增长率、城市人均天然气消费量增长率都体现了现阶段绿色消费情况实际水平。水电气是绿色生活消费的主要代表性指标,本书基于数据可得性和指标设置的科学合理性考虑,选取以上指标作为考察绿色消费的重点,具体测算结果如下。

根据表4-5和图4-18可以看出,2017年绿色生活指数中的二级指标绿色消费得分排在前3位的设区市依次是上饶、吉安、抚州,居于第4~8位的依次

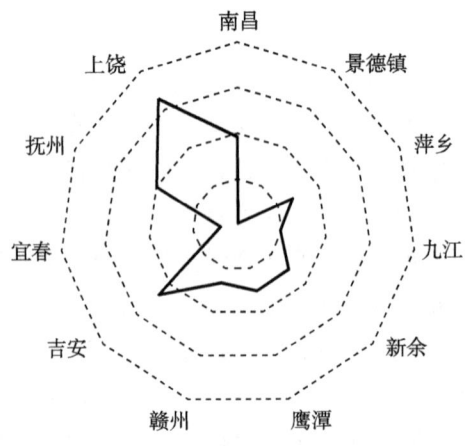

图4-18 江西设区市绿色生活指数绿色消费指标排名情况

第四章 江西设区市绿色发展指数测算与分析——设区市篇

是南昌、鹰潭、新余、萍乡、赣州,居于第9~11位的依次是九江、宜春、景德镇。根据绿色消费具体指数值分布来看,排在第1~4位的设区市绿色消费情况基本类似,其指数值非常接近。排在末位的景德镇,其绿色消费能力不足,相较于其他设区市,亟待改善。其中,九江的人均居民生活用电量增长率排在末位。

第五节 江西设区市绿色政策测算与分析

根据江西设区市绿色发展指数指标框架中绿色政策指数的测度方法和权重标准设定,对2017年江西设区市的绿色政策指数及其二级指标进行测算,结果如表4-6所示。

表4-6 2017年江西设区市绿色政策指数排名

地区	二级指标				一级指标	
	绿色投资		环境治理		绿色政策指数	
	指数值	排名	指数值	排名	指数值	排名
南昌	0.0154	5	0.0735	3	0.0889	4
景德镇	0.0144	8	0.0405	9	0.0549	9
萍乡	0.0072	11	0.0392	10	0.0465	10
九江	0.0134	9	0.0515	7	0.0649	7
新余	0.0098	10	0.0495	8	0.0593	8
鹰潭	0.0239	3	0.0809	2	0.1048	1
赣州	0.0243	2	0.0643	5	0.0885	5
吉安	0.0177	4	0.0573	6	0.0750	6
宜春	0.0323	1	0.0686	4	0.1009	3
抚州	0.0148	7	0.0869	1	0.1017	2
上饶	0.0149	6	0.0242	11	0.0391	11

注:①本表根据江西设区市绿色发展指数指标框架中绿色政策指数,依据各项指标2017年数据测算得出。本表中的年份均指代当年期数据。
②本表中地区顺序是根据设区市行政区划先后顺序来排序,并不根据排名先后来排序。
③本表中绿色政策指数等于两个二级指标绿色投资和环境治理之和。
④基于原始数据小数点分布规律,本表采用了小数点后四位的处理方式来表示指数值,如果存在指数值完全一样的情况,根据其实际值大小排序。
资料来源:《江西统计年鉴》《中国城市统计年鉴》《江西环境状况公报》《江西环境年报》《江西水资源公报》等。

根据表4-6和图4-19可以看出，2017年一级指标绿色政策指数排名依次为鹰潭、抚州、宜春、南昌、赣州、吉安、九江、新余、景德镇、萍乡、上饶。根据绿色政策具体指数值分布来看，排在首位的鹰潭和抚州、宜春的数值非常接近，其中鹰潭的环境治理能力最高，抚州则是绿色投资效率较高。排位中间的赣州和吉安都是受益于当地环境治理水平上升。排在末位的萍乡和上饶绿色政策水平较低，绿色投资水平和环境治理能力都相对较差。不过整体差异并不突出，主要还是因为绿色政策实施主体集中在省级层面，所以设区市政策措施差异并不明显。

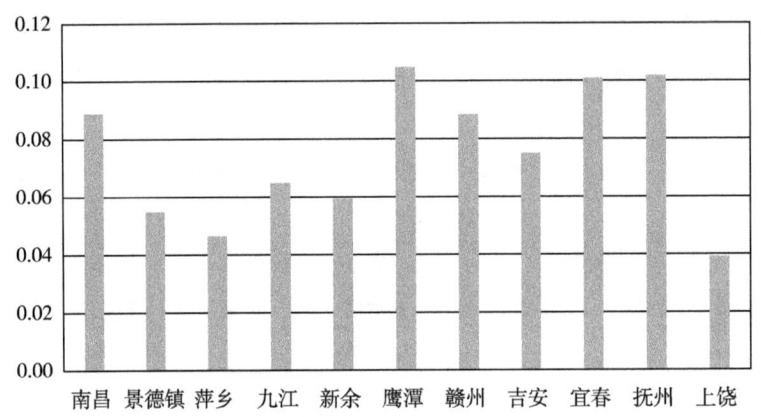

图4-19　2017年江西设区市绿色政策指数排名

为了进一步展示江西设区市绿色发展一级指标绿色政策指数的分析结果，本书绘制了相关指数结果的雷达图。根据雷达图指向标来判断江西设区市绿色政策指数不同的二级指标排名情况，并进行详细分析。

绿色投资作为绿色政策指数的第一个二级指标，主要是用来衡量政府的各项支出水平和投资情况。其中，涉及的三级指标环境保护支出占项目财政支出比重、环境污染治理投资占比、单位森林面积林业投资完成额、科教文卫支出占财政支出比重、研究与试验发展经费占地区生产总值比重都是通过政府部门各项支出和投资体现现阶段当地政策支持力度和政府公共财政支出水平。本书基于数据可获得性和指标设置的科学合理性选取了以上指标测算当地绿色投资水平，具体测算结果如下。

根据表4-6和图4-20可以看出，2017年绿色政策指数中的二级指标绿色投资得分排在前3位的设区市依次是宜春、赣州、鹰潭，居于第4~8位的依次是吉安、南昌、上饶、抚州、景德镇，居于第 9～11 位的依次是九江、新余、萍乡。根据绿色投资具体指数值分布来看，排在首位的宜春的绿色投资优势十分明显。排在第 2～4 位的各设区市绿色投资水平相差不大，处于第二梯队。其中，鹰潭的研究与试验发展经费占地区生产总值比重最高，宜春的环境污染治理投资占比和单位森林面积林业投资完成额都较高，吉安则是单位森林面积林业投资完成额最大。新余、萍乡的绿色投资水平较低，还有待进一步提高。

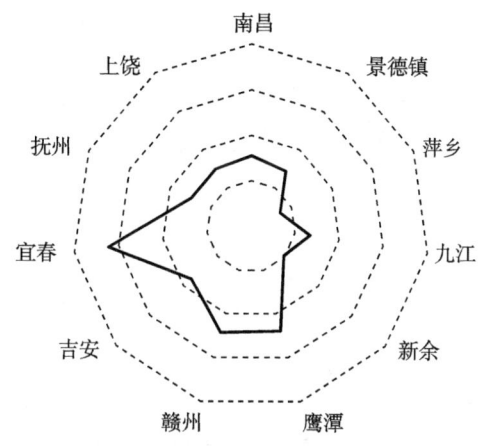

图 4 - 20　江西设区市绿色政策指数绿色投资指标排名情况

环境治理作为绿色政策指数的第二个二级指标，其主要用于衡量环境治理的效果。其中，涉及的三级指标水土流失治理面积、单位耕地面积化肥施用量降低率、单位耕地面积农药使用量降低率、化学需氧量排放量降低率、氨氮排放量降低率、二氧化硫排放量降低率、氮氧化物排放量降低率、城市污水处理率、空气质量优良天数占比都是体现各个领域环境污染治理情况的代表性指标。本书在数据可得性的基础上选取了尽可能多的环境治理三级指标，以此全面反映当地环境治理实际情况，具体测算结果如下。

根据表 4 - 6 和图 4 - 21 可以看出，2017 年绿色政策指数中的二级指标环境治理得分排在前 3 位的设区市依次是抚州、鹰潭、南昌，居于第 4～8 位的依次是宜春、赣州、吉安、九江、新余，居于第 9～11 位的依次是景德镇、萍乡、上饶。根据环境治理具体指数值分布来看，排在前面的抚州和鹰潭的环境治理效果比较突出，指数值较为接近且优势明显，得益于三级指标氮氧化物排放量降低率最高且城市污水处理率等其他指标数值都排名靠前。第 3～6 位的各设区市环境治理效果不错，而且相互之间环境治理水平相当。其中，赣州水土流失治理面积、单位耕地面积农药使用量降低率、化学需氧量排放量降低率和氨氮排放量降低率都排在较前。宜春主要得益于空气质量优良天数占比最高。吉安当地的单位耕地面积化肥施用量降低率最高，治理能力有效提升。第7~9位的各设区市环境治理效果略差，但是各项三级指标都有所提升。

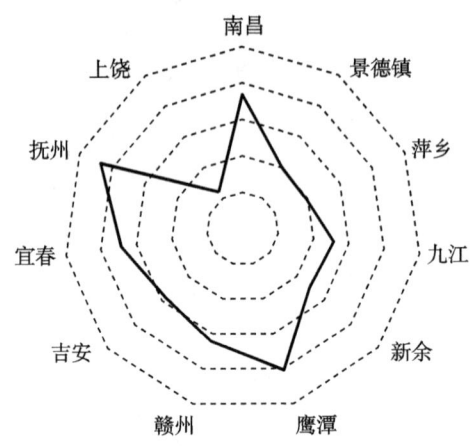

图4-21　江西设区市绿色政策指数环境治理指标排名情况

第五章 江西城市绿色发展指数测算与分析——城市篇

本章主要在城市尺度上分析江西城市绿色发展指数。根据各项绿色发展指标的具体分析，本书可以进一步发掘其中的影响因素所在。利用2017年数据，从绿色发展指数及其绿色环境、绿色生产、绿色生活和绿色政策四个一级指标的具体测算结果中进一步剖析江西城市绿色发展指数。

第一节 江西城市绿色发展指数测算与分析

本书基于江西实际情况考虑，选取了22个城市来测算绿色发展指数，在省域层面和市域层面研究的基础上进一步研究城市绿色发展指数水平，具体指数结果分析如表5-1所示。

表5-1 2017年江西城市绿色发展指数排名

地区	一级指标								绿色发展指数		类型
	绿色环境指数		绿色生产指数		绿色生活指数		绿色政策指数				
	指数值	排名	指数值	排名	指数值	排名	指数值	排名	指数值	排名	
南昌	0.0178	17	0.0105	14	0.0867	5	0.0821	7	0.1970	9	生活主导型
景德镇	-0.0652	22	0.0286	5	0.0953	2	0.0751	12	0.1338	22	生活主导型
乐平	0.0358	10	0.0122	10	0.0583	18	0.0951	2	0.2014	8	政策主导型
萍乡	0.0319	11	0.0065	18	0.0697	14	0.0754	11	0.1836	13	滞后发展型
九江	0.0309	12	0.0172	7	0.0941	3	0.0682	17	0.2104	7	生活主导型

续表

地区	一级指标								绿色发展指数		类型
	绿色环境指数		绿色生产指数		绿色生活指数		绿色政策指数				
	指数值	排名	指数值	排名	指数值	排名	指数值	排名	指数值	排名	
庐山	0.0388	8	0.0392	1	0.0451	21	0.0702	15	0.1933	10	生产主导型
瑞昌	0.0251	14	0.0110	12	0.0618	15	0.0666	19	0.1646	16	滞后发展型
共青城	0.0700	3	0.0074	17	0.0770	9	0.0929	3	0.2473	3	环境政策型
新余	-0.0464	21	0.0129	8	0.1091	1	0.0690	16	0.1446	20	生活主导型
鹰潭	0.0588	6	0.0386	2	0.0817	6	0.0991	1	0.2782	2	政策主导型
贵溪	0.0127	19	0.0109	13	0.0585	17	0.0668	18	0.1488	19	滞后发展型
赣州	0.0669	4	0.0075	16	0.0750	10	0.0863	5	0.2357	5	环境主导型
瑞金	0.0639	5	0.0216	4	0.0511	20	0.0828	6	0.2195	6	环境主导型
吉安	0.0141	18	0.0342	3	0.0780	8	0.0632	20	0.1895	11	生产主导型
井冈山	0.0237	15	0.0062	20	0.0252	22	0.0819	8	0.1369	21	滞后发展型
宜春	0.0099	20	0.0123	9	0.0742	11	0.0713	13	0.1677	15	滞后发展型
丰城	0.0467	7	0.0064	19	0.0604	16	0.0713	14	0.1847	12	环境主导型
樟树	0.0713	2	0.0077	15	0.0741	12	0.0896	4	0.2426	4	环境主导型
高安	0.0193	16	0.0036	21	0.0526	19	0.0807	10	0.1562	17	滞后发展型
抚州	0.0912	1	0.0310	4	0.0883	4	0.0809	9	0.2914	1	环境主导型
上饶	0.0378	9	0.0121	11	0.0788	7	0.0433	22	0.1720	14	生活主导型
德兴	0.0282	13	-0.0028	22	0.0739	13	0.0566	21	0.1559	18	滞后发展型

注：①本表根据江西城市绿色发展指数指标框架，依据各项指标2017年数据测算得出。本表中的年份均指代当年期数据。

②本表中地区顺序是根据《中国城市统计年鉴》中江西城市行政区划先后顺序来排序，并不根据排名先后来排序。

③本表中绿色发展指数等于四个一级指标绿色环境指数、绿色生产指数、绿色生活指数、绿色政策指数之和。

④基于原始数据小数点分布规律，本表采用了小数点后四位的处理方式来表示指数值，如果存在指数值完全一样的情况，根据其实际值大小排序。

⑤本表中设区市采用的是市辖区数据，表4-1中采用的整个设区市数据，两者名称相同，数据不同，本表中主要体现其城市发展水平。

资料来源：江西各设区市统计年鉴、《中国城市统计年鉴》《江西环境状况公报》《江西环境年报》《江西水资源公报》等。

如表5-1和图5-1所示，2017年江西城市绿色发展指数排在前5位的城市依次是抚州、鹰潭、共青城、樟树和赣州，居于第6~17位的依次是瑞金、九江、乐平、南昌、庐山、吉安、丰城、萍乡、上饶、宜春、瑞昌和高安，排在最后5位的依次是德兴、贵溪、新余、井冈山和景德镇。从具体指数值可以看出，排名前5位的城市中，共青城、樟树和赣州的绿色生产指数得分排名中等偏后，绿色生活指数得分排名居中；抚州的绿色政策指数得分排名居中。排名后5位的城市中，新余的绿色生活指数得分排名第一，绿色生产指数得分排名居中；景德镇的绿色生活指数得分排名靠前；井冈山的绿色政策指数和绿色环境指数得分排名居中。

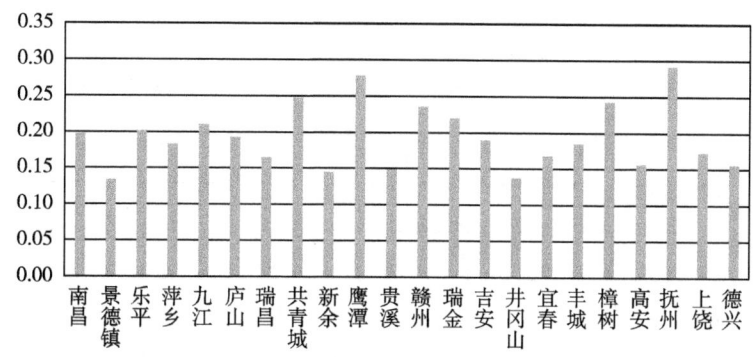

图 5-1　2017 年江西城市绿色发展指数排名

为了进一步区分江西城市的绿色发展水平，以及为今后的绿色发展指标评价体系的进一步完善提供支撑，本书还针对不同城市的绿色发展情况进行分类，主要还是通过绿色发展指数值的大小进行区分，采用描述性统计方法。

首先，根据 2017 年江西城市绿色发展指数排名情况，将一级指标的得分情况按照描述性统计得出均值和标准差来进行分类。可以根据指数值的大小从高到低排列，划分为四个等级。其中指标值大于均值与标准差之和的城市绿色发展指数水平最高，为第一等级；指标值介于均值到均值与标准差之和的区间则次之，为第二等级；指标值介于均值减去标准差到均值的区间更低，为第三等级；指标值小于均值减去标准差的区间最低，为第四等级。

其次，根据各城市的四个一级指标实际指数值情况，分别对不同等级城市赋予不同的等级得分。鉴于本书研究的实际情况，根据四个等级采用了反向取值划分方法。第一等级得分为 4，第二等级得分为 3，第三等级得分为 2，第四等级得分为 1。通过这样的得分情况来进一步分析，如表 5-2 所示。

根据江西城市的绿色发展指数一级指标等级得分情况可以看出，22 个城市的得分情况各有不同，就总分而言，有 8 种不同情况。充分说明不同城市的绿色发展水平各有差异，绿色发展的实际情况各有特色。因此，划分绿色发展指数的不同类型还要综合考虑多种情况，通过进一步分析江西城市绿色发展的各自地区特色来确定类型划分。

表 5-2 2017 年江西城市绿色发展指数一级指标等级得分情况

地区	一级指标			
	绿色环境得分	绿色生产得分	绿色生活得分	绿色政策得分
南昌	2	2	3	3
景德镇	1	4	4	2
乐平	3	2	2	4
萍乡	3	2	2	2
九江	2	3	4	3
庐山	3	4	1	2
瑞昌	2	2	2	2
共青城	4	2	3	4
新余	1	2	4	2
鹰潭	3	4	3	4
贵溪	2	2	2	2
赣州	4	2	3	3
瑞金	3	3	1	3
吉安	2	3	3	2
井冈山	2	2	1	3
宜春	2	2	3	2
丰城	3	2	2	2
樟树	4	2	3	4
高安	2	1	1	3
抚州	4	4	3	2
上饶	3	2	3	1
德兴	2	2	3	1

资料来源：本表中的数值是基于四个一级指标绿色环境指数、绿色生产指数、绿色生活指数、绿色政策指数不同等级得分而得出的。

第五章 江西城市绿色发展指数测算与分析——城市篇

本书进行绿色发展指数类型划分的基本原则主要是：根据江西城市绿色发展指数一级指标的实际指数值以及一级指标的等级得分情况综合分类。在这四个一级指标中，绿色环境是关系到人类生存的重要因素，又是"以人为本"原则的直接体现，作为绿色发展的重要基石，绿色环境的好坏直接决定了绿色发展水平的高低；绿色生产是按照有利于生态环境保护的原则进行生产活动，以节能、降耗、减污为目标，以管理和技术为手段，实施生产过程严格的污染控制，使污染物的产生量最小化，最终提供绿色产品和服务的一种综合性措施；绿色生活与人类生命、生态环境的状况紧密相连，如今绿色已经成为一种崭新的理念，与人们的生活息息相关，从生活的细节着手使人们的生活更健康，也让绿色发展理念深入人心；绿色政策是利用政策工具以及经济环境手段来改善所在地区绿色生态环境问题，把绿色发展的总体思路和理念转化为具体的政策、技术和行动，推进经济社会发展绿色化。

根据江西城市的一级指标实际指数值可以看出，有些城市的绿色环境指数水平较高，但绿色生产能力欠缺；有的城市绿色生产能力较强，但绿色环境破坏严重；有的城市绿色生活方式较为先进，但绿色政策执行效果不明显；有的城市绿色政策执行能力较强，但城市的绿色环境基础仍显不足。当然，还有些城市各项指标水平都较高，或者都存在一定缺陷的情况。根据绿色发展水平在不同城市的特点，本书在前人研究基础上归纳出了绿色发展的六种类型：环境主导型、生产主导型、生活主导型、政策主导型、滞后发展型、环境政策（双主导）型，如表5-1最后一列所示。

为了更加直观地展示江西城市绿色发展指数的分析结果，本书绘制了相关指数结果的雷达图。根据雷达图指向标来判断江西城市绿色发展水平以及不同的一级指标排名情况。从图5-2中可以看出，位于第一梯队的抚州、鹰潭、共青城、樟树和赣州指向标向外凸出十分明显，而排名靠后的德兴、贵溪、新余、井冈山和景德镇等城市指向标基本上凹向中心点位置。接下来通过对绿色发展指数的一级指标分解，进一步分析出现这一指数值的内在原因。

根据表5-1和图5-3可以看出，2017年一级指标绿色环境指数排在前5位的城市依次是抚州、樟树、共青城、赣州和瑞金，居于第6~17位的依次是鹰潭、丰城、庐山、上饶、乐平、萍乡、九江、德兴、瑞昌、井冈山、高安和南昌，排在最后5位的依次是吉安、贵溪、宜春、新余和景德镇。

根据表5-1和图5-4可以看出，2017年一级指标绿色生产指数排在前5位的城市依次是庐山、鹰潭、吉安、抚州和景德镇，居于第6~17位的依次是瑞金、

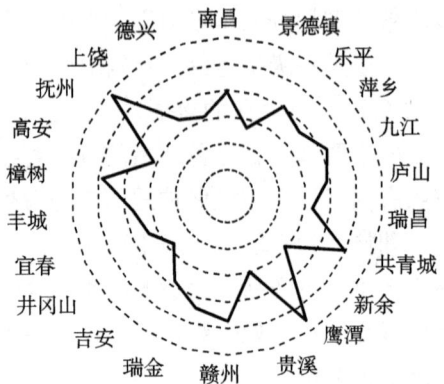

图 5–2　江西城市绿色发展指数排名情况

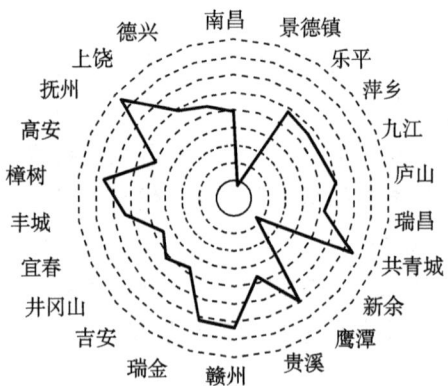

图 5–3　江西城市绿色环境指数排名情况

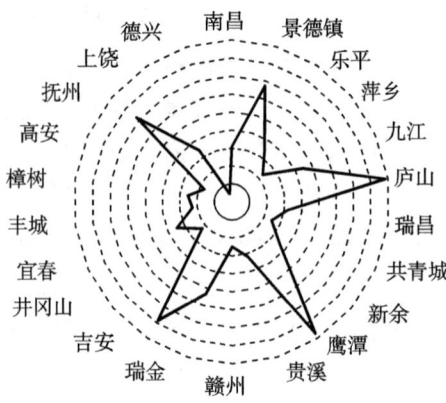

图 5–4　江西城市绿色生产指数排名情况

九江、新余、宜春、乐平、上饶、瑞昌、贵溪、南昌、樟树、赣州和共青城,排在最后5位的依次是萍乡、丰城、井冈山、高安和德兴。

根据表5-1和图5-5可以看出,2017年一级指标绿色生活指数排在前5位的城市依次是新余、景德镇、九江、抚州和南昌。居于第6~17位的依次是鹰潭、上饶、吉安、共青城、赣州、宜春、樟树、德兴、萍乡、瑞昌、丰城和贵溪。排在最后5位的依次是乐平、高安、瑞金、庐山和井冈山。

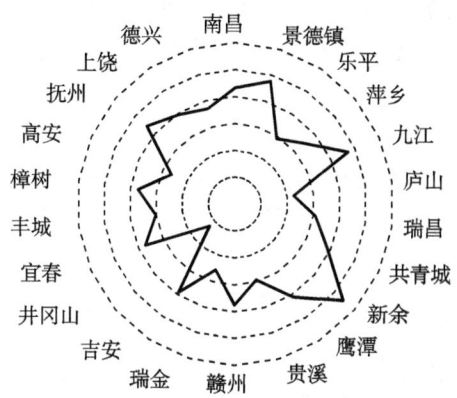

图5-5 江西城市绿色生活指数排名情况

根据表5-1和图5-6可以看出,2017年一级指标绿色政策指数排在前5位的城市依次是鹰潭、乐平、共青城、樟树和赣州,居于第6~17位的依次是瑞金、南昌、井冈山、抚州、高安、萍乡、景德镇、宜春、丰城、庐山、新余和九江,排在最后5位的依次是贵溪、瑞昌、吉安、上饶和德兴。

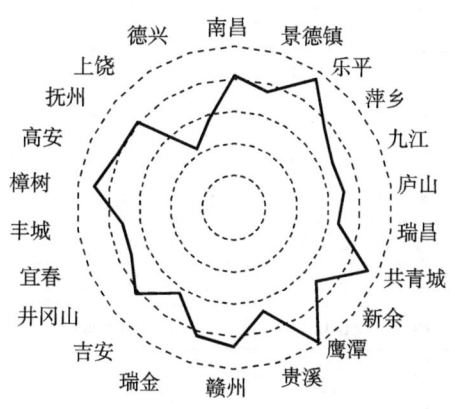

图5-6 江西城市绿色政策指数排名情况

第二节 江西城市绿色环境测算与分析

在前文已经研究了绿色发展指数的基础上，进一步研究城市绿色发展指数二级指标情况。根据江西城市绿色发展指数指标框架中绿色环境指数的测度方法和权重标准设定，对2017年江西城市的绿色环境指数及其二级指标进行测算，结果如表5-3所示。

表5-3 2017年江西城市绿色环境指数排名

地区	二级指标						一级指标	
	资源禀赋		生态保护		环境压力		绿色环境指数	
	指数值	排名	指数值	排名	指数值	排名	指数值	排名
南昌	0.0421	14	0.0000	22	-0.0244	4	0.0178	17
景德镇	0.0818	1	0.0358	15	-0.1828	22	-0.0652	22
乐平	0.0133	22	0.0412	14	-0.0187	3	0.0358	10
萍乡	0.0333	17	0.0479	9	-0.0493	11	0.0319	11
九江	0.0616	5	0.0250	19	-0.0556	15	0.0309	12
庐山	0.0291	18	0.0113	20	-0.0016	1	0.0388	8
瑞昌	0.0277	20	0.0510	5	-0.0535	13	0.0251	14
共青城	0.0698	3	0.0486	7	-0.0484	10	0.0700	3
新余	0.0705	2	0.0103	21	-0.1272	21	-0.0464	21
鹰潭	0.0372	16	0.0571	1	-0.0355	8	0.0588	6
贵溪	0.0405	15	0.0571	1	-0.0849	20	0.0127	19
赣州	0.0498	9	0.0484	8	-0.0312	7	0.0669	4
瑞金	0.0508	7	0.0499	6	-0.0368	9	0.0639	5
吉安	0.0561	6	0.0263	18	-0.0683	17	0.0141	18
井冈山	0.0231	21	0.0538	3	-0.0532	12	0.0237	15
宜春	0.0502	8	0.0353	16	-0.0755	19	0.0099	20
丰城	0.0287	19	0.0471	10	-0.0291	6	0.0467	7
樟树	0.0436	13	0.0443	12	-0.0166	2	0.0713	2
高安	0.0464	12	0.0425	13	-0.0696	18	0.0193	16

第五章　江西城市绿色发展指数测算与分析——城市篇

续表

地区	二级指标						一级指标	
	资源禀赋		生态保护		环境压力		绿色环境指数	
	指数值	排名	指数值	排名	指数值	排名	指数值	排名
抚州	0.0656	4	0.0517	4	-0.0261	5	0.0912	1
上饶	0.0495	10	0.0448	11	-0.0565	16	0.0378	9
德兴	0.0482	11	0.0340	17	-0.0540	14	0.0282	13

注：①本表根据江西城市绿色发展指数指标框架的绿色环境指数，依据各项指标2017年数据测算得出。本表中的年份均指代当年期数据。
②本表中地区顺序是根据《中国城市统计年鉴》中江西城市行政区划先后顺序来排序，并不根据排名先后来排序。
③本表中绿色环境指数等于三个二级指标资源禀赋、生态保护、环境压力之和。
④基于原始数据小数点分布规律，本表采用了小数点后四位的处理方式来表示指数值，如果存在指数值完全一样的情况，根据其实际值大小排序。
⑤本表中设区市采用的是市辖区数据，表4-1中采用的整个设区市数据，两者名称相同，数据不同，本表中主要体现其城市发展水平。
资料来源：江西各设区市统计年鉴、《中国城市统计年鉴》《江西环境状况公报》《江西环境年报》《江西水资源公报》等。

根据表5-3和图5-7可以看出，2017年一级指标绿色环境指数排名前5位的分别是抚州、樟树、共青城、赣州、瑞金。其中，抚州、赣州、瑞金在资源禀赋、生态保护和环境压力三个方面指标值较为均衡且都排名靠前，而樟树得益于较小的环境压力以及中等水平的资源禀赋和生态保护，共青城拥有较好的资源禀赋和较高的生态保护水平。绿色环境指数排名最后5位的分别是吉安、贵溪、宜春、新余和景德镇。其中，吉安、宜春、新余和景德镇的特点是：尽管拥有排名靠前的资源禀赋，但生态保护水平较低，都面临较大的环境压力。而贵溪生态保护排名第一，但资源禀赋和环境压力排名靠后。绿色环境指数排名处于中等水平的城市有鹰潭、丰城、庐山、上饶、乐平、萍乡、九江、德兴、瑞昌、井冈山、高安、南昌。其中，上饶、萍乡、德兴、高安少部分城市在资源禀赋、生态保护、环境压力三方面指标值较为均衡，其他城市则属于"偏科型"。

为了进一步剖析江西城市绿色发展一级指标绿色环境指数的分析结果，本书绘制了相关指数结果的雷达图。根据雷达图指向标判断江西城市绿色环境指数不同的二级指标排名情况，并进行详细分析。

前文所述资源禀赋作为绿色环境指数的第一个二级指标，主要是其所代表的是绿色环境的基础，同样适用于城市绿色环境指数的测算。不同于设区市的分析，其中涉及的三级指标只有人均水资源量、城市人均绿地面积两个，主要是因

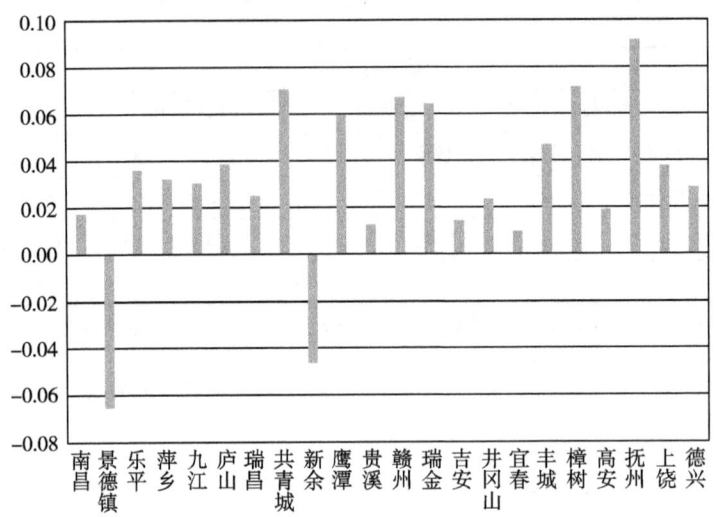

图 5-7 2017 年江西城市绿色环境指数排名

为考虑城市发展的资源禀赋数据可获得性不强，耕地面积、活立木蓄积量等数据在城市绿色发展指数测度上都不具有代表性。因此，本书目前决定采取现有指标对城市资源禀赋进行测度，具体测度结果如下。

根据表 5-3 和图 5-8 可以看出，2017 年绿色环境指数中的二级指标资源禀赋得分排在前 5 位的城市依次是景德镇、新余、共青城、抚州和九江，居于第 6~17 位的依次是吉安、瑞金、宜春、赣州、上饶、德兴、高安、樟树、南昌、贵溪、鹰潭和萍乡，居于第 18~22 位的依次是庐山、丰城、瑞昌、井冈山和乐平。根据资源禀赋具体指数值分布来看，景德镇资源禀赋指数值最高，主要得益于三级指标城市人均绿地面积指数值和人均水资源量指数值都比较高；而新余、共青城主要得益于较大的城市人均绿地面积，抚州和九江则因为人均水资源量排名靠前。排名最后两位的井冈山和乐平，主要是因为人均水资源量最低，且城市人均绿地面积也不大。

前文所述生态保护作为绿色环境指数的第二个二级指标是代表环境保护重要性程度的重要指标，但是受限于城市数据可得性，本书目前仅选取了水功能区水质达标率这一个三级指标来体现生态保护程度，其他指标的数据获取还存在一些困难，在之后的研究中会进一步完善指标设置。现阶段的生态保护指数测算结果如下。

第五章 江西城市绿色发展指数测算与分析——城市篇

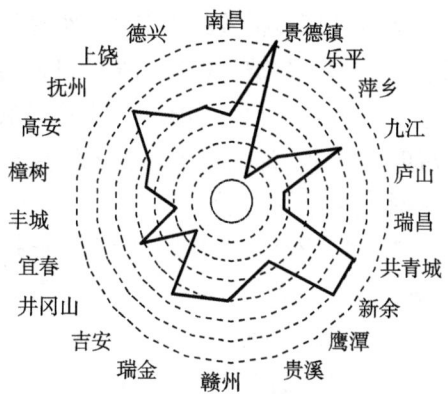

图5-8 江西城市绿色环境指数资源禀赋指标排名情况

根据表5-3和图5-9可以看出，2017年绿色环境指数中的二级指标生态保护得分排在前5位的城市依次是鹰潭、贵溪、井冈山、抚州和瑞昌，居于第6~17位的依次是瑞金、共青城、赣州、萍乡、丰城、上饶、樟树、高安、乐平、景德镇、宜春和德兴，居于第18~22位的依次是吉安、九江、庐山、新余和南昌。根据生态保护具体指数值分布来看，排在前二位的鹰潭和贵溪指数值相较于其他城市有一定优势，水功能区水质达标率均在100%。排在前五位之内的井冈山、抚州和瑞昌的水功能区水质达标率均在97.6%以上。但是，排在后五位的吉安、九江、庐山、新余的水功能区水质达标率在81.8%~88%，排名末位的南昌由于经济发展加快、人口密集，水功能区水质达标率最低，仅有77.8%。其他城市的水功能区水质达标率则在91%~97.2%。

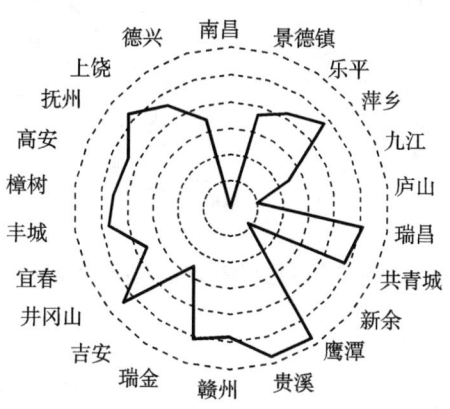

图5-9 江西城市绿色环境指数生态保护指标排名情况

前文所述环境压力作为绿色环境指数的第三个二级指标，主要是用来表现当地环境污染程度的指标。本书基于数据可得性和统计口径的差异，选取的三级指标为人均工业废水排放量、人均二氧化硫排放量、人均氮氧化物排放量、人均烟（粉）尘排放量这四个污染性指标。通过以上指标的测算来衡量现阶段江西城市环境压力的程度大小，具体测算结果如下。

根据表5-3和图5-10可以看出，2017年绿色环境指数中的二级指标环境压力得分排在前5位的城市依次是庐山、樟树、乐平、南昌和抚州，居于第6~17位的依次是丰城、赣州、鹰潭、瑞金、共青城、萍乡、井冈山、瑞昌、德兴、九江、上饶和吉安，环境压力最大的5个城市是高安、宜春、贵溪、新余和景德镇。根据环境压力具体指数值分布来看，排在第一的庐山的环境压力最小，且指标值远小于其他城市，具体体现在人均工业废水排放量和人均烟（粉）尘排放量最小，人均二氧化硫排放量和人均氮氧化物排放量指标值其次。樟树、乐平、南昌和抚州的四个三级指标值都相对较小，因此环境压力指数排名靠前。排在最后5名的城市中，景德镇在22个城市评比中的人均二氧化硫排放量和人均烟（粉）尘排放量都最高，贵溪则是因为人均工业废水排放量最高，而高安的人均氮氧化物排放量最高，新余的人均工业废水排放量和人均烟（粉）尘排放量都相对较高。

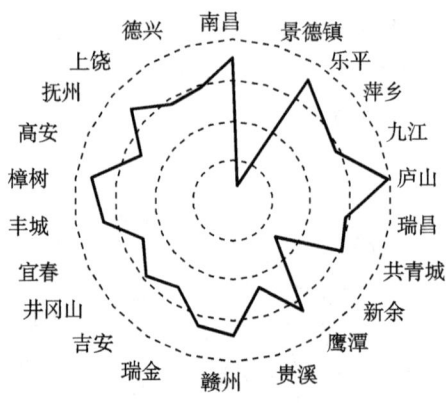

图5-10 江西城市绿色环境指数环境压力指标排名情况

第三节　江西城市绿色生产测算与分析

根据江西城市绿色发展指数指标框架中绿色生产指数的测度方法和权重标准设定，对2017年江西城市的绿色生产指数及其二级指标进行测算，结果如表5-4所示。

表5-4　2017年江西城市绿色生产指数排名

地区	二级指标						一级指标	
	增长质量		资源节约		循环利用		绿色生产指数	
	指数值	排名	指数值	排名	指数值	排名	指数值	排名
南昌	0.007344	4	-0.02346	21	0.026597	11	0.010485	14
景德镇	0.0030	9	-0.01317	12	0.038794	1	0.028619	5
乐平	-0.01131	21	-0.00561	4	0.029165	9	0.012236	10
萍乡	0.003721	7	-0.01753	18	0.020335	18	0.006523	18
九江	0.003791	6	-0.01479	14	0.028164	10	0.01717	7
庐山	0.015154	1	-0.00966	10	0.033716	7	0.039207	1
瑞昌	-0.00382	18	-0.00756	8	0.022417	15	0.011038	12
共青城	-0.00203	16	-0.00681	6	0.016227	21	0.007383	17
新余	-0.00558	19	-0.01532	15	0.033818	6	0.012917	8
鹰潭	0.001568	11	0.000146	2	0.036885	2	0.0386	2
贵溪	-0.00376	17	-0.01736	17	0.031991	8	0.010872	13
赣州	0.002773	10	-0.02167	20	0.026388	12	0.007487	16
瑞金	-0.00177	15	-0.01297	11	0.036336	3	0.0216	6
吉安	0.00549	5	-0.00726	7	0.035996	4	0.034226	3
井冈山	0.012194	2	-0.0272	22	0.02117	17	0.006166	20
宜春	0.008735	3	-0.02115	19	0.024736	14	0.012316	9
丰城	0.001153	13	-0.01345	13	0.018682	19	0.006389	19
樟树	0.000336	14	-0.00028	3	0.007646	22	0.007704	15

续表

地区	二级指标						一级指标	
	增长质量		资源节约		循环利用		绿色生产指数	
	指数值	排名	指数值	排名	指数值	排名	指数值	排名
高安	-0.00621	20	-0.01591	16	0.025746	13	0.003632	21
抚州	0.003526	8	-0.00814	9	0.03561	5	0.030999	4
上饶	0.001183	12	-0.0064	5	0.017342	20	0.012129	11
德兴	-0.02808	22	0.003406	1	0.021867	16	-0.00281	22

注：①本表根据江西城市绿色发展指数指标框架的绿色生产指数，依据各项指标2017年数据测算得出。本表中的年份均指代当年期数据。
②本表中地区顺序是根据《中国城市统计年鉴》中江西城市行政区划先后顺序来排序，并不根据排名先后来排序。
③本表中绿色生产指数等于三个二级指标增长质量、资源节约、循环利用之和。
④基于原始数据小数点分布规律，本表采用了小数点后四位的处理方式来表示指数值，如果存在指数值完全一样的情况，根据其实际值大小排序。
⑤本表中设区市采用的是市辖区数据，表4-1中采用的整个设区市数据，两者名称相同，数据不同，本表中主要体现其城市发展水平。
资料来源：江西各设区市统计年鉴、《中国城市统计年鉴》《江西环境状况公报》《江西环境年报》《江西水资源公报》等。

根据表5-4和图5-11可以看出，2017年一级指标绿色生产指数排名顺序依次为庐山、鹰潭、吉安、抚州、景德镇、瑞金、九江、新余、宜春、乐平、上饶、瑞昌、贵溪、南昌、樟树、赣州、共青城、萍乡、丰城、井冈山、高安和德兴。根据绿色生产具体指数值分布来看，排名前5的庐山、鹰潭、吉安、抚州和景德镇在绿色生产方面具有较大优势，其中，庐山的"增长质量"和景德镇的"循环利用"指标在22个城市中分别排名第一，鹰潭的"资源节约"和"循环利用"指标分别排名第二，而吉安和抚州在"增长质量""资源节约""循环利用"三个方面的指标值都比较均衡且都排名靠前。排名最后5位的城市中，德兴的"增长质量"和井冈山的"资源节约"指标值最小、排名最后，高安和丰城则分别是因为"增长质量""循环利用"排名靠后且其他两个二级指标值也都不高，萍乡则因为"资源节约""循环利用"排名靠后。

为了进一步展示江西城市绿色发展一级指标绿色生产指数的分析结果，本书绘制了相关指数结果的雷达图。根据雷达图指向标来判断江西城市绿色生产指数不同的二级指标排名情况，并进行详细分析。

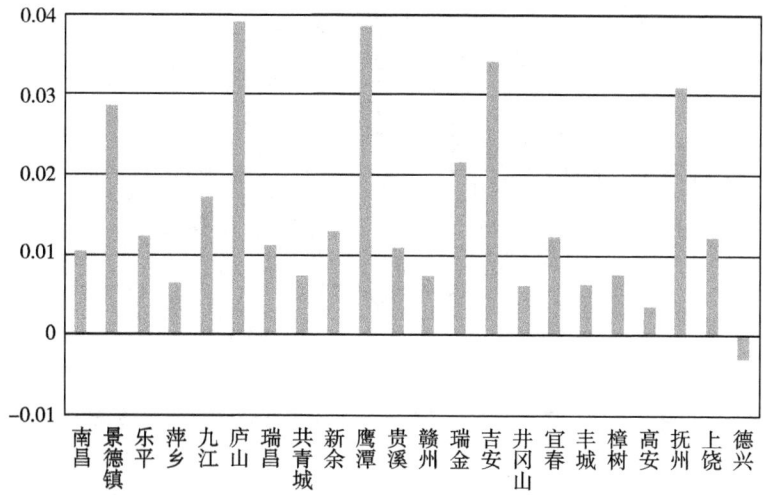

图 5-11 2017 年江西城市绿色生产指数排名

前文所述增长质量作为绿色生产指数的第一个二级指标，主要目的是测算产业发展水平，这一点同样适用于城市发展的情况。其中，涉及的三级指标人均地区生产总值增长率、服务业增加值比重、单位地区生产总值废水排放量、单位地区生产总值一般工业固体废物排放量都是体现城市发展的结构性变化和经济增长质量的代表性指标。本书出于城市发展的实际情况和数据可得性的考虑，选取了以上指标表示江西城市绿色生产环节中的增长质量水平，通过指标测算得出以下结论。

根据表 5-4 和图 5-12 可以看出，2017 年绿色生产指数中的二级指标增长质量得分排在前 5 位的城市依次是庐山、井冈山、宜春、南昌和吉安，增长质量指标值及四项三级指标值都排名靠前；居于第 6～14 位的依次是九江、萍乡、抚州、景德镇、赣州、鹰潭、上饶、丰城和樟树，这些城市增长质量总体较好；排名后 8 位的依次是瑞金、共青城、贵溪、瑞昌、新余、高安、乐平和德兴，这些城市增长质量指标值都为负数，仍有很大改进空间。从增长质量具体指数值分布来看，排在前两位的庐山和井冈山增长质量指标值最高且远大于其他城市，其中，庐山得益于最低的单位地区生产总值废水排放量和较低的单位地区生产总值一般工业固体废物排放量，井冈山则主要因为服务业增加值比重排名第一。增长质量排名第三的宜春在服务业增加值比重、单位地区生产总值废水排放量和单位地区生产总值一般工业固体废物排放量 3 个指标方面均表现较好，排名第四、第五的南昌和吉安则主要是因为单位地区生产总值一般工业固体废物排放量指标值较小。

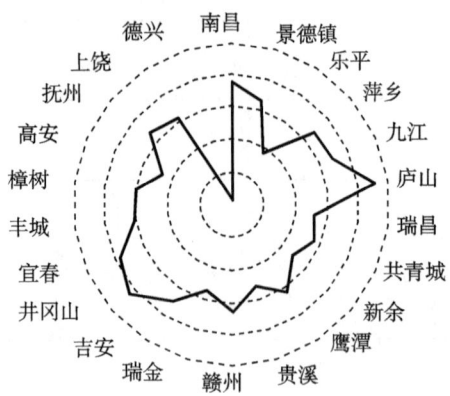

图 5-12 江西城市绿色生产指数增长质量指标排名情况

前文所述资源节约作为绿色生产指数的第二个二级指标主要是用于反映城市的资源集约利用程度。其中涉及的三级指标能耗总量、单位地区生产总值能源消耗降低率、单位工业增加值水耗、单位地区生产总值建设用地面积都是基于不同层面的资源节约情况来确定的。本书根据资源利用在不同领域的实际情况和数据可得性的基础上选取了以上指标,通过测算得出以下结论。

根据表 5-4 和图 5-13 可以看出,2017 年绿色生产指数中的二级指标资源节约得分排在前 5 位的城市依次是德兴、鹰潭、樟树、乐平和上饶,居于第 6~17 位的依次是共青城、吉安、瑞昌、抚州、庐山、瑞金、景德镇、丰城、九江、新余、高安和贵溪,居于第 18~22 位的依次是萍乡、宜春、赣州、南昌和井冈山。根据资源节约具体指数值分布来看,排名第一的德兴的资源节约利用程度最高且远大于其他城市,其中,单位地区生产总值建设用地面积最小,能耗总量、单位工业增加值水耗指标值也都很小,排名靠前。资源节约指标值排名第二的鹰潭,在能耗总量、单位地区生产总值能源消耗降低率、单位工业增加值水耗、单位地区生产总值建设用地面积四个三级指标方面都表现较好,排名靠前。其他城市受逆向指标数值的影响,资源节约指数值都为负数,说明大多数城市在资源节约利用方面做得仍不足。

前文所述循环利用作为绿色生产指数的第三个二级指标,主要是侧重于分析循环产业的情况。但是受限于数据可得性,目前对于循环产业的数据收集还存在不足,本书目前选取的三级指标还是集中在工业领域,采用工业用水重复利用率和一般工业固体废物综合利用率来衡量循环利用的水平。通过这两个三级指标的测算简单分析一下现阶段城市化过程中的工业领域循环利用的水平,具体测算结果如下。

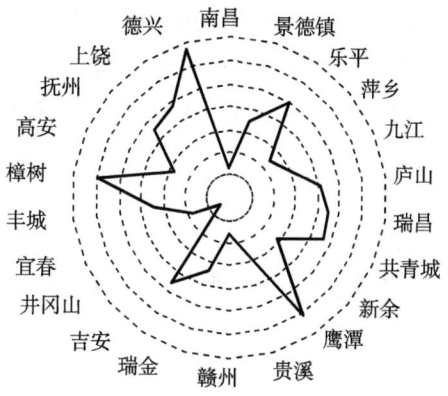

图 5-13 江西城市绿色生产指数资源节约指标排名情况

根据表 5-4 和图 5-14 可以看出，2017 年绿色生产指数中的二级指标循环利用得分排在前 5 位的城市依次是景德镇、鹰潭、瑞金、吉安和抚州，居于第 6~17 位的依次是新余、庐山、贵溪、乐平、九江、南昌、赣州、高安、宜春、瑞昌、德兴和井冈山，居于第 18~22 位的依次是萍乡、丰城、上饶、共青城和樟树。

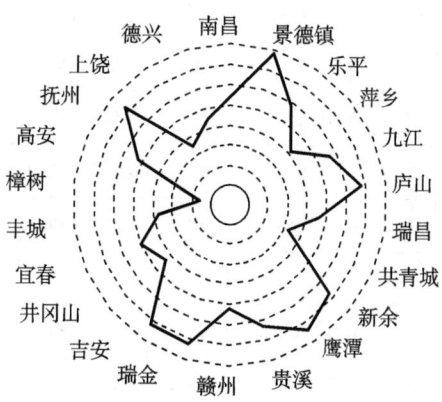

图 5-14 江西城市绿色生产指数循环利用指标排名情况

根据循环利用具体指数值分布来看，排在前列的景德镇至抚州等 5 个城市的循环利用效率很高，说明城市工业发展过程中循环利用政策得到有效贯彻。其中景德镇的工业用水重复利用率、一般工业固体废物综合利用率两个三级指标值都很高，分别为 92.03% 和 88.27%。中间从新余至井冈山等 12 个城市的循环利用水平呈梯度降低。排在最后的庐山至上饶5个城市相较于首位的城市还是存在较大差距，循环利用效率还有待提升。其中，樟树的工业用水重复利用率和一般工业固体废物综合利用率指标值都很低，排名靠后，与其他城市差距较大。

第四节　江西城市绿色生活测算与分析

根据江西城市绿色发展指数指标框架中绿色生活指数的测度方法和权重标准设定，对2017年江西城市的绿色生活指数及其二级指标进行测算，结果如表5-5所示。

表5-5　2017年江西城市绿色生活指数排名

地区	二级指标						一级指标	
	绿色居住		绿色出行		绿色消费		绿色生活指数	
	指数值	排名	指数值	排名	指数值	排名	指数值	排名
南昌	0.067087891	11	0.032647328	1	-0.013065526	21	0.086669693	5
景德镇	0.088135761	2	0.011858456	9	-0.004656358	8	0.095337859	2
乐平	0.059638606	17	0	22	-0.001302229	4	0.058336377	18
萍乡	0.067607904	10	0.009868043	12	-0.00778061	14	0.069695336	14
九江	0.075072263	5	0.018129548	5	0.0009325	3	0.094134311	3
庐山	0.058766062	18	0.002668077	19	-0.016328168	22	0.045105971	21
瑞昌	0.06114903	15	0.004497768	18	-0.003876571	6	0.061770227	15
共青城	0.06960459	8	0.012317149	8	-0.004954814	10	0.076966925	9
新余	0.08821949	1	0.029102855	2	-0.008220441	16	0.109101904	1
鹰潭	0.075403227	4	0.010531757	11	-0.004190813	7	0.081744171	6
贵溪	0.04685594	21	0.001457246	20	0.0101434	1	0.058456586	17

续表

地区	二级指标						一级指标	
	绿色居住		绿色出行		绿色消费		绿色生活指数	
	指数值	排名	指数值	排名	指数值	排名	指数值	排名
赣州	0.064961807	12	0.016964514	6	-0.006928776	13	0.074997546	10
瑞金	0.056200955	20	0.000712776	21	-0.005810038	11	0.051103693	20
吉安	0.068613695	9	0.014199508	7	-0.004860033	9	0.077953169	8
井冈山	0.020420158	22	0.008341173	14	-0.003585375	5	0.025175955	22
宜春	0.063004477	13	0.020965952	4	-0.009759832	17	0.074210596	11
丰城	0.06056838	16	0.005938717	17	-0.006137426	12	0.06036967	16
樟树	0.062292446	14	0.008890735	13	0.002872347	2	0.074055527	12
高安	0.057476252	19	0.006487769	16	-0.011352714	20	0.052611307	19
抚州	0.07242656	7	0.026240108	3	-0.010403158	17	0.08826351	4
上饶	0.077853114	3	0.011507512	10	-0.010528633	17	0.078831992	7
德兴	0.074843731	6	0.007027711	15	-0.007981287	15	0.073890154	13

注：①本表根据江西城市绿色发展指数指标框架的绿色生活指数，依据各项指标2017年数据测算得出。本表中的年份均代指当年期数据。

②本表中地区顺序是根据《中国城市统计年鉴》中江西城市行政区划先后顺序来排序，并不根据排名先后来排序。

③本表中绿色生活指数等于三个二级指标绿色居住、绿色出行、绿色消费之和。

④基于原始数据小数点分布规律，本表采用了小数点后四位的处理方式来表示指数值，如果存在指数值完全一样的情况，根据其实际值大小排序。

⑤本表中设立市采用的是市辖区数据，表4-1中采用的整个设区市数据，两者名称相同，数据不同，本表中主要体现其城市发展水平。

资料来源：江西各设区市统计年鉴、《中国城市统计年鉴》《江西环境状况公报》《江西环境年报》《江西水资源公报》等。

根据表5-5和图5-15可以看出，2017年一级指标绿色生活指数排名顺序依次为新余、景德镇、九江、抚州、南昌、鹰潭、上饶、吉安、共青城、赣州、宜春、樟树、德兴、萍乡、瑞昌、丰城、贵溪、乐平、高安、瑞金、庐山和井冈山。根据绿色生活具体指数值分布来看，整体数值呈现较为明显的线性下降趋势，位于第一梯队的新余、景德镇、九江、抚州、南昌等与中间排名的城市差距并不明显，其中，新余主要受益于绿色居住和绿色出行水平分别居于首位和第二

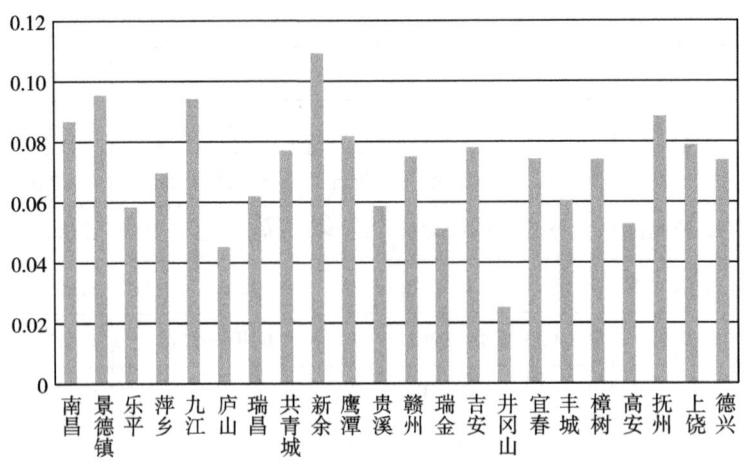

图 5-15　2017 年江西城市绿色生活指数排名

位；景德镇主要受益于绿色居住水平居于第二位，且指数值较高；九江的绿色消费、绿色居住和绿色出行三个二级指标的得分均靠前。只有排名末位的井冈山、庐山和瑞金 3 个城市的绿色生活水平还有待提升，其中井冈山和瑞金的绿色居住和绿色出行水平排名均靠后，庐山则是绿色消费水平垫底。

为了进一步展示江西城市绿色发展一级指标绿色生活指数的分析结果，本书绘制了相关指数结果的雷达图。根据雷达图的指向标来判断江西城市绿色生活指数不同的二级指标排名情况，并进行详细分析。

前文所述绿色居住作为绿色生活指数的第一个二级指标，体现了城市绿色居住水平的高低。而且城市指标中绿色居住数据的可得性比较高，本书选取的三级指标包括城市生活垃圾无害化处理率、建成区绿化覆盖率、绿地面积占城市建设用地面积比重、用水普及率、燃气普及率五个指标。通过这些指标的测算详细分析现阶段江西城市绿色居住水平，具体测算结果如下。

根据表 5-5 和图 5-16 可以看出，2017 年绿色生活指数中的二级指标绿色居住水平得分排在前 5 位的城市依次是新余、景德镇、上饶、鹰潭和九江，居于第 6~17 位的依次是德兴、抚州、共青城、吉安、萍乡、南昌、赣州、宜春、樟树、瑞昌、丰城、乐平，居于第 18~22 位的依次是庐山、高安、瑞金、贵溪和井冈山。根据绿色居住水平具体指数值分布来看，排在前列的新余和景德镇的指数值最高，绿色居住水平最为舒适。其中，新余绿色居住的三级指标的得分均靠前，景德镇绿地面积占城市建设用地面积比重最高。德兴的绿地面积占城市建设用地面积比重较高，瑞昌的燃气普及率排在第一位，新余、萍乡和瑞昌的用水普及率均达到100%，萍乡的绿地面积占城市建设用地面积比重和燃气普及率排名都较高，其他几个城市排名基本类似，上饶和抚州的用水普及率排名也较高。只有排名靠后的井冈山、瑞金和贵溪三个城市的绿色居住水平较差。其中，井冈山的建成区绿化覆盖率、用水普及率和燃气普及率均最低。整体来看，江西城市绿色居住水平还不错，但有些城市的单项指标仍然需要进一步改善。

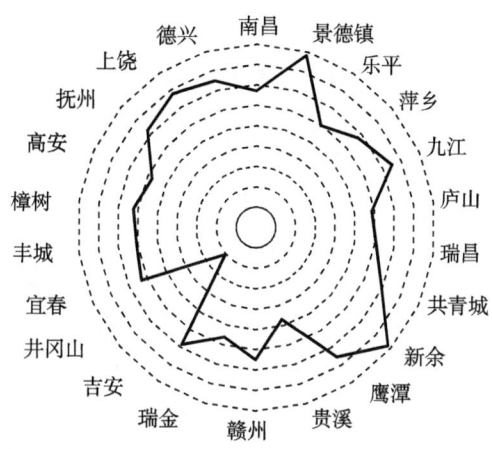

图5-16 江西城市绿色生活指数绿色居住指标排名情况

前文所述绿色出行作为绿色生活指数的第二个二级指标，主要是体现城市交通出行情况。鉴于绿色出行中涉及的一些指标难以获取数据，本书现阶段只选取了人均城市公共交通运营线路网长度和城市每万人拥有公交车辆数这两个三级指标来表现绿色出行情况。通过这两个三级指标的测算简单分析现阶段江西城市绿色出行情况，具体测算结果如下。

根据表5-5和图5-17可以看出，2017年绿色生活指数中的二级指标绿色出行得分排在前5位的城市依次是南昌、新余、抚州、宜春、九江，居于第6~17位的依次是赣州、吉安、共青城、景德镇、上饶、鹰潭、萍乡、樟树、井冈山、德兴、高安和丰城，居于第18~22位的依次是瑞昌、庐山、贵溪、瑞金和乐平。根据绿色出行具体指数值分布来看，排在前两位的南昌和新余的绿色出行指数值最高，说明城市交通出行情况非常好。其中，新余的人均城市公共交通运营线路网长度排在首位，南昌的城市每万人拥有公交车辆数排名居首位。随后是抚州、宜春、九江、赣州、吉安、共青城和景德镇七个城市的交通情况次之。其中，宜春的人均城市公共交通运营线路网长度排名第二，但城市每万人拥有公交车辆数排名靠后拉低了整体绿色出行指数水平。九江、宜春和赣州的各项具体指标排名都较为平均。排名中等靠前的上饶到高安七个城市的绿色出行情况尚可，不过也需要进一步提高交通运输能力。排名靠后的乐平等六个城市水平相对较差。其中乐平的人均城市公共交通运营线路网长度和城市每万人拥有公交车辆数的排名均倒数，庐山、瑞金、贵溪和瑞昌四个城市的具体指标排名都处于较低水平。

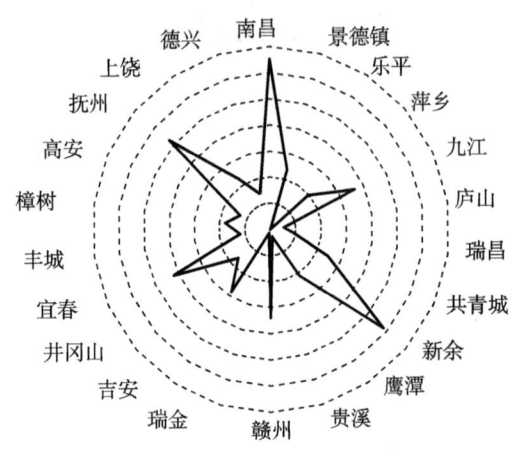

图 5－17　江西城市绿色生活指数绿色出行指标排名情况

前文所述绿色消费作为绿色生活指数的第三个二级指标，主要用于反映城市发展过程中的消费情况及其与绿色发展的联系。本书经过多次研讨会最终确定，在绿色消费指标中加入了人均居民生活用电量增长率、人均居民生活用水量增长率、城市人均液化石油气消费量增长率、每万人互联网宽带接入用户四个三级指标。既体现了传统水电气在城市消费中的作用，同时也将最新互联网应用这一指标加入，考虑新兴消费对于绿色发展的影响程度。最后选取以上指标作为考察绿色消费的重点，具体测算结果如下。

根据表 5－5 和图 5－18 可以看出，2017 年绿色生活指数中的二级指标绿色消费得分排在前 5 位的城市依次是贵溪、樟树、九江、乐平和井冈山，居于第 6～17 位的依次是瑞昌、鹰潭、景德镇、吉安、共青城、瑞金、丰城、赣州、萍乡、德兴、新余和宜春，居于第 18～22 位的依次是抚州、上饶、高安、南昌和庐山。根据绿色消费具体指数值分布来看，排在首位的贵溪绿色消费指数值相较于其他城市的优势十分明显。其中主要得益于城市人均液化石油气消费量增长率排名较低。排名前列的樟树和九江这两个城市的指数值都较高,而且都是正值。其中,九江人均居民生活用电量增长率最高,乐平和井冈山的绿色消费得分排名均靠前。除贵溪、樟树和九江外,其他城市的指数值都为负数。瑞金的人均居民生活用电量增长率和人均居民生活用水量增长率最慢,抚州的人均居民生活用水量增长率最快,南昌的城市人均液化石油气消费量增长率最快。乐平的排名主要是受到城市人均液化石油气消费量增长率排名较低的影响,整体指数值水平下降较多。鹰潭的每万人互联网宽带接入用户排名最高,共青城的城市人均液化石油气消费量增长率排名靠后,上饶的人均居民生活用水量增长率较低。

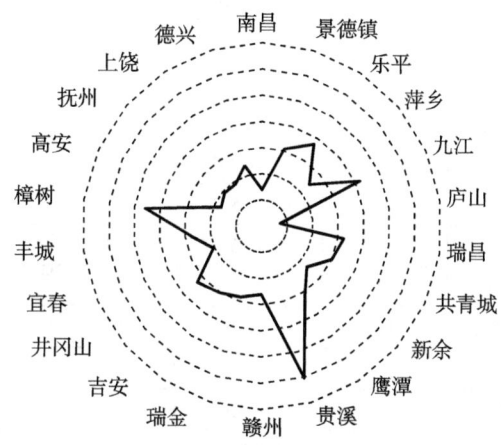

图 5-18 江西城市绿色生活指数绿色消费指标排名情况

第五节 江西城市绿色政策测算与分析

根据江西城市绿色发展指数指标框架中绿色政策指数的测度方法和权重标准设定,对 2017 年江西城市的绿色政策指数及其二级指标进行测算,结果如表 5-6 所示。

根据表 5-6 和图 5-19 可以看出,2017 年一级指标绿色政策指数排名顺序依次为鹰潭、乐平、共青城、樟树、赣州、瑞金、南昌、井冈山、抚州、高安、

表5-6 2017年江西城市绿色政策指数排名

地区	二级指标				一级指标	
	绿色投资		环境治理		绿色政策指数	
	指数值	排名	指数值	排名	指数值	排名
南昌	0.030621	7	0.051474	12	0.082096	7
景德镇	0.024714	12	0.050381	15	0.075095	12
乐平	0.026684	9	0.068426	1	0.095111	2
萍乡	0.028002	8	0.047431	18	0.075433	11
九江	0.017388	16	0.05078	14	0.068168	17
庐山	0.011335	20	0.05883	7	0.070165	15
瑞昌	0.004933	22	0.061674	3	0.066607	19
共青城	0.032749	3	0.060165	6	0.092915	3
新余	0.013822	17	0.055213	9	0.069035	16
鹰潭	0.037556	1	0.0615	4	0.099056	1
贵溪	0.031871	6	0.034907	21	0.066778	18
赣州	0.032736	4	0.053572	11	0.086308	5
瑞金	0.033208	2	0.049616	17	0.082824	6
吉安	0.01347	18	0.049741	16	0.063212	20
井冈山	0.021629	14	0.060243	5	0.081871	8
宜春	0.032254	5	0.039038	20	0.071292	13
丰城	0.020413	15	0.050869	13	0.071282	14
樟树	0.024463	13	0.065146	2	0.089609	4
高安	0.025139	11	0.055544	8	0.080683	10
抚州	0.026573	10	0.05436	10	0.080933	9
上饶	0.013038	19	0.030266	22	0.043304	22
德兴	0.009547	21	0.047052	19	0.056599	21

注：①本表根据江西城市绿色发展指数指标框架的绿色政策指数，依据各项指标2017年数据测算得出。本表中的年份均指代当年期数据。

②本表中地区顺序是根据《中国城市统计年鉴》中江西城市行政区划先后顺序来排序，并不根据排名先后来排序。

③本表中绿色政策指数等于两个二级指标绿色投资和环境治理之和。

④基于原始数据小数点分布规律，本表采用了小数点后四位的处理方式来表示指数值，如果存在指数值完全一样的情况，根据其实际值大小排序。

⑤本表中设区市采用的是市辖区数据，表4-1中采用的整个设区市数据，两者名称相同，数据不同，本表中主要体现其城市发展水平。

资料来源：江西各设区市统计年鉴、《中国城市统计年鉴》《江西环境状况公报》《江西环境年报》《江西水资源公报》等。

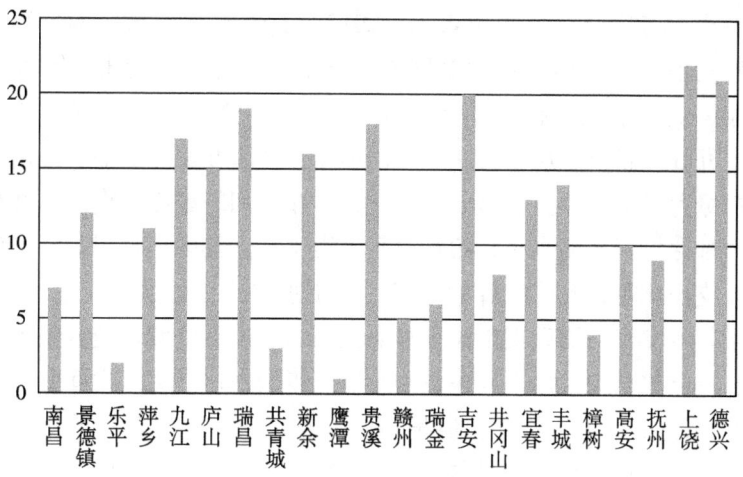

图 5-19 2017 年江西城市绿色政策指数排名

萍乡、景德镇、宜春、丰城、庐山、新余、九江、贵溪、瑞昌、吉安、德兴和上饶。根据绿色政策具体指数值分布来看，城市绿色政策实施效果差异并不明显，同样是受省一级政府乃至国家政策的影响比较明显，区域内城市绿色政策差距不大。不过从排名首位的鹰潭的指数值和排名末位的上饶得分相比，不同梯队之间的差异仍然存在，其中，鹰潭的城市绿色投资水平较高，环境治理能力也是排在前列，乐平环境治理能力较高，共青城得益于绿色投资水平排在前列。而排名靠后的瑞昌，主要是绿色投资能力欠缺，德兴则是多项指数值都排在末位。这说明城市绿色政策的执行程度仍有很大改进空间，需要进一步研究城市绿色政策实际情况。

　　为了进一步展示江西城市绿色发展一级指标绿色政策指数的分析结果，本书绘制了相关指数结果的雷达图。根据雷达图的指向标来判断江西城市绿色政策指数不同的二级指标排名情况，并进行详细分析。

　　前文所述绿色投资作为绿色政策指数的第一个二级指标，主要反映了城市管理过程中政府财政支出和公共投资情况。其中，涉及的三级指标环境保护支出占项目财政支出比重、环境污染治理投资占地区生产总值比重、科学技术支出占财政支出比重、研究与试验发展经费占地区生产总值比重、城市公用设施建设固定资产投资占比都是体现城市管理的政策支持力度和政府的公共财政支出水平的。本书基于数据可得性和指标设置的科学合理性选取了以上指标测算江西城市绿色投资水平，具体测算结果如下。

根据表5-6和图5-20可以看出，2017年绿色政策指数中的二级指标绿色投资得分排在前5位的城市依次是鹰潭、瑞金、共青城、赣州和宜春，居于第6~17位的依次是贵溪、南昌、萍乡、乐平、抚州、高安、景德镇、樟树、井冈山、丰城、九江和新余，居于第18~22位的依次是吉安、上饶、庐山、德兴和瑞昌。根据绿色投资具体指数值分布来看，排在前列的鹰潭、瑞金和共青城的绿色投资能力都保持了较高水平，相互之间差距不大。其中，赣州的环境保护支出占项目财政支出比重最高，宜春的环境污染治理投资占地区生产总值比重最高，鹰潭的科学技术支出占财政支出比重和研究与试验发展经费占地区生产总值的比重均最高，瑞金的城市公用设施建设固定资产投资占比最高。中间的贵溪到德兴16个城市的绿色投资水平略差，但是整体来看都还保持了较高的投资比重。其中，萍乡的环境保护支出占项目财政支出比重排名第二，樟树的科学技术支出占财政支出比重排名前列，乐平的研究与试验发展经费占地区生产总值的比重排名较高，抚州的城市公用设施建设固定资产投资占比排名前列，井冈山除了环境污染治理投资占地区生产总值比重较高之外，其他三级指标数值都处于较低水平，丰城和九江的各项三级指标数值较为接近，科学技术支出占财政支出比重也处于较低水平，新余主要是受限于环境污染治理投资占地区生产总值比重和城市公用设施建设固定资产投资占比都排名靠后。排名最后的瑞昌、德兴和庐山中，庐山和德兴的环境保护支出占项目财政支出比重排名分别位于倒数第一和倒数第三，瑞昌的科学技术支出占财政支出比重排名倒数第一。

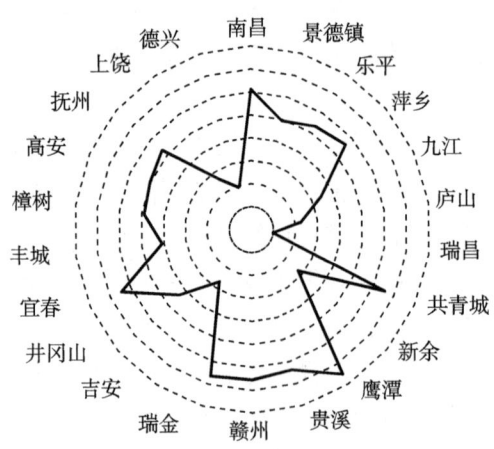

图5-20　江西城市绿色政策指数绿色投资指标排名情况

前文所述环境治理作为绿色政策指数的第二个二级指标,主要目的在于对城市的环境治理能力进行衡量。其中,涉及的三级指标工业废水排放量降低率、二氧化硫排放量降低率、氮氧化物排放量降低率、烟(粉)尘排放量降低率、城市污水处理率、空气质量优良天数占比从不同的角度体现了城市环境治理过程中的实际情况和治理能力。本书在数据可得性的基础上选取了尽可能多的环境治理三级指标,以此全面反映城市环境治理实际情况,具体测算结果如下。

根据表5-6和图5-21可以看出,2017年绿色政策指数中的二级指标环境治理得分排在前5位的城市依次是乐平、樟树、瑞昌、鹰潭和井冈山,居于第6~17位的依次是共青城、庐山、高安、新余、抚州、赣州、南昌、丰城、九江、景德镇、吉安和瑞金,居于第18~22位的依次是萍乡、德兴、宜春、贵溪和上饶。根据环境治理具体指数值分布来看,排名首位的乐平环境治理效果最好,而且优势比较明显,主要是得益于三级指标烟(粉)尘排放量降低率、城市污水处理率和空气质量优良天数占比均处于最高水平。其后的樟树、瑞昌、鹰潭和井冈山的环境治理三级指标均靠前,环境治理水平较高。中间的共青城到德兴14个城市的指数值基本差距不大,环境治理能力尚可。其中,共青城的氮氧化物排放量降低率排名靠前,但工业废水排放量降低率最低,庐山的空气质量优良天数占比水平较高,南昌的氮氧化物排放量降低率和烟(粉)尘排放量降低率都较高。高安空气质量优良天数占比排名垫底,整个环境治理水平还有待提升。共青城的工业废水排放量降低率排名倒数,萍乡烟(粉)尘排放量

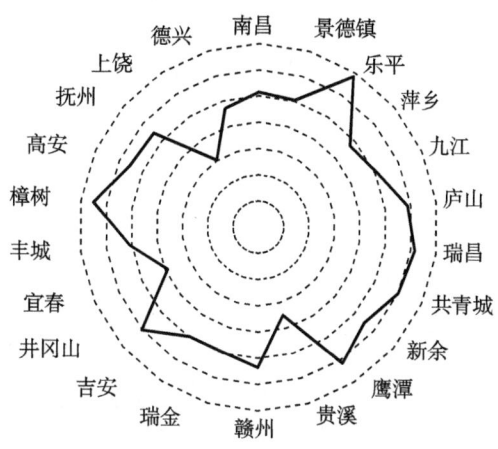

图5-21 江西城市绿色政策指数环境治理指标排名情况

降低率和城市污水处理率都是排名靠后，德兴的各项三级指标也都是排名靠后，整体环境治理水平较低。排名最后的上饶、贵溪和宜春中，上饶的城市污水处理率较低，宜春的二氧化硫排放量降低率和烟（粉）尘排放量降低率均排倒数，而贵溪的环境治理三级指标排名均靠后。

第六章 2013～2017年江西绿色发展指数变化及原因分析——对比篇

在江西绿色发展指数分析的基础上,根据2013～2017年数据,本书进一步测算了2013～2017年江西绿色发展指数、江西设区市绿色发展指数、江西城市绿色发展指数。对于2013～2017年江西绿色发展指数的比较分析,将从绿色发展均衡态势、绿色发展实际增速两个方面展开。

第一节 江西绿色发展指数变化及原因分析:2013～2017年

一、江西绿色发展指数测算结果

根据江西绿色发展指数框架,本书进一步测算出2013～2017年中部六省的绿色发展指数水平实际情况,同时根据历年指数值大小绘制了柱状图,并进行详细分析,如表6-1所示。

表6-1 2013～2017年中部六省绿色发展指数排名

地区	2013年		2014年		2015年		2016年		2017年		5年平均值	
	指数值	排名	指数值	排名	指数值	排名	指数值	排名	指数值	排名	指数值	排名
山西	0.0805	5	0.0711	6	0.1179	5	0.1745	5	0.1637	5	0.1215	5
安徽	0.1749	1	0.1837	2	0.2225	2	0.2403	2	0.1776	3	0.1998	2
江西	0.1529	2	0.2082	1	0.2232	1	0.2642	1	0.2554	1	0.2208	1

续表

地区	2013年		2014年		2015年		2016年		2017年		5年平均值	
	指数值	排名	指数值	排名	指数值	排名	指数值	排名	指数值	排名	指数值	排名
河南	0.0423	6	0.1154	5	0.1163	6	0.0667	6	0.1431	6	0.0968	6
湖北	0.1378	3	0.1411	3	0.1500	4	0.2206	4	0.2097	2	0.1718	3
湖南	0.0991	4	0.1368	4	0.1923	3	0.2373	3	0.1681	4	0.1667	4

注：①本表根据江西绿色发展指数指标框架，依据各项指标2013~2017年数据测算得出。本表中的年份均指代当年期数据。
②本表中地区顺序是根据《中国统计年鉴》中行政区划先后顺序来排序，并不根据排名先后来排序。
③本表中绿色发展指数等于四个一级指标绿色环境指数、绿色生产指数、绿色生活指数、绿色政策指数之和。
④基于原始数据小数点分布规律，本表采用了小数点后四位的处理方式来表示指数值，如果存在指数值完全一样的情况，根据其实际值大小排序。
资料来源：《中国统计年鉴》《中国城市统计年鉴》、各省份统计年鉴、各省份环境状况公报、各省份环境年报、各省份水资源公报等。

首先，分析中部六省绿色发展指数均衡态势。为了方便比较分析，本书测算了2013~2017年中部六省绿色发展指数的平均值（见表6-1最后一列）。从图6-1可以看出，绿色发展指数平均得分排名依次是江西、安徽、湖北、湖南、山西、河南。根据绿色发展指数具体分布来看，平均值排在前两位的江西和安徽绿色发展水平很高，但两省有着一定的差距。湖南和湖北两个省份指数值也较高，相差不大，整体绿色发展水平潜力不错。排名靠后的山西和河南两个省份指数值偏低，并且河南离山西还有着一定的距离。

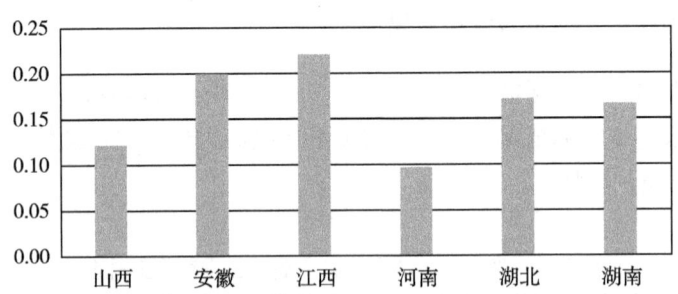

图6-1 2013~2017年中部六省绿色发展指数平均值

其次，根据图6-2分析，从五年来中部六省绿色发展实际增速看，各省份累计增长程度也反映了中部六省的绿色发展水平实际情况。根据行政区划的排序进行详细分析。2013年以来，山西排名基本持平，指数值略有增加。虽然2016

年较2013年指数翻番,但与其他省份相比,该省份的绿色发展情况仍然相对较差,并且2017年山西的绿色发展指数出现了一定幅度的下滑,山西的绿色发展需要进一步的发展优化。2013年以来,安徽排名略有下降,2016年之前指数值持续增加,但是2017年指数值出现了较大幅度的下滑,该省份的绿色发展情况良好,发展潜力较大。2013年以来,江西排名上升并稳居首位,指数值持续增加,但2017年指数值出现了轻微的下滑,该省份的绿色发展情况最具有优势,发展后劲十足。2013年以来,河南排名基本持平,指数值略有增长后又出现下降情况,绿色发展水平排名末位,整体水平还有待提升,值得注意的是,2017年河南是中部六省中唯一实现绿色发展指数正增长的省份。2013年以来,湖北排名略有下降,指数值持续增加,2016年的增幅较大,该省份的绿色发展保持着稳步前进。2013年以来,湖南排名略有上升,指数值持续增加,但2017年指数值出现了大幅度的下滑。

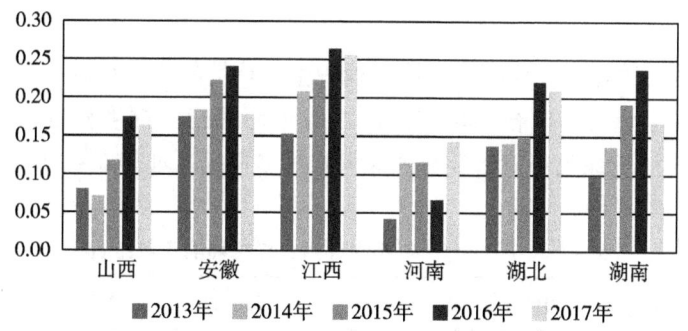

图6-2 2013~2017年中部六省绿色发展指数排名

最后,根据前文所述绿色发展指数的类型划分,本书针对历年类型变动进行分析,从发展的角度来看不同省份绿色发展变化情况,如表6-2所示。具体变动情况有,湖北由生产主导型变为均衡发展型,继而变为滞后发展型,然后变为生产主导型,最后保持生活主导型;河南由滞后发展型变为生产主导型,然后变为滞后发展型,最后保持滞后发展型;安徽由生活主导型转变为均衡发展型;湖南由均衡发展型变为生产主导型;江西和山西所处类型不变。湖北的绿色环境、绿色生产、绿色生活、绿色政策指数水平都较低,整体指数水平都处于低水平均衡状态,然而其中绿色生产指数增速较快,最终成为生产指数排名靠前的生活主导型。河南则经历滞后发展型、生产主导型后,再次变为滞后发展型,主要在于,虽然其绿色生产、绿色政策指数值改善明显,但其他指数水平不高,拉低了整体的绿色发展水平。

表6-2　2013~2017年中部六省绿色发展指数类型对比

年份	均衡发展型	环境主导型	生产主导型	生活主导型	政策主导型	滞后发展型
2017	安徽	江西	湖南	湖北	山西	河南
2016	湖南	江西	湖北	安徽	山西	河南
2015	湖南	江西	河南	安徽	山西	湖北
2014	湖南、湖北	江西	河南	安徽	山西	—
2013	湖南	江西	湖北	安徽	山西	河南

资料来源：本表根据江西绿色发展指数指标框架，依据2013~2017年各项指标数据测算得出。

二、江西绿色环境指数测算结果

根据江西绿色发展指数框架，进一步测算出2013~2017年中部六省的绿色环境指数水平实际情况，同时根据历年指数值大小绘制了柱状图，并进行详细分析。

绿色环境指数是对江西绿色发展过程中生态环境的综合反映，是绿色发展指数的四个一级指标之一。根据确定的江西绿色环境指数测度标准，测算得出了2013~2017年江西绿色环境指数与中部六省排名情况，如表6-3所示。

表6-3　2013~2017年中部六省绿色环境指数排名

地区	2013年		2014年		2015年		2016年		2017年		5年平均值	
	指数值	排名	指数值	排名	指数值	排名	指数值	排名	指数值	排名	指数值	排名
山西	-0.0206	4	-0.0213	5	-0.0174	5	-0.0181	6	0.0246	5	-0.0106	5
安徽	0.0118	2	0.0294	2	0.0311	2	0.0632	4	0.0455	3	0.0362	3
江西	0.0474	1	0.0893	1	0.0876	1	0.1213	1	0.0942	1	0.0880	1
河南	-0.0300	6	-0.0283	6	-0.0280	6	0.0026	5	-0.0040	6	-0.0175	6
湖北	-0.0041	3	0.0229	3	0.0270	3	0.0870	2	0.0740	2	0.0414	2
湖南	-0.0221	5	0.0080	4	0.0063	4	0.0765	3	0.0423	4	0.0222	4

注：①本表根据江西绿色发展指数指标框架的绿色环境指数，依据各项指标2013~2017年数据测算得出。本表中的年份均指代当年期数据。
②本表中地区顺序是根据《中国统计年鉴》中行政区划先后顺序来排序，并不根据排名先后来排序。
③本表中绿色环境指数等于三个二级指标资源禀赋、生态保护、环境压力之和。
④基于原始数据小数点分布规律，本表采用了小数点后四位的处理方式来表示指数值，如果存在指数值完全一样的情况，根据其实际值大小排序。

资料来源：《中国统计年鉴》《中国城市统计年鉴》、各省份统计年鉴、各省份环境状况公报、各省份环境年报、各省份水资源公报等。

首先,分析中部六省绿色环境指数均衡态势,为了方便进行比较,本书测算了 2013~2017 年中部六省绿色环境指数的平均值(见表 6-3 最后一列)。从图 6-3 可以看出,绿色环境指数平均得分排名依次是江西、湖北、安徽、湖南、山西、河南。根据绿色环境指数具体分布来看,平均值排在首位的江西绿色环境优势明显。之后的湖北、安徽和湖南指数值相对较小,但都是正值,绿色环境水平尚可。而山西、河南受到逆向指标的影响,最终指数值都为负数,两个省份的绿色环境指数仍有很大提升空间。

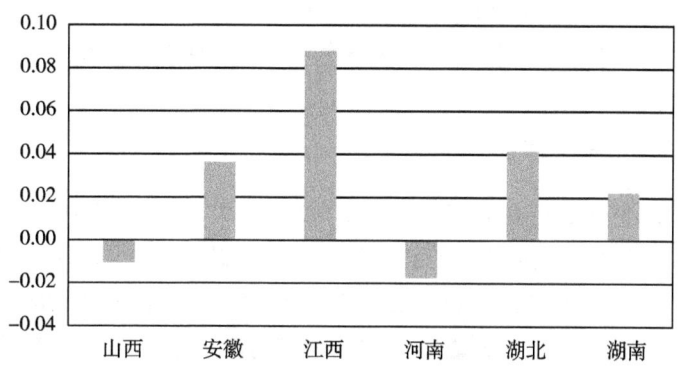

图 6-3　2013~2017 年中部六省绿色环境指数平均值

其次,根据图 6-4 分析,从五年来中部六省绿色环境实际增速来看,各省份累计增长程度也反映了中部六省的绿色环境水平实际情况。根据行政区划的排序进行详细分析。2013 年以来,山西排名略有下降,指数值略有增长,实际值都是负数,但在 2017 年该省实现了绿色环境指数的正向化,并且排名也有所回暖。2013 年以来,安徽排名基本保持不变,指数值持续增长,2017 年出现了一定幅度的上升,总体来说该省份的绿色环境水平保持稳定增长。2013 年以来,江西排名保持不变,指数值增加明显,该省份的绿色环境指数一直处于首位,增长潜力很大。2013 年以来,河南排名基本持平,指数值略有上升,受到逆向指标影响,该省份的指数值前三年为负数,并于 2016 年首次到达正数,但 2017 年又重新变为负数。2013 年以来,湖北排名基本持平,指数值持续上升,该省份绿色环境发展潜力较大。2013 年以来,湖南排名略有上升,指数值呈现波动,并于 2016 年实现较大增幅,而 2017 年又呈现下降趋势。

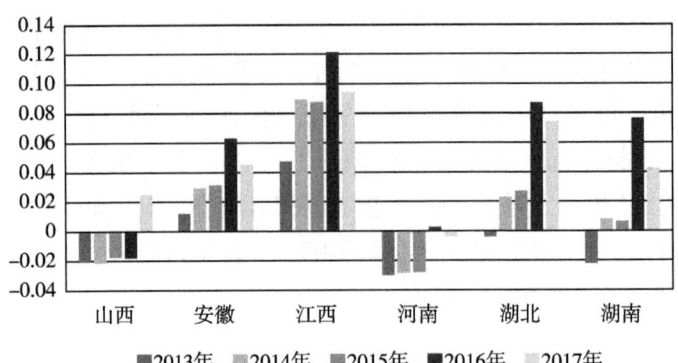

图 6-4 2013~2017 年中部六省绿色环境指数排名

三、江西绿色生产指数测算结果

根据江西绿色发展指数框架,进一步测算出 2013~2017 年中部六省的绿色生产指数水平实际情况,同时根据历年指数值大小绘制了柱状图,并进行详细分析。

绿色生产指数是对江西绿色发展过程中产业结构和经济增长的综合反映,是绿色发展指数的四个一级指标之一。根据确定的江西绿色生产指数测度标准,测算得出了 2013~2017 年江西绿色生产指数排名情况,如表 6-4 所示。

表 6-4 2013~2017 年中部六省绿色生产指数排名

地区	2013 年		2014 年		2015 年		2016 年		2017 年		5 年平均值	
	指数值	排名	指数值	排名	指数值	排名	指数值	排名	指数值	排名	指数值	排名
山西	-0.0461	6	-0.0504	6	-0.0567	6	-0.0368	6	-0.0353	5	-0.0451	6
安徽	-0.0315	4	-0.0139	4	-0.0149	4	-0.0245	4	-0.0145	3	-0.0199	4
江西	-0.0424	5	-0.0335	5	-0.0284	5	-0.0333	5	-0.0691	6	-0.0413	5
河南	-0.0198	3	0.0142	1	0.0036	1	-0.0081	2	-0.0120	2	-0.0044	1
湖北	-0.0049	1	-0.0042	2	-0.0075	3	-0.0003	1	-0.0112	1	-0.0056	2
湖南	-0.0160	2	-0.0011	3	-0.0065	2	-0.0110	3	-0.0190	4	-0.0107	3

注:①本表根据江西绿色发展指数指标框架的绿色生产指数,依据各项指标 2013~2017 年数据测算得出。本表中的年份均指代当年期数据。
②本表中地区顺序是根据《中国统计年鉴》中行政区划先后顺序来排序,并不根据排名先后来排序。
③本表中绿色生产指数等于三个二级指标增长质量、资源节约、循环利用之和。
④基于原始数据小数点分布规律,本表采用了小数点后四位的处理方式来表示指数值,如果存在指数值完全一样的情况,根据其实际值大小排序。

资料来源:《中国统计年鉴》《中国城市统计年鉴》、各省份统计年鉴、各省份环境状况公报、各省份环境年报、各省份水资源公报等。

首先，分析中部六省绿色生产指数均衡态势，为了方便进行比较，本书测算了2013~2017年中部六省绿色生产指数的平均值（见表6-4最后一列）。从图6-5可以看出，绿色生产指数平均得分排名依次是河南、湖北、湖南、安徽、江西、山西。根据绿色生产指数具体分布来看，受到逆向指标的影响，各省份平均值都是负数，平均值排在首位的河南绿色生产水平最高，相对优势明显。之后的湖北和湖南绿色生产能力尚可，差距不大。安徽、江西、山西的绿色生产平均值都偏低，实际绿色生产能力有待提升。

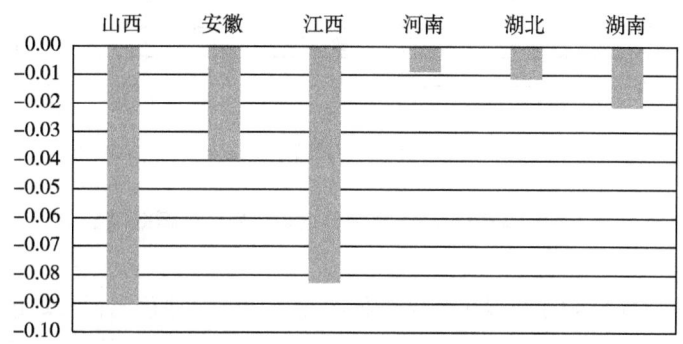

图6-5　2013~2017年中部六省绿色生产指数平均值

其次，根据图6-6分析，从五年来中部六省绿色生产实际增速看，各省份累计增长程度也反映了中部六省的绿色生产水平实际情况。根据行政区划的排序进行详细分析。2013年以来，山西排名保持不变，指数值在2016年出现增长，2017年继续增长并出现排名上升的情况。2013年以来，安徽排名基本持平，指数值基本处于增长趋势，该省份的绿色生产水平尚可。2013年以来，江西排名保持不变，指数值呈现先增后减的波动趋势，该省份的绿色生产水平还有待提升，排名也靠后。2013年以来，河南排名先升后降，指数值先增后减，该省份前两年的绿色生产水平提升明显，2016年发展水平又回到负值。2013年以来，湖北排名略有下降后又得到提升，指数值先降后升，2017年指数值又出现了上升，该省份的绿色生产水平仍需进一步提升。2013年以来，湖南排名略微下降，指数值先增后降，该省份的绿色生产水平仍需进一步提升。

四、江西绿色生活指数测算结果

根据江西绿色发展指数框架，进一步测算出2013~2017年中部六省的绿色生活指数水平实际情况，同时根据历年指数值大小绘制了柱状图，并进行详细分析。

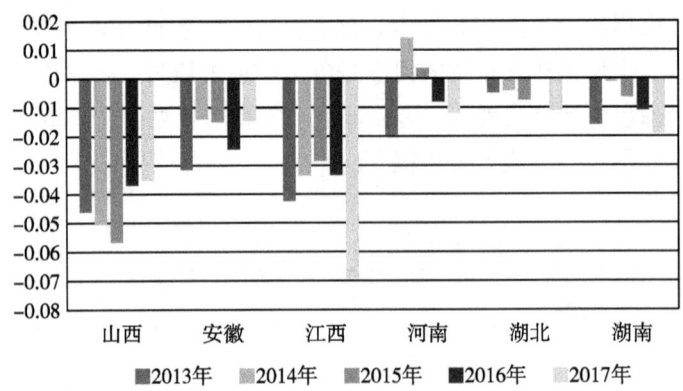

图 6-6　2013~2017 年中部六省绿色生产指数排名

绿色生活指数是对江西绿色发展过程中绿色居住、绿色出行、绿色消费的综合反映，是绿色发展指数的四个一级指标之一。根据确定的江西绿色生活指数测度标准，测算得出了 2013~2017 年江西绿色生活指数排名情况，如表 6-5 所示。

表 6-5　2013~2017 年中部六省绿色生活指数排名

地区	2013 年		2014 年		2015 年		2016 年		2017 年		5 年平均值	
	指数值	排名	指数值	排名	指数值	排名	指数值	排名	指数值	排名	指数值	排名
山西	0.0312	5	0.0404	4	0.0752	4	0.0641	4	0.0641	4	0.0550	4
安徽	0.0804	1	0.0765	1	0.0913	1	0.1218	1	0.0701	2	0.0880	2
江西	0.0716	2	0.0623	2	0.0855	3	0.1187	2	0.1072	1	0.0891	1
河南	0.0164	6	0.0358	5	0.0445	5	0.0026	6	0.0413	6	0.0281	6
湖北	0.0352	4	0.0306	6	0.0294	6	0.0639	5	0.0556	5	0.0429	5
湖南	0.0641	3	0.0468	3	0.0904	2	0.0753	3	0.0660	3	0.0685	3

注：①本表根据江西绿色发展指数指标框架的绿色生活指数，依据各项指标 2013~2017 年数据测算得出。本表中的年份均指代当年期数据。
②本表中地区顺序是根据《中国统计年鉴》中行政区划先后顺序来排序，并不根据排名先后来排序。
③本表中绿色生活指数等于三个二级指标绿色居住、绿色出行、绿色消费之和。
④基于原始数据小数点分布规律，本表采用了小数点后四位的处理方式来表示指数值，如果存在指数值完全一样的情况，根据其实际值大小排序。

资料来源：《中国统计年鉴》《中国城市统计年鉴》、各省份统计年鉴、各省份环境状况公报、各省份环境年报、各省份水资源公报等。

第六章 2013~2017年江西绿色发展指数变化及原因分析——对比篇

首先,分析中部六省绿色生活均衡指数态势,为了方便进行比较,本书测算了2013~2017年中部六省绿色生活指数的平均值(见表6-5最后一列)。从图6-7可以看出,绿色生活指数平均得分排名依次是江西、安徽、湖南、山西、湖北、河南。根据绿色生活指数具体分布来看,平均值排在首位的江西绿色生活水平指数优势比较明显。之后的安徽和湖南两省份指数值水平也较高,绿色生活质量尚可。排名靠后的三个省份指数水平相对较低,还需进一步提升绿色生活质量。

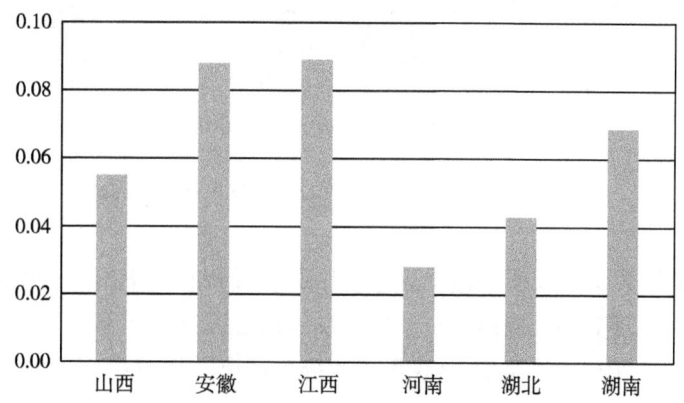

图6-7 2013~2017年中部六省绿色生活指数平均值

其次,根据图6-8分析,从五年来中部六省绿色生活实际增速来看,各省份累计增长程度也反映了中部六省的绿色生活水平实际情况。根据行政区划的排序进行详细分析。2013年以来,山西排名略有上升,指数值持续增长后有稍许下降,该省份的绿色生活质量尚可。2013年以来,安徽排名基本持平,指数值呈下降趋势,该省份的绿色生活质量很高,2017年之前排名持续在第一位,然而2017年降为第二。江西2013年以来排名略有下降后再上升,指数值有所增加,2017年指数值略有下降,但高居第一。2013年以来,河南排名靠后或是垫底,指数值持续增加后下降再上升,该省份的绿色生活质量亟须提升。2013年以来,湖北排名明显下降后上升,指数值持续减少后增加再减少,该省份的绿色生活发展潜力巨大。2013年以来,湖南排名略有增长后下降,指数值存在波动,该省份的绿色生活质量在中部地区持续保持在中游水平。

五、江西绿色政策指数测算结果

根据江西绿色发展指数框架,进一步测算出2013~2017年中部六省的绿色政策指数水平实际情况,同时根据历年指数值大小绘制了柱状图,并进行详细分析。

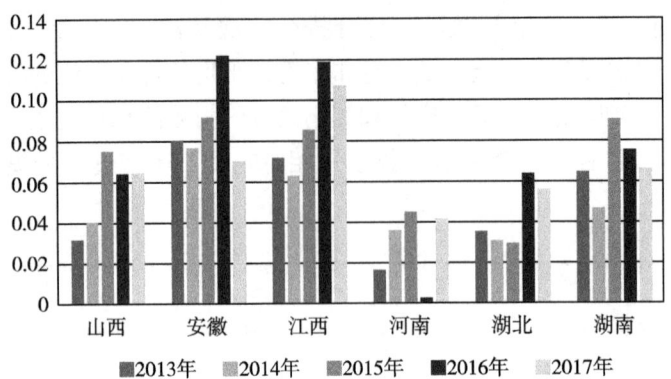

图6-8 2013~2017年中部六省绿色生活指数排名

绿色政策指数是对江西绿色发展过程中绿色投资和环境治理的综合反映,是绿色发展指数的四个一级指标之一。根据确定的江西绿色政策指数测度标准,测算得出了2013~2017年江西绿色政策指数排名情况,如表6-6所示。

表6-6 2013~2017年中部六省绿色政策指数排名

地区	2013年		2014年		2015年		2016年		2017年		5年平均值	
	指数值	排名	指数值	排名	指数值	排名	指数值	排名	指数值	排名	指数值	排名
山西	0.1159	1	0.1024	1	0.1168	1	0.1654	1	0.1103	3	0.1222	1
安徽	0.1142	2	0.0916	4	0.1149	2	0.0798	3	0.0766	6	0.0954	2
江西	0.0762	4	0.0901	5	0.0785	6	0.0575	6	0.1231	1	0.0851	6
河南	0.0758	5	0.0937	2	0.0962	5	0.0696	5	0.1179	2	0.0906	4
湖北	0.1115	3	0.0918	3	0.1011	4	0.0701	4	0.0913	4	0.0932	3
湖南	0.0731	6	0.0831	6	0.1021	3	0.0965	2	0.0788	5	0.0867	5

注:①本表根据江西绿色发展指数指标框架的绿色政策指数,依据各项指标2013~2017年数据测算得出。本表中的年份均指代当年期数据。
②本表中地区顺序是根据《中国统计年鉴》中行政区划先后顺序来排序,并不根据排名先后来排序。
③本表中绿色政策指数等于两个二级指标绿色投资和环境治理之和。
④基于原始数据小数点分布规律,本表采用了小数点后四位的处理方式来表示指数值,如果存在指数值完全一样的情况,根据其实际值大小排序。
资料来源:《中国统计年鉴》《中国城市统计年鉴》、各省份统计年鉴、各省份环境状况公报、各省份环境年报、各省份水资源公报等。

首先，分析中部六省绿色政策指数均衡态势，为了方便进行比较，本书测算了2013~2017年中部六省绿色政策指数的平均值（见表6-6最后一列）。从图6-9可以看出，绿色政策指数平均得分排名依次是山西、安徽、湖北、河南、湖南、江西。根据绿色政策指数具体分布来看，山西的绿色政策执行情况最好，其次是安徽、湖北、河南的绿色政策执行情况都比较好，相互之间差距不大。之后的两个省份绿色政策执行情况也还行，整体而言，湖北、河南、江西的绿色政策水平实际情况都有明显提升。

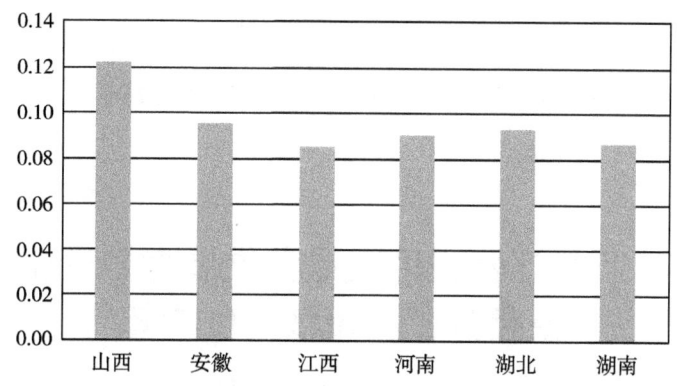

图6-9　2013~2017年中部六省绿色政策指数平均值

其次，根据图6-10分析，从五年来中部六省绿色政策实际增速来看，各省份累计增长程度也反映了中部六省的绿色政策水平实际情况。根据行政区划的排序进行详细分析。2013年以来，山西排名基本持平，指数值明显增加，然而2017年下降，总体上说，该省份的绿色政策执行情况良好，近五年平均水平排名第一位。2013年以来，安徽排名略有波动，指数值略有下降，该省份的绿色政策执行情况略有起伏，整体水平仍保持稳定。2013年以来，江西排名持续下降，指数值波动较大，该省份的绿色政策执行情况相对变差，然而2017年排名第一。2013年以来，河南排名波动明显，指数值略有降低，2017年有所改善，该省份的绿色政策执行情况起伏明显，现阶段排名中等水平。2013年以来，湖北排名略有下降，指数值持续减少后增长，该省份的绿色政策执行情况尚可。2013年以来，湖南指数值持续增加后减少，其排名也受到明显变化，该省份的绿色政策执行能力亟待改善，提升空间较大。

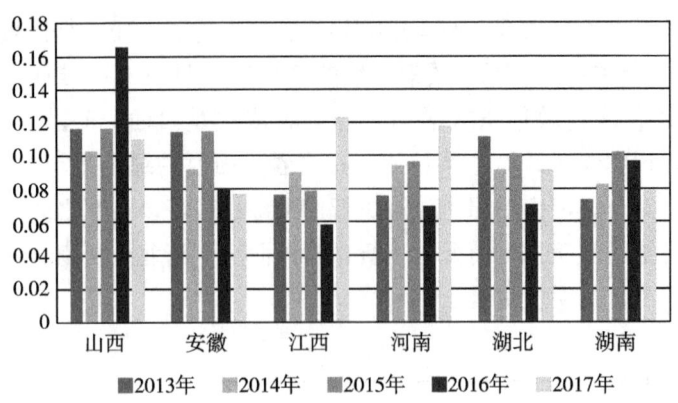

图6-10 2013~2017年中部六省绿色政策指数排名

第二节 江西设区市绿色发展指数变化及原因分析：2013~2017年

一、江西设区市绿色发展指数测算结果

根据江西设区市绿色发展指数框架，本书进一步测算出2013~2017年江西设区市的绿色发展指数水平实际情况（见表6-7），同时根据历年指数值大小绘制了柱状图（见图6-11），并进行详细分析。

表6-7 2013~2017年江西设区市绿色发展指数排名情况

地区	2013年		2014年		2015年		2016年		2017年		5年平均值	
	指数值	排名	指数值	排名	指数值	排名	指数值	排名	指数值	排名	指数值	排名
南昌	0.2800	2	0.2540	4	0.2662	5	0.2167	8	0.2273	7	0.2488	6
景德镇	0.2143	8	0.1942	8	0.2100	9	0.3161	4	0.1793	9	0.2228	9
萍乡	0.1106	11	0.0838	11	0.0814	11	0.1519	11	0.1290	11	0.1113	11
九江	0.2243	6	0.1867	9	0.2676	3	0.2464	7	0.2203	8	0.2291	7
新余	0.2093	9	0.1760	10	0.1870	10	0.2132	9	0.1649	10	0.1901	10
鹰潭	0.2378	5	0.2259	6	0.2665	4	0.3305	2	0.3145	3	0.2750	3

第六章 2013~2017年江西绿色发展指数变化及原因分析——对比篇

续表

地区	2013年		2014年		2015年		2016年		2017年		5年平均值	
	指数值	排名	指数值	排名	指数值	排名	指数值	排名	指数值	排名	指数值	排名
赣州	0.2187	7	0.2471	5	0.2519	7	0.2715	5	0.2626	5	0.2504	5
吉安	0.3578	1	0.3359	1	0.3691	1	0.3268	3	0.3515	1	0.3482	1
宜春	0.2070	10	0.2071	7	0.2593	6	0.1791	10	0.2670	4	0.2239	8
抚州	0.2628	4	0.2898	2	0.2880	2	0.3310	1	0.3291	2	0.3001	2
上饶	0.2799	3	0.2624	3	0.2458	8	0.2500	6	0.2435	6	0.2563	4

注：①本表根据江西设区市绿色发展指数指标框架，依据各项指标2013~2017年数据测算得出。本表中的年份均指代当年期数据。

②本表中地区顺序是根据设区市行政区划先后顺序来排序，并不根据排名先后来排序。

③本表中绿色发展指数等于四个一级指标绿色环境指数、绿色生产指数、绿色生活指数、绿色政策指数之和。

④基于原始数据小数点分布规律，本表采用了小数点后四位的处理方式来表示指数值，如果存在指数值完全一样的情况，根据其实际值大小排序。

资料来源：《江西统计年鉴》《中国城市统计年鉴》《江西环境状况公报》《江西环境年报》《江西水资源公报》等。

首先，分析江西设区市绿色发展指数均衡态势，为了方便进行比较，本书测算了2013~2017年江西设区市绿色发展指数的平均值（见表6-7最后一列）。从图6-11可以看出，绿色发展指数平均得分排名前3位的设区市依次是吉安、抚州、鹰潭，居于第4~8位的依次是上饶、赣州、南昌、九江、宜春，居于第9~11位的依次是景德镇、新余、萍乡。根据绿色发展指数具体分布来看，平均值排在首位的吉安绿色发展优势十分明显，其绿色发展水平具体指数值领先于其他设区市。排在第2~4位的抚州、鹰潭、上饶三个设区市绿色发展指数水平也较高。紧随其后的赣州到新余6个设区市绿色发展水平已经比较低了。排在末位的萍乡绿色发展指数值最低。整体来看，江西各设区市绿色发展水平尚可，但是可提升的空间也比较大。

其次，根据图6-12分析，从五年来江西设区市绿色发展指数的时序变化来看，各设区市历年指数值的变化可以反映当地绿色发展水平的变动情况。根据行政区划的排序进行详细分析。2014年以来，南昌排名处于波动下降状态，虽然排名仍然靠前，绿色发展指数值呈现下降趋势，2016年绿色发展指数值低于2014年，2017年较2016年略有上升。从2014年开始，景德镇绿色发展水平不断上升，2016年表现最为突出，然而这种向好态势未能继续保持，2017年呈断崖式下降。2013年以来，萍乡排名一直垫底，当地绿色发展水平比较低。2013

年以来,九江排名波动明显,先下降后上升再下降,说明当地绿色发展尚不稳定。2013年以来,新余排名均靠后,绿色发展水平比较低,2016年短暂有所改善,2017年未能延续。2014年以来,鹰潭总体呈向好态势。2013年以来,赣州排名相对稳定,指数值有所上升,当地绿色发展水平有所提高,但增速不明显。2013年以来,吉安总体绿色发展水平很高,除2016年有所下降外,其余四个年度均排名第一。2013年以来,宜春排名先上升后下降又上升,2017年排名在第四位。2013年以来,抚州排名上升明显,而且指数值持续增加,近四年都保持着前二的排名。2014年以来,上饶排名下降明显,指数值持续下降,当地绿色发展水平呈现下降态势。

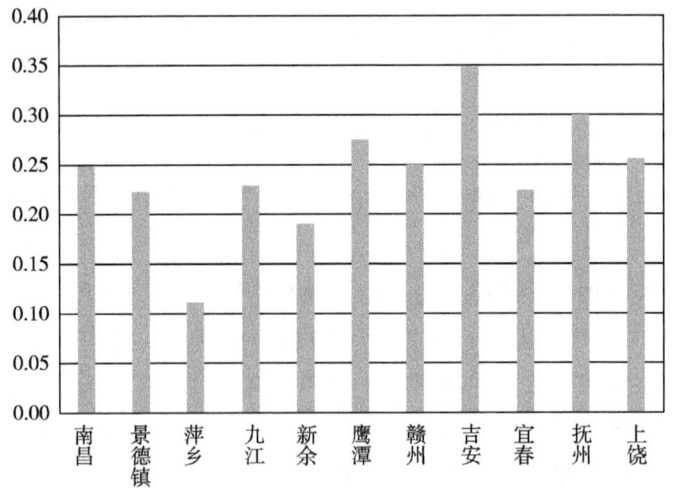

图 6-11 2013~2017 年江西设区市绿色发展指数平均值

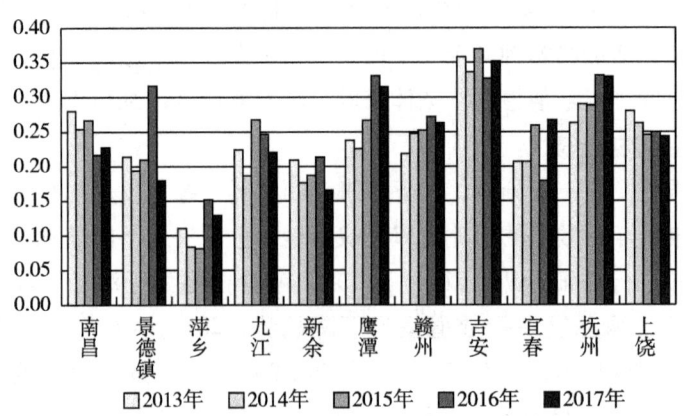

图 6-12 2013~2017 年江西设区市绿色发展指数排名

第六章 2013～2017年江西绿色发展指数变化及原因分析——对比篇

最后，根据前文所述绿色发展指数的类型划分，针对历年类型变动进行分析，从发展的角度来看江西不同设区市绿色发展变化情况，如表6-8所示。南昌由均衡发展型变为滞后发展型，又变为生活主导型；景德镇总体为滞后发展型，仅2016年为生活主导型；九江总体属均衡发展型，偶有年度表现为生活主导型与生产主导型；鹰潭由均衡发展型变为政策主导型；吉安由均衡发展型变为环境主导型，又回归均衡发展型；新余由生活主导型变为滞后发展型；抚州由政策主导型变为均衡发展型；赣州由滞后发展型变为政策主导型，又进一步变为均衡发展型；宜春主要表现为滞后发展型与政策主导型；上饶始终属于环境主导型；萍乡则始终属于滞后发展型。

表6-8 2013～2017年江西设区市绿色发展指数类型对比

年份	均衡发展型	环境主导型	生产主导型	生活主导型	政策主导型	滞后发展型
2017	赣州、吉安、抚州	上饶	九江	南昌	鹰潭、宜春	景德镇、萍乡、新余
2016	九江、抚州	吉安、上饶	—	景德镇	鹰潭、赣州	南昌、萍乡、新余、宜春
2015	南昌、抚州	吉安、上饶	—	九江	鹰潭、宜春	景德镇、萍乡、新余、赣州
2014	南昌、抚州、赣州	吉安、上饶	—	新余	鹰潭、宜春	景德镇、萍乡、九江
2013	南昌、九江、鹰潭、吉安	上饶	—	新余	抚州	景德镇、萍乡、赣州、宜春

资料来源：本表根据江西设区市绿色发展指数指标框架，依据各项指标2013～2017年数据测算得出。

鹰潭主要得益于近年来绿色政策执行能力提升显著，绿色政策指数水平持续排在首位，促进了当地绿色发展水平整体提升。吉安的绿色环境水平上升明显，在其他指数水平稳定提升的同时，绿色环境水平上升至首位，当地绿色发展水平名列前茅。抚州的绿色发展水平上升速度较快，绿色政策水平不断提升，而且其他指数水平也上升明显，均衡发展趋势较为突出。景德镇的绿色发展指数在2016年上升较快，由排名第八上升到第四，但2017年各一级指标值均不理想，排名又下降到第九。赣州一直在中游水平徘徊。宜春、萍乡、新余的绿色发展整体处于滞后状态。

二、江西设区市绿色环境指数测算结果

根据江西设区市绿色发展指数框架,本书进一步测算出 2013~2017 年江西设区市的绿色环境指数水平实际情况,同时根据历年指数值大小绘制了柱状图,并进行详细分析。

绿色环境指数是对一个地区绿色发展过程中生态环境的综合反映,是绿色发展指数的四个一级指标之一。根据确定的江西设区市绿色环境指数测度标准,测算得出了 2013~2017 年江西设区市绿色环境指数排名情况,如表 6-9 所示。

表 6-9 2013~2017 年江西设区市绿色环境指数排名情况

地区	2013 年		2014 年		2015 年		2016 年		2017 年		5 年平均值	
	指数值	排名	指数值	排名	指数值	排名	指数值	排名	指数值	排名	指数值	排名
南昌	0.0446	8	0.0480	7	0.0442	9	0.0492	8	0.0529	9	0.0478	9
景德镇	0.0442	9	0.0478	8	0.0496	8	0.0950	4	0.0661	8	0.0605	7
萍乡	-0.0405	11	-0.0514	11	-0.0623	11	-0.0169	10	0.0184	10	-0.0305	11
九江	0.0594	7	0.0511	6	0.0510	7	0.0569	7	0.0739	7	0.0585	8
新余	-0.0017	10	-0.0161	10	-0.0254	10	-0.0245	11	-0.0111	11	-0.0158	10
鹰潭	0.0599	6	0.0424	9	0.0567	6	0.0729	6	0.1054	4	0.0675	5
赣州	0.0801	4	0.0619	5	0.0582	5	0.0871	5	0.0897	5	0.0754	4
吉安	0.1452	1	0.1407	1	0.1430	1	0.1370	1	0.1414	1	0.1415	1
宜春	0.0701	5	0.0667	4	0.0595	4	0.0444	9	0.0874	6	0.0656	6
抚州	0.1079	3	0.1040	3	0.0965	3	0.1065	3	0.1219	2	0.1074	3
上饶	0.1300	2	0.1304	2	0.1373	2	0.1146	2	0.1149	3	0.1254	2

注:①本表根据江西设区市绿色发展指数指标框架中绿色环境指数,依据各项指标 2013~2017 年数据测算得出。本表中的年份均指代当年期数据。
②本表中地区顺序是根据设区市行政划先后顺序来排序,并不根据排名先后来排序。
③本表中绿色环境指数等于三个二级指标资源禀赋、生态保护、环境压力之和。
④基于原始数据小数点分布规律,本表采用了小数点后四位的处理方式来表示指数值,如果存在指数值完全一样的情况,根据其实际值大小排序。
资料来源:《江西统计年鉴》《中国城市统计年鉴》《江西环境状况公报》《江西环境年报》《江西水资源公报》等。

首先,分析江西设区市绿色发展一级指标绿色环境指数均衡态势,为了方便进行比较,本书测算了 2013~2017 年江西设区市绿色环境指数的平均值(见表

第六章　2013~2017年江西绿色发展指数变化及原因分析——对比篇

6-9最后一列)。从图6-13可以看出,绿色环境指数平均得分排名前3位的设区市依次是吉安、上饶、抚州,居于第4~8位的依次是赣州、鹰潭、宜春、景德镇、九江,居于第9~11位的依次是南昌、新余、萍乡。根据绿色环境指数具体分布来看,平均值排在首位的吉安绿色环境水平最高。紧随其后的上饶和抚州绿色环境指数值稍微次之,但差距并不明显。排名中间的赣州到南昌绿色环境水平较低,但互相之间差异不大。排名末位的新余和萍乡受到逆向指标的影响,指数值为负数,说明当地绿色环境水平亟待改善。

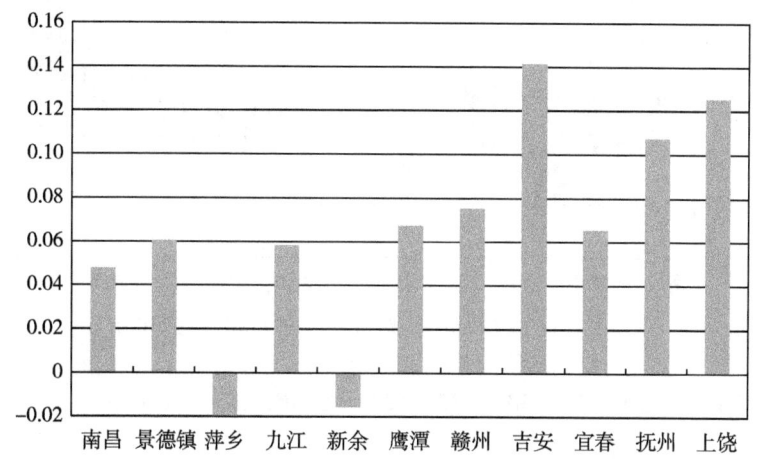

图6-13　2013~2017年江西设区市绿色环境指数平均值

其次,根据图6-14分析,从五年来江西设区市绿色环境实际增速看,各设区市累计增长程度也反映了当地的绿色环境水平实际情况。根据行政区划的排序进行详细分析。2013年以来,南昌排名小幅度波动,指数值呈现上升趋势,历年排名从第8位升至第7位,再从第7位降至第9位,再到第8位和第9位,当地绿色环境水平有待提升。2013年以来,景德镇排名整体较为稳定,变化最大年份为2016年,排名升至第4位,但在2017年又回至第8位,2013~2017年指数值也呈相应变化趋势。2013年以来,萍乡排名垫底,绿色环境水平亟待提升。2013年以来,九江排名小有波动,整体稳定在中间的位置,指数值呈现上升趋势,绿色环境水平尚可。2013年以来,新余指数值均为负数,2016年、2017年排名垫底,绿色环境水平亟待改善。2013年鹰潭排名第6位,2014年排名降至第9位,但2014年以后排名不断上升,2017年排名第4位,整体趋势向好。2013年以来,赣州排名基本稳定在第5位,指数值先降后升,说明当地绿色环境水平有所改善。2013 年以来，吉安排名稳居第 1 位，但是五年间绿色环境指数值变化不大。2013~2017 年，宜春指数值在 2016 年有较大变动，由 2015 年的第 4 位降至 2016 年的第 9 位，2017 年又升至第 6 位。2013 年以来，抚州指数值略有下降，但排名始终靠前且略有提升。2016 年上饶指数值下降，但排名较为稳定，五年均值排名第 2 位。

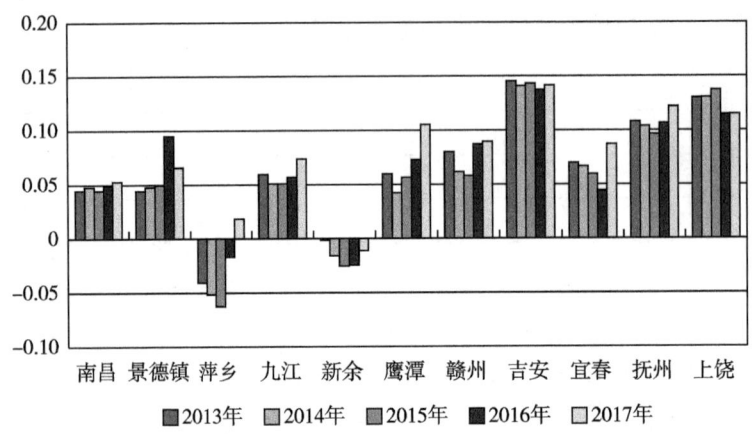

图 6-14　2013~2017 年江西设区市绿色环境指数排名

三、江西设区市绿色生产指数测算结果

根据江西设区市绿色发展指数框架，本书进一步测算出 2013~2017 年江西设区市的绿色生产指数水平实际情况，同时根据历年指数值大小绘制了柱状图，并进行详细分析。

绿色生产指数是对一个地区绿色发展过程中产业结构和经济增长的综合反映，是绿色发展指数的四个一级指标之一。根据确定的江西设区市绿色生产指数测度标准，测算得出了 2013~2017 年江西设区市绿色生产指数排名情况，如表 6-10 所示。

首先，分析江西设区市绿色发展一级指标绿色生产指数均衡态势，为了方便比较，测算了 2013~2017 年江西设区市绿色生产指数的平均值（见表 6-10 最后一列）。从图 6-15 可以看出，绿色生产指数平均得分排名前 3 位的设区市依次是吉安、鹰潭、抚州，居于第 4~8 位的依次是赣州、萍乡、南昌、九江、新余，居于第 9~11 位的依次是景德镇、宜春、上饶。根据绿色生产指数具体分布

表6-10 2013~2017年江西设区市绿色生产指数排名情况

地区	2013年		2014年		2015年		2016年		2017年		5年平均值	
	指数值	排名	指数值	排名	指数值	排名	指数值	排名	指数值	排名	指数值	排名
南昌	0.0399	2	0.0313	2	0.0377	1	0.0035	9	-0.0042	11	0.0216	6
景德镇	0.0189	8	0.0081	8	-0.0109	10	0.0318	5	0.0126	8	0.0121	9
萍乡	0.0262	6	0.0186	5	0.0274	2	0.0249	8	0.0221	6	0.0238	5
九江	0.0104	9	0.0112	7	0.0087	8	0.0293	6	0.0319	4	0.0184	7
新余	0.0012	11	-0.0045	11	0.0193	5	0.0355	4	0.0195	7	0.0142	8
鹰潭	0.0313	5	0.0367	1	0.0135	7	0.0467	1	0.0399	2	0.0336	2
赣州	0.0318	4	0.0176	6	0.0216	3	0.0289	7	0.0243	5	0.0248	4
吉安	0.0399	1	0.0279	4	0.0214	4	0.0412	2	0.0405	1	0.0342	1
宜春	0.0197	7	0.0077	9	0.0043	9	-0.0010	10	0.0123	9	0.0086	10
抚州	0.0342	3	0.0300	3	0.0179	6	0.0418	2	0.0322	3	0.0312	3
上饶	0.0038	10	0.0044	10	-0.0239	11	-0.0010	11	0.0002	10	-0.0033	11

注：①本表根据江西设区市绿色发展指数指标框架中绿色生产指数，依据各项指标2013~2017年数据测算得出。本表中的年份均指代当年期数据。

②本表中地区顺序是根据设区市行政区划先后顺序来排序，并不根据排名先后来排序。

③本表中绿色生产指数等于三个二级指标增长质量、资源节约、循环利用之和。

④基于原始数据小数点分布规律，本表采用了小数点后四位的处理方式来表示指数值，如果存在指数值完全一样的情况，根据其实际值大小排序。

资料来源：《江西统计年鉴》《中国城市统计年鉴》《江西环境状况公报》《江西环境年报》《江西水资源公报》等。

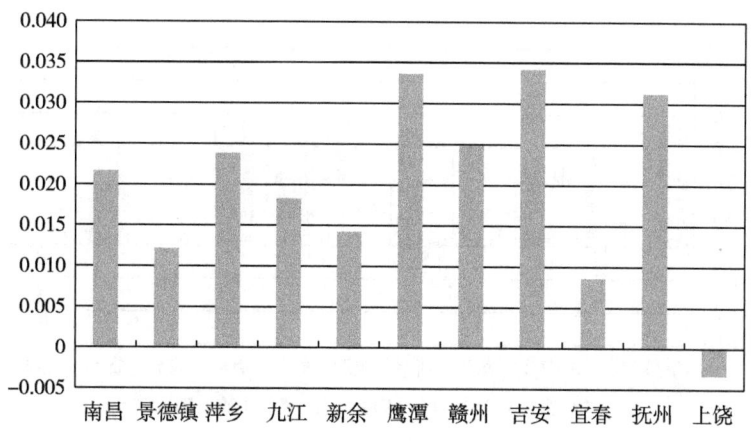

图6-15 2013~2017年江西设区市绿色生产指数平均值

来看，平均值排在首位的吉安绿色生产优势明显，当地产业结构较为合理。排名第2～6位的鹰潭到南昌5个设区市绿色生产水平尚可，而且互相之间差距较小。排名靠后的景德镇到上饶3个设区市绿色生产水平略低，实际情况有待改善。排名末位的上饶受到逆向指标影响，指数值为负数，说明当地产业结构还存在很大的可改进空间。

其次，根据图6-16分析，从五年来江西设区市绿色生产实际增速来看，各设区市累计增长程度也反映了当地的绿色生产水平实际情况。根据行政区划的排序进行详细分析。2015年以来，南昌排名大幅下降，从第1位下降到第11位，指数值同样大幅下降，绿色生产水平亟待提升。2017年，景德镇排名第8位，指数值波动较大，2015年甚至降为负值，当地绿色生产能力还有待提升。萍乡2013年以来排名持续波动，2015年后指数值持续下降。2013年以来，九江排名略有上升，从第9位上升到第4位，中间年份小有波动。2013年以来，新余排名上升明显，从第11位上升至第7位，指数值也明显上升，当地绿色生产发展迅速。2013年以来，鹰潭排名波动明显，呈先上升后下降再上升的变化趋势，2015年排名第7位，2017年上升至第2位。2013年以来，赣州排名中上游位置波动，保持中间排名，当地产业结构较为合理。2013年以来，吉安排名呈先下降后上升趋势，从第4位升至第1位，但2015年波动较大，说明当地产业结构可能变动过大。2013年以来，宜春排名在中等靠后的位置徘徊，指数值则持续下降，2017年有所回升，当地绿色生产水平排名靠后。2013年以来，抚州排名除2015年波动较大外，整体排名靠前且相对稳定，指数值整体水平靠前。2013年以来，上饶指数值下降明显，整体排名基本垫底。

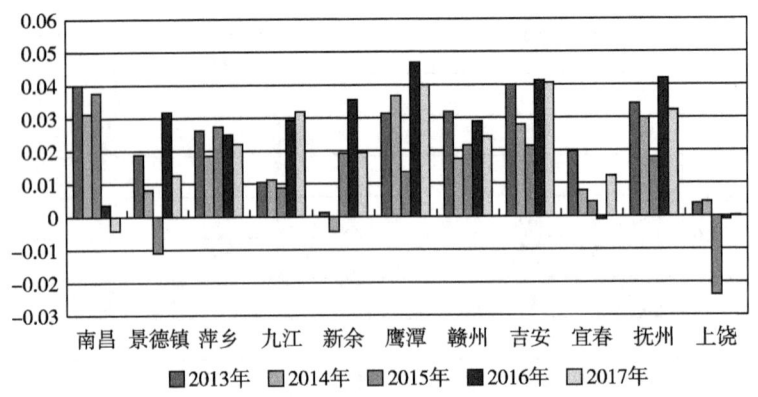

图6-16 2013～2017年江西设区市绿色生产指数排名

四、江西设区市绿色生活指数测算结果

根据江西设区市绿色发展指数框架,本书进一步测算出 2013～2017 年江西设区市的绿色生活指数水平实际情况(见表 6-11),同时根据历年指数值大小绘制了柱状图(见图 6-17),并进行详细分析。

绿色生活指数是对一个地区绿色发展过程中绿色居住、绿色出行、绿色消费的综合反映,是绿色发展指数的四个一级指标之一。根据确定的江西设区市绿色生活指数测度标准,测算得出了 2013～2017 年江西设区市绿色生活指数排名情况,如表 6-11 所示。

表 6-11 2013～2017 年江西设区市绿色生活指数排名情况

地区	2013 年		2014 年		2015 年		2016 年		2017 年		5 年平均值	
	指数值	排名	指数值	排名	指数值	排名	指数值	排名	指数值	排名	指数值	排名
南昌	0.1046	2	0.0831	3	0.1079	1	0.0857	5	0.0896	3	0.0942	2
景德镇	0.0794	3	0.0768	4	0.0922	6	0.1043	1	0.0458	10	0.0797	4
萍乡	0.0636	6	0.0382	10	0.0567	10	0.0682	6	0.0420	11	0.0537	11
九江	0.0746	5	0.0436	7	0.1072	2	0.0692	7	0.0495	9	0.0688	7
新余	0.1113	1	0.111	1	0.1041	3	0.1011	2	0.0972	1	0.1049	1
鹰潭	0.0778	4	0.0406	8	0.0778	8	0.0988	3	0.0644	7	0.0719	6
赣州	0.0292	10	0.0867	2	0.0667	9	0.0498	10	0.0600	8	0.0585	9
吉安	0.0573	7	0.0731	5	0.1039	4	0.0641	9	0.0946	2	0.0786	5
宜春	0.0360	9	0.0394	9	0.0891	7	0.0483	11	0.0664	6	0.0558	10
抚州	0.1046	2	0.0708	6	0.0938	5	0.0857	4	0.0732	5	0.0856	3
上饶	0.0794	3	0.0369	11	0.0289	11	0.074	6	0.0893	4	0.0617	8

注:①本表根据江西设区市绿色发展指数指标框架中绿色生活指数,依据各项指标 2013～2017 年数据测算得出。本表中的年份均指代当年期数据。
②本表中地区顺序是根据设区市行政区划先后顺序来排序,并不根据排名先后来排序。
③本表中绿色生活指数等于三个二级指标绿色居住、绿色出行、绿色消费之和。
④基于原始数据小数点分布规律,本表采用了小数点后四位的处理方式来表示指数值,如果存在指数值完全一样的情况,根据其实际值大小排序。
资料来源:《江西统计年鉴》《中国城市统计年鉴》《江西环境状况公报》《江西环境年报》《江西水资源公报》等。

首先，分析江西设区市绿色发展一级指标绿色生活指数均衡态势，为了方便比较，本书测算了2013～2017年江西设区市绿色生活指数的平均值（见表6－11最后一列）。从图6－17可以看出，绿色生活指数平均得分排名前3位的设区市依次是新余、南昌、抚州，居于第4～8位的依次是景德镇、吉安、鹰潭、九江、上饶，居于第9～11位的依次是赣州、宜春、萍乡。根据绿色生活指数具体分布来看，平均值排在前2位的新余和南昌的绿色生活水平都很高，指数值也十分接近。排名第3～5位的抚州至吉安3个设区市的绿色生活水平也较高。排名第6～10位的鹰潭至宜春5个设区市绿色生活水平相对较低，还需进一步提升。排在末位的萍乡绿色生活水平最低，指数值低于其他设区市较多，亟须改善。

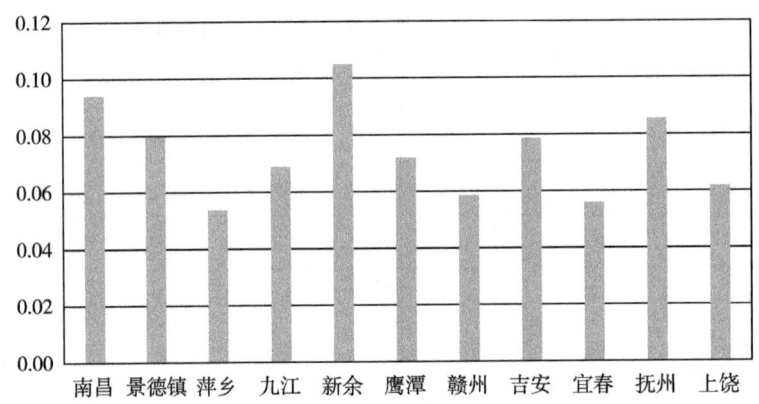

图6－17　2013～2017年江西设区市绿色生活指数平均值

其次，根据图6－18分析，从五年来江西设区市绿色生活实际增速来看，各设区市累计增长程度也反映了当地的绿色生活水平实际情况。根据行政区划的排序进行详细分析。2013年以来，南昌排名出现波动，2017年重新回到第3位。2013年以来，景德镇排名波动过大，2016年排名爬升至第1位，但是2017年降至第10位，绿色生活水平有待提升。2013年以来，萍乡排名略有下降，指数值也有所下降，处于较低水平。2013年以来，九江排名波动下降。2013年以来，新余排名保持稳定，指数值持续降低，虽然降低幅度不大，整体绿色生活水平较高，2016年排名第1位。2013年以来，鹰潭排名略有上升。2013年以来，赣州排名下降明显。2013年以来，吉安指数值也持续增长，且排名在2017年上升明显，由第9位上升为第2位。2013年以来，宜春排名波动上升，2016年明显上升。2013年以来，抚州排名略有上升，但指数值持续下降，排名从第6位上升至第5位。2013年以来，上饶排名逐步上升，2016年由之前的排名垫底上升为中等偏上水平，发展后劲十足。

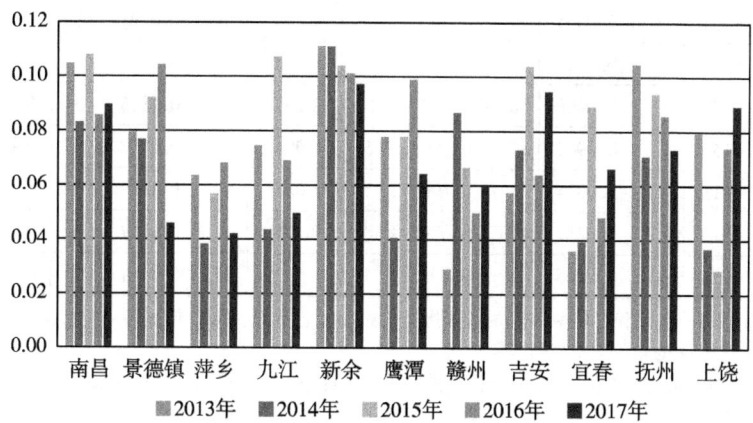

图6-18 2013~2017年江西设区市绿色生活指数排名

五、江西设区市绿色政策指数测算结果

根据江西设区市绿色发展指数框架，本书进一步测算出2013~2017年江西设区市的绿色政策指数水平实际情况，同时根据历年指数值大小绘制了柱状图，并进行详细分析。

绿色政策指数是对一个地区绿色发展过程中绿色投资和环境治理的综合反映，是绿色发展指数的四个一级指标之一。根据确定的江西设区市绿色政策指数测度标准，测算得出了2013~2017年江西设区市绿色政策指数排名情况，如表6-12所示。

表6-12 2013~2017年江西设区市绿色政策指数排名情况

地区	2013年		2014年		2015年		2016年		2017年		5年平均值	
	指数值	排名	指数值	排名	指数值	排名	指数值	排名	指数值	排名	指数值	排名
南昌	0.0909	5	0.0916	4	0.0764	10	0.0784	9	0.0889	4	0.0852	7
景德镇	0.0717	9	0.0615	11	0.0791	9	0.085	7	0.0549	9	0.0704	10
萍乡	0.0614	11	0.0784	10	0.0596	11	0.0756	10	0.0465	10	0.0643	11
九江	0.0799	7	0.0808	9	0.1007	6	0.0909	5	0.0649	7	0.0834	8

江西绿色发展指数绿皮书（2019）

续表

地区	2013年		2014年		2015年		2016年		2017年		5年平均值	
	指数值	排名	指数值	排名	指数值	排名	指数值	排名	指数值	排名	指数值	排名
新余	0.0985	3	0.0855	6	0.089	7	0.101	3	0.0593	8	0.0867	6
鹰潭	0.0688	10	0.1063	1	0.1184	1	0.1121	1	0.1048	1	0.1021	1
赣州	0.0776	8	0.0808	5	0.1055	3	0.1057	2	0.0885	5	0.0916	5
吉安	0.1153	1	0.0942	2	0.1008	5	0.0846	8	0.0750	6	0.0940	2
宜春	0.0813	6	0.0934	3	0.1064	2	0.0875	6	0.1009	3	0.0939	3
抚州	0.1025	2	0.0851	7	0.0797	8	0.097	4	0.1017	2	0.0932	4
上饶	0.0958	4	0.0906	4	0.1036	4	0.0625	11	0.0391	11	0.0783	9

注：①本表根据江西设区市绿色发展指数指标框架中绿色政策指数，依据各项指标2013~2017年数据测算得出。本表中的年份均指代当年期数据。
②本表中地区顺序是根据设区市行政区划先后顺序来排序，并不根据排名先后来排序。
③本表中绿色政策指数等于两个二级指标绿色投资和环境治理之和。
④基于原始数据小数点分布规律，本表采用了小数点后四位的处理方式来表示指数值，如果存在指数值完全一样的情况，根据其实际值大小排序。
资料来源：《江西统计年鉴》《中国城市统计年鉴》《江西环境状况公报》《江西环境年报》《江西水资源公报》等。

首先，分析江西设区市绿色发展一级指标绿色政策指数均衡态势，为了方便比较，测算了2013~2017年江西设区市绿色政策指数的平均值（见表6-12最后一列）。从图6-19可以看出，以平均值来分析的话，绿色政策指数得分排名前3位的设区市依次是鹰潭、吉安、宜春。居于第4~8位的依次是抚州、赣州、新余、南昌、九江。居于第9~11位的依次是上饶、景德镇、萍乡。根据绿色政策指数具体指数值分布来看，平均值排在前4位的设区市鹰潭至抚州绿色政策水平都较高，相互之间差距也不大。排名在中间第5~8位的设区市赣州至九江绿色政策水平也不低，但相对提升空间也更大一些。排名末位的萍乡的绿色政策水平亟待提升。

其次，根据图6-20分析，从五年来江西设区市绿色政策实际增速看，各设区市累计增长程度也反映了当地的绿色政策水平实际情况。根据行政区划的排序进行详细分析。2013年以来，南昌排名波动较大，指数值呈先下降后上升趋势。2013年以来，景德镇排名略有上升，但是基本靠后，说明当地绿色政策执行情况有待提升。2013年以来，萍乡排名持平，指数值略有下降，但是垫底排名说明当地绿色政策实施情况不容乐观。2013年以来，九江排名略有上升，指数值也有增加，排名基本处于中游水平。2013年以来，新余排名略有下降，2016年以

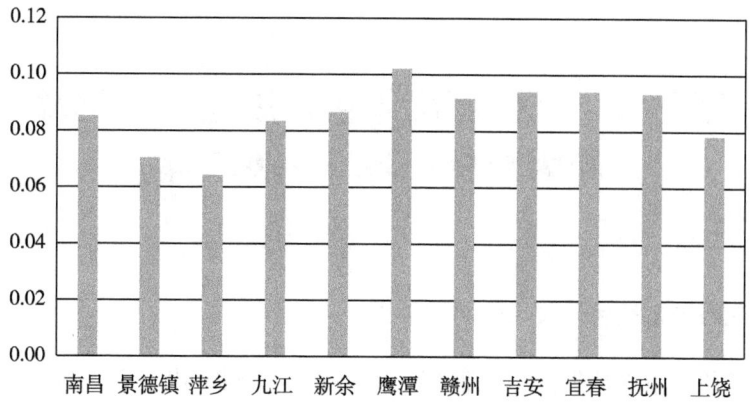

图 6-19 2013~2017 年江西设区市绿色政策指数平均值

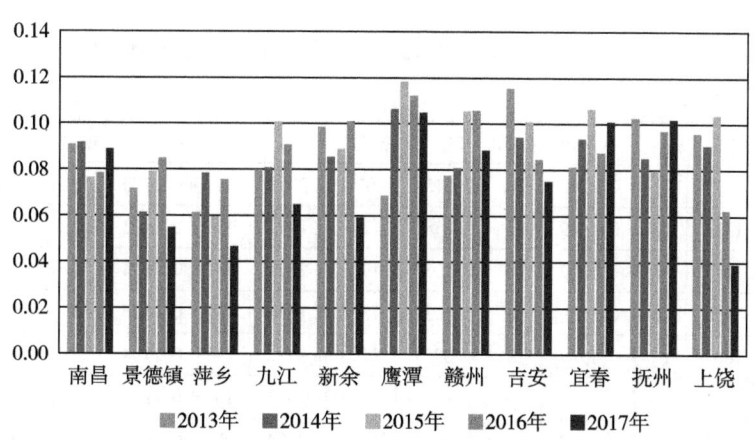

图 6-20 2013~2017 年江西设区市绿色政策指数排名

来下降明显,从第 3 位降至第 8 位,绿色政策水平还有待加强。2013 年以来,鹰潭排名始终处于第 1 位,说明当地绿色政策执行效果很好,其有效经验值得学习推广。2013 年以来,赣州排名上升较快,但 2017 年出现一定幅度的下降。2013 年以来,吉安排名有所下降,指数值也一直下降,当地绿色政策执行情况有所滞后。2013 年以来,宜春排名出现波动,在 2016 年下降到第 6 位后,又上升至第 3 位。2013 年以来,抚州排名上升明显,指数值略有上升,说明当地绿色政策的执行力度有所提高,2016 年上升至第 2 位。2013 年,上饶下降明显,2016 年以来排名垫底,说明绿色政策执行力度不高。

第三节 江西城市绿色发展指数变化及原因分析：2013~2017年

一、江西城市绿色发展指数测算结果

根据江西城市绿色发展指数框架，本书进一步测算出2013~2017年江西城市的绿色发展指数水平实际情况，同时根据历年指数值大小绘制了柱状图，并进行详细分析，如表6-13所示。

表6-13 2013~2017年江西城市绿色发展指数排名情况

地区	2013年		2014年		2015年		2016年		2017年		5年平均值	
	指数值	排名	指数值	排名	指数值	排名	指数值	排名	指数值	排名	指数值	排名
南昌	0.2427	6	0.2246	10	0.2351	6	0.2085	11	0.1970	9	0.2216	7
景德镇	0.1534	17	0.1479	17	0.1580	12	0.1972	14	0.1338	22	0.1581	17
乐平	0.1845	13	0.1067	20	0.1059	17	0.2471	7	0.2014	8	0.1691	16
萍乡	0.0950	20	0.1439	18	0.1036	18	0.1546	18	0.1836	13	0.1361	21
九江	0.1664	16	0.1762	15	0.0957	21	0.1322	21	0.2104	7	0.1562	18
庐山	—		—		—		0.2015	13	0.1933	10	0.1974	13
瑞昌	0.1516	18	0.1147	19	0.1002	19	0.2304	8	0.1646	16	0.1523	19
共青城	0.1730	15	0.1960	13	0.1292	15	0.3395	1	0.2473	3	0.2170	9
新余	0.0630	21	0.0806	21	0.0996	20	0.1505	19	0.1446	20	0.1077	22
鹰潭	0.2819	4	0.3391	3	0.3103	1	0.3052	2	0.2782	2	0.3029	1
贵溪	0.1985	11	0.2729	6	0.1984	10	0.1917	15	0.1488	19	0.2021	12
赣州	0.2106	10	0.2080	12	0.2160	7	0.2207	10	0.2357	5	0.2182	8
瑞金	0.1785	14	0.2088	11	0.2117	8	0.2575	5	0.2195	6	0.2152	10
吉安	0.3416	3	0.3047	5	0.2398	5	0.2586	4	0.1895	11	0.2668	4
井冈山	0.3915	1	0.3560	2	0.2909	2	0.2062	12	0.1369	21	0.2763	3
宜春	0.2180	9	0.2588	8	0.1392	14	0.1229	22	0.1677	15	0.1813	14
丰城	0.1384	19	0.1497	16	0.1277	16	0.1474	20	0.1847	12	0.1496	20
樟树	0.2307	7	0.2469	9	0.2007	9	0.2506	6	0.2426	4	0.2343	6

续表

地区	2013年		2014年		2015年		2016年		2017年		5年平均值	
	指数值	排名	指数值	排名	指数值	排名	指数值	排名	指数值	排名	指数值	排名
高安	0.1929	12	0.1947	14	0.1568	13	0.1853	16	0.1562	17	0.1772	15
抚州	0.2914	3	0.3653	1	0.2749	4	0.2729	3	0.2914	1	0.2992	2
上饶	0.2216	8	0.2713	7	0.1754	11	0.2225	9	0.1720	14	0.2126	11
德兴	0.2548	5	0.3077	4	0.2838	3	0.1733	17	0.1559	18	0.2351	5

注：①本表根据江西城市绿色发展指数指标框架，依据各项指标2013～2017年数据测算得出。本表中的年份均指代当年期数据。

②本表中地区顺序是根据《中国城市统计年鉴》中江西城市行政区划先后顺序来排序，并不根据排名先后来排序。

③本表中绿色发展指数等于四个一级指标绿色环境指数、绿色生产指数、绿色生活指数、绿色政策指数之和。

④基于原始数据小数点分布规律，本表采用了小数点后四位的处理方式来表示指数值，如果存在指数值完全一样的情况，根据其实际值大小排序。

⑤本表中设区市采用的是市辖区数据，表4-1中采用的整个设区市数据，两者名称相同，数据不同，本表中主要体现其城市发展水平。

⑥庐山只有2016年和2017年的数据。

资料来源：江西各设区市统计年鉴、《中国城市统计年鉴》《江西环境状况公报》《江西环境年报》《江西水资源公报》等。

首先，分析江西城市绿色发展指数均衡态势，为了方便进行比较，本书测算了2013～2017年江西城市绿色发展指数的平均值（见表6-13最后一列）。从图6-21可以看出，绿色发展指数平均得分排名前5位的城市依次是鹰潭、抚州、井冈山、吉安和德兴，居于第6～17位的城市依次是樟树、南昌、赣州、共青城、瑞金、上饶、贵溪、庐山、宜春、高安、乐平和景德镇，居于第18～22位的城市依次是九江、瑞昌、丰城、萍乡和新余。根据绿色发展指数具体分布来看，平均值排在首位的鹰潭绿色发展水平很高，与其他城市相比优势明显。排在第2～5位4个城市的绿色发展水平较高，相互之间的差距较小。排在第6～12

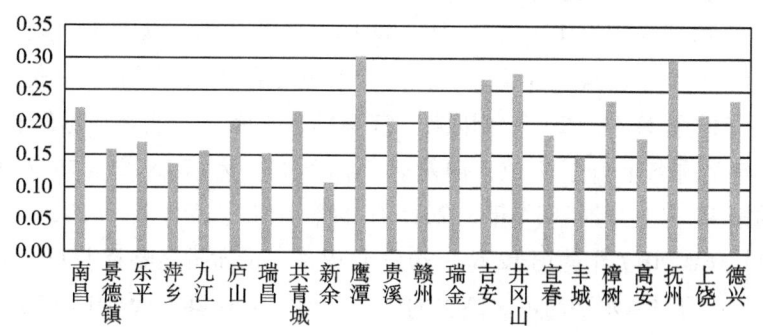

图6-21 2013～2017年江西城市绿色发展指数平均值

位 7 个城市的绿色发展水平尚可，相较于前面城市，其绿色发展情况有些不足之处，可以进一步优化加强。排在第 13~21 位 9 个城市的绿色发展水平相对较低，推动绿色发展的能力有待提升。排在末位的新余绿色发展水平指数值偏低，亟须改善其绿色发展现状。

其次，根据图 6-22 分析，从近五年来江西城市绿色发展实际增速看，各城市累计增长程度也反映了城市的绿色发展水平实际情况。根据行政区划的排序进行详细分析。2013 年以来，南昌排名有所波动，2014 年排名降至第 10 位，2015 年又升至第 6 位，2016 年下降至第 11 位，2017 年又升至第 9 位，绿色发展指数值略有下降，但整体绿色发展水平尚可。2013 年以来，景德镇排名先上升后下降，从 2013 年和 2014 年的第 17 位上升至 2015 年的第 12 位，之后下降至 2017 年的第 22 位。2013~2014 年，乐平下降明显，之后快速上升，绿色发展水平提高。2013 年以来，萍乡排名有所上升，指数值也略有上升，不过排名处于中等偏后，实际水平仍显不足。2013 年以来，九江排名先下降后上升，从 2013 年的第 16 位下降到 2015 年和 2016 年的第 21 位，再快速上升到 2017 年的第 7 位，绿色发展情况向好。瑞昌除了 2016 年排名第 8 位外，其余年份的排名均靠后。2013~2015 年，共青城排名基本持平，2016 年排名跃升到第 1 位，2017 年排名回落到第 3 位，城市绿色发展情况向好。2013 年以来，新余排名基本不变，但是还是处于较低水平，排名持续靠后，几乎垫底。2013~2015 年，鹰潭排名上升，2015 年指数值排名第 1 位，之后两年稳居第 2 位，城市绿色发展水平较高。贵溪排名先上升后下降，从 2013 年的第 11 位上升到 2014 年的第 6 位，之后连续下降，到 2017 年下降至第 19 位。赣州排名波动上升，2013 年排名第 10 位，下降到 2014 年的第 12 位，上升到 2015 年的第 7 位，下降到 2016 年的第 10 位，最后上升到 2017 年的第 5 位。2013 年以来，瑞金排名上升明显，指数值持续增加，从中间梯队爬升至第一梯队。2013~2015 年，吉安排名相对稳定，也比较靠前，但 2017 年快速下降到第 11 位。井冈山的排名变化相似，从 2013 年的第 1 位，下降到 2014 年和 2015 年的第 2 位，然后快速下降到 2016 年的第 12 位，最后下降到 2017 年的第 21 位。2013 年以来，宜春排名下降比较明显，尽管相较 2016 年，2017 年的排名上升了 7 位，但排名仍然不高，为第 15 位。丰城的排名从 2013 年的第 19 位上升到 2014 年和 2015 年的第 16 位，后下降到 2016 年的第 20 位，最后上升到 2017 年的第 12 位。2013 年以来，樟树排名略有上升，指数值同样有所降低，但整体水平尚可。高安的排名呈现下降趋势，从 2013 年的第 12 位下降到 2017 年的第 17 位。2013 年以来，抚州排名略有波动，但是指数值水平很高，基本排在前列。2013 年以来，上饶排名略有下降，指数值相对较低，排名基本处于中间位置。2013～2015 年以来，德兴排名持续上升，指数值略有上升，整体水平很高，但 2016 年排名下降至第 17 位，2017 年排名下降至第 18 位，绿色发展状况严重下降。

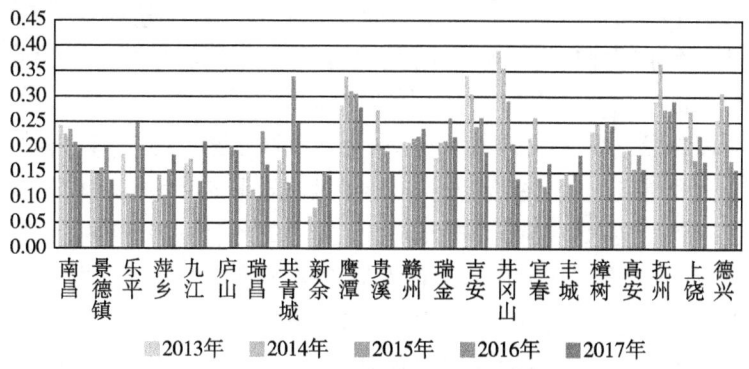

图 6-22　2013～2017 年江西城市绿色发展指数排名

最后，根据前文所述绿色发展指数的类型划分，本书针对历年类型变动进行分析，从发展的角度来看江西不同城市绿色发展变化情况。相较于 2013 年，2017 年的具体变动情况有：南昌由均衡发展型变为生活主导型；贵溪由均衡发展型变为滞后发展型；宜春由均衡发展型变为滞后发展型；樟树由均衡发展型变为环境主导型；上饶由均衡发展型变为生活主导型；瑞金所属环境主导型不变；抚州所属环境主导型不变；德兴由环境主导型变为滞后发展型；共青城由生产主导型变为环境政策双主导型；鹰潭由生产主导型变为政策主导型；景德镇所属生活主导型不变；新余所属生活主导型不变；瑞昌由政策主导型变为滞后发展型；吉安由政策主导型变为生产主导型；乐平由滞后发展型变为政策主导型；萍乡所属滞后发展型不变；九江由滞后发展型变为生活主导型；丰城由滞后发展型变为环境主导型；高安所属滞后发展型不变。

其中，南昌的城市绿色发展水平上升明显，而且绿色生活方式推广成效明显。贵溪则是推动绿色发展进度相对较慢。同样，宜春绿色发展水平波动明显，整体绿色发展水平还有待提升。樟树的绿色环境改善尚可，相较于其他发展方向，当地城市绿色环境提升明显。上饶的绿色生活方式推广成效明显，城市绿色消费能力上升显著，提高了城市绿色发展水平。瑞金的绿色生产水平增速高于绿色环境水平增速，2017 年整体绿色发展水平也走向全面均衡。抚州的绿色环境水平一直处于较高水平，虽然中途其他一级指标指数水平也有所上升，但绿色环境水平还是最高。德兴的绿色生活方式转变加速，相较于绿色环境水平上升明显。共青城绿色生产能力一直很强，中间其他几个一级指标都有所上升，但整体来看，绿色生产能力一直最强。鹰潭的多项一级指标获得了全面发展，绿色生产能力也较强，同时其他指标增速明显。景德镇的绿色发展水平持续波动，刚开始的绿色生活水平较高，随后整体绿色发展水平下降明显，但2017年绿色发展水平全面提升。新余的绿色生活水平下降明显，整体指数水平都处于较低位置。瑞昌的绿色政策执行能力也有所欠缺，最终整体水平下降明显。吉安的各项指标指数值变化明显，绿色政策水平从一开始就处于较高水平，但是随之有所回落，继而绿色生活方式转变迅速，指数水平上升明显。乐平的滞后发展伴随着政策执行能力上升，绿色发展水平获得了较大进步。萍乡的滞后发展也得益于政策执行能力上升而有所转变，但2017年其绿色发展水平又明显下降了。九江绿色发展水平已向好发展，绿色生活方式推广成效明显。丰城绿色发展水平也有所提高，环境保护能力显著提升。高安的滞后发展伴随着当地城市绿色环境改善明显而转变，整体绿色发展水平上升明显，如表6-14所示。

表6-14　2013~2017年江西城市绿色发展指数类型对比

年份	均衡发展型	环境主导型	生产主导型	生活主导型	政策主导型	滞后发展型
2017	—	赣州、瑞金、丰城、樟树、抚州	庐山、吉安	南昌、景德镇、九江、新余、上饶	乐平、鹰潭	萍乡、瑞昌、贵溪、井冈山、宜春、高安、德兴
2016	贵溪	瑞昌、共青城、赣州、瑞金、德兴	庐山、宜春	南昌、景德镇、九江、新余、上饶	乐平、鹰潭、井冈山、高安、抚州	萍乡、丰城
2015	景德镇、鹰潭、赣州、瑞金	井冈山、樟树、高安、抚州	南昌、共青城	吉安、上饶、德兴	乐平、贵溪、宜春	萍乡、九江、瑞昌、新余、丰城
2014	共青城、鹰潭、赣州、吉安、樟树、抚州	井冈山	南昌、瑞金	新余、宜春、上饶、德兴	萍乡、贵溪	景德镇、乐平、九江、瑞昌、丰城、高安
2013	南昌、贵溪、赣州、宜春、樟树、上饶	瑞金、井冈山、抚州、德兴	共青城、鹰潭	景德镇、新余	瑞昌、吉安	乐平、萍乡、九江、丰城、高安

注：2016年吉安为生产生活双主导型，樟树为环境政策双主导型。2017年共青城为环境政策双主导型。

资料来源：本表根据江西城市绿色发展指数指标框架，依据各项指标2013~2017年数据测算得出。

第六章 2013~2017年江西绿色发展指数变化及原因分析——对比篇

二、江西城市绿色环境指数测算结果

根据江西城市绿色发展指数框架,本书进一步测算出2013~2017年江西城市的绿色环境指数水平实际情况,同时,根据历年指数值大小绘制了柱状图,并进行详细分析。

绿色环境指数是对一个城市绿色发展过程中生态环境的综合反映,是绿色发展指数的四个一级指标之一。根据确定的江西城市绿色环境指数测度标准,测算得出了2013~2017年江西城市绿色环境指数排名情况,如表6-15所示。

表6-15 2013~2017年江西城市绿色环境指数排名情况

地区	2013年		2014年		2015年		2016年		2017年		5年平均值	
	指数值	排名	指数值	排名	指数值	排名	指数值	排名	指数值	排名	指数值	排名
南昌	0.0022	14	-0.0121	15	0.0007	13	0.0125	12	0.0178	17	0.0042	13
景德镇	-0.0644	19	-0.0508	18	-0.0223	15	-0.0421	19	-0.0652	22	-0.0490	20
乐平	-0.0059	15	-0.0531	19	-0.0602	17	0.0174	11	0.0358	10	-0.0132	16
萍乡	-0.0802	20	-0.0747	20	-0.0803	18	-0.038	18	0.0319	11	-0.0483	19
九江	-0.0211	18	-0.0356	16	-0.0913	20	-0.1031	22	0.0309	12	-0.0440	18
庐山	—	—	—	—	—	—	0.0363	5	0.0388	8	0.0376	—
瑞昌	-0.0073	16	-0.0402	17	-0.0292	16	0.0366	4	0.0251	14	-0.0030	15
共青城	0.0305	12	0.0043	13	0.0035	12	0.1102	1	0.0700	3	0.0437	7
新余	-0.125	21	-0.1382	21	-0.1003	21	-0.0786	20	-0.0464	21	-0.0977	21
鹰潭	0.0514	9	0.0328	10	0.0315	6	0.0444	3	0.0588	6	0.0438	6
贵溪	0.0187	13	0.0137	12	0.0134	9	0.0112	14	0.0127	19	0.0139	12
赣州	0.0585	8	0.0387	9	0.0112	11	0.0236	8	0.0669	4	0.0398	9
瑞金	0.0628	5	0.0489	7	0.0581	5	0.0891	2	0.0639	5	0.0646	3
吉安	0.0919	2	0.0809	4	0.0208	8	-0.0217	17	0.0141	18	0.0372	10
井冈山	0.1591	1	0.1427	1	0.132	1	-0.0116	16	0.0237	15	0.0892	1
宜春	0.0376	10	0.0391	8	-0.0836	19	-0.0887	21	0.0099	20	-0.0171	17
丰城	-0.0112	17	-0.0118	14	-0.0068	14	-0.0073	15	0.0467	7	0.0019	14
樟树	0.0589	7	0.0592	6	0.0585	4	0.0348	6	0.0713	2	0.0565	5

续表

地区	2013年		2014年		2015年		2016年		2017年		5年平均值	
	指数值	排名	指数值	排名	指数值	排名	指数值	排名	指数值	排名	指数值	排名
高安	0.0334	11	0.03	11	0.0261	7	0.0113	13	0.0193	16	0.0240	11
抚州	0.087	3	0.1025	2	0.0765	3	0.0318	7	0.0912	1	0.0778	2
上饶	0.0609	6	0.0755	5	0.0119	10	0.02	10	0.0378	9	0.0412	8
德兴	0.0828	4	0.0873	3	0.0874	2	0.0217	9	0.0282	13	0.0615	4

注：①本表根据江西城市绿色发展指数指标框架的绿色环境指数，依据各项指标2013~2017年数据测算得出。本表中的年份均指代当期数据。

②本表中地区顺序是根据《中国城市统计年鉴》中江西城市行政区划先后顺序来排序，并不根据排名先后来排序。

③本表中绿色环境指数等于三个二级指标资源禀赋、生态保护、环境压力之和。

④基于原始数据小数点分布规律，本表采用了小数点后四位的处理方式来表示指数值，如果存在指数值完全一样的情况，根据其实际值大小排序。

⑤本表中设区市采用的是市辖区数据，表4-1中采用的整个设区市数据，两者名称相同，数据不同，本表中主要体现其城市发展水平。

⑥庐山只有2016年和2017年的数据。

资料来源：江西各设区市统计年鉴、《中国城市统计年鉴》《江西环境状况公报》《江西环境年报》《江西水资源公报》等。

首先，分析江西城市绿色环境指数均衡态势，为了方便进行比较，本书测算了2013~2017年江西城市绿色环境指数的平均值，见表6-15最后一列。从图6-23可以看出，绿色环境指数平均得分排名前5位的设区市依次是井冈山、抚州、瑞金、德兴和樟树，居于第6~17位的依次是鹰潭、共青城、上饶、庐山、赣州、吉安、高安、贵溪、南昌、丰城、瑞昌和乐平，居于第18~22位的依次是宜春、九江、萍乡、景德镇和新余。根据绿色环境指数具体分布来看，平均值排在首位的井冈山城市绿色环境发展水平优势最为明显。紧随其后的是抚州、瑞金和德兴3个城市，其绿色环境水平也十分接近。排在第6~15位10个城市的绿色环境指数有所降低，但保持正值。从第16位开始，受到绿色环境指数中逆向指标数值过大影响，之后的城市绿色环境指数都为负值，其中，排名末位的新余绿色环境亟待改善。

其次，根据图6-24分析，从五年来江西城市绿色环境实际增速来看，各城市累计增长程度也反映了城市的绿色环境水平实际情况。根据行政区划的排序进行详细分析。2013年以来，南昌排名略有上升，说明该城市绿色环境实际情况还有待加强。2013~2015年以来，景德镇排名持续上升，2016~2017年又连续下降，指数值一直为负值，排名靠后，发展后劲不足。乐平绿色环境指数值先下

第六章 2013～2017年江西绿色发展指数变化及原因分析——对比篇

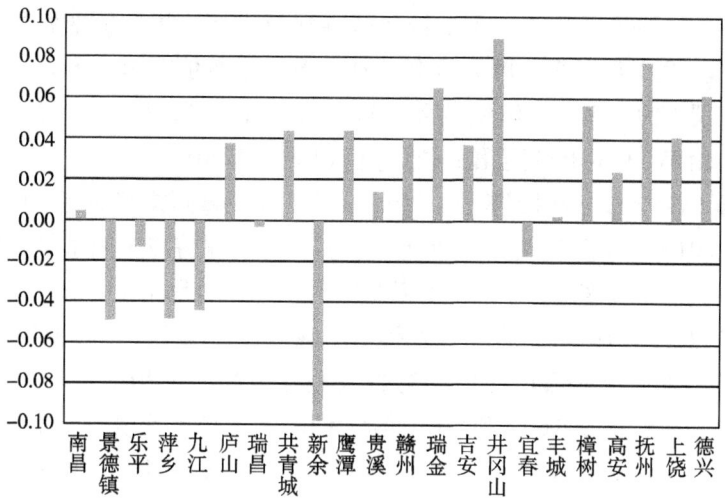

图6-23 2013～2017年江西城市绿色环境指数平均值

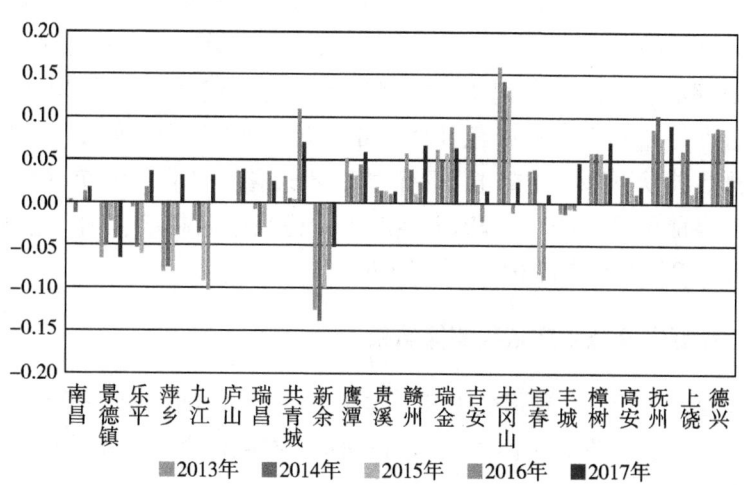

图6-24 2013～2017年江西城市绿色环境指数排名

降后上升，指数值从2016年开始转为正值。2013年以来，萍乡排名略有上升，2017年指数值转为正值，但排名仍然靠后，该城市绿色环境仍有待提升。2013年以来，九江排名略有下降，指数值持续下降且为负值，但2017年转为正值，排名增进10位，该城市绿色环境水平得到了大力提升。2013年以来，瑞昌排名基本持平，指数值略有上升。2013～2015年以来，共青城排名基本持平，指数值也基本持平，排名处于中间位置，但2016年上升至第1位，2017年排名第3

位,进步很大。2013年以来,新余排名基本保持不变,指数值非常低,五年排名基本垫底。2013年以来,鹰潭排名波动上升,指数值略有上升,排名一直处于前列,发展潜力很大。贵溪绿色环境指数值略有下降,排名自2013~2015年持续上升,由第13位上升至第9位,但2016年和2017年排名下降幅度较大,2017年降至第19位,应引起警觉。2013~2015年,赣州排名略有下降,指数值持续下降,2016年和2017年又有所上升,整体排名保持在中间水平。2013年以来,瑞金排名变化幅度不大,虽然指数值略有下降,但是排位一直相对领先,城市绿色环境很好。2013年以来,吉安排名下降明显,从第2位降至第18位,指数值也持续下降,当地绿色环境问题越发凸显。2013~2015年,井冈山排名一直保持第1位,但2016年和2017年分别降至第16位和第15位,绿色环境水平下降明显。2013年以来,宜春排名波动下降,从第10位下降至第20位,指数值持续减少,甚至变为负值。2013年以来,丰城排名略有上升,2016年之前指数值一直为负值,排名靠后,但2017年指数值大幅增长,排名跃升为第7位。2013年以来,樟树排名持续上升,指数值波动上升,至2017年上升至第2位,城市绿色环境良好。2013年以来,高安绿色环境指数值波动下降,整体处于中等水平。2013年以来,抚州排名一直稳定靠前,除2016年外,其余年份一直保持在前3位的绿色环境高水平值,2017年升为第一。2013年以来,上饶排名波动下降,指数值下降较大,不过整体来看,城市绿色环境水平还处于中间靠前位置。2013~2015年以来,德兴排名持续上升,指数值也不断增加,然而2017年排名下降至第13位。

三、江西城市绿色生产指数测算结果

根据江西城市绿色发展指数框架,本书进一步测算出2013~2017年江西城市的绿色生产指数水平实际情况,同时根据历年指数值大小绘制了柱状图,并进行详细分析。

绿色生产指数是对一个城市绿色发展过程中产业结构和经济增长的综合反映,是绿色发展指数的四个一级指标之一。根据确定的江西城市绿色生产指数测度标准,测算得出了2013~2017年江西城市绿色生产指数排名情况,如表6-16所示。

首先,分析江西城市绿色生产指数均衡态势,为了方便进行比较,本书测算了2013~2017年江西城市绿色生产指数的平均值(见表6-16最后一列)。从图6-25可以看出,绿色生产指数平均得分排名前5位的设区市依次是鹰潭、吉安、

第六章 2013~2017年江西绿色发展指数变化及原因分析——对比篇

表6-16 2013~2017年江西城市绿色生产指数排名情况

地区	2013年 指数值	排名	2014年 指数值	排名	2015年 指数值	排名	2016年 指数值	排名	2017年 指数值	排名	5年平均值 指数值	排名
南昌	0.067	1	0.0473	2	0.0404	3	0.0175	16	0.0105	14	0.0365	3
景德镇	0.0262	12	0.0264	10	0.0203	12	0.0402	3	0.0286	5	0.0283	6
乐平	0.0251	13	0.0243	11	0.0146	17	0.0321	7	0.0122	10	0.0217	12
萍乡	0.0217	14	0.03	8	0.0255	7	0.0297	10	0.0065	18	0.0227	11
九江	0.0292	7	0.0193	13	0.0166	14	0.0331	6	0.0172	7	0.0231	10
庐山	—	—	—	—	—	—	0.0361	4	0.0392	1	0.0377	—
瑞昌	0.0187	15	0.0228	12	0.0105	19	0.0088	19	0.0110	12	0.0144	17
共青城	0.0403	5	0.0342	6	0.0275	6	0.0191	14	0.0074	17	0.0257	8
新余	0.0074	19	0.0137	16	0.0212	11	0.0305	9	0.0129	8	0.0171	15
鹰潭	0.0413	3	0.056	1	0.043	1	0.0447	2	0.0386	2	0.0447	1
贵溪	0.0351	6	0.0434	4	0.0237	9	0.0113	18	0.0109	13	0.0249	9
赣州	0.0267	11	-0.0022	21	0.019	13	0.027	11	0.0075	16	0.0156	16
瑞金	0.015	18	0.0351	5	0.0317	4	0.0255	13	0.0216	6	0.0258	7
吉安	0.0404	4	0.0291	9	0.0313	5	0.0542	1	0.0342	3	0.0378	2
井冈山	0.0554	2	0.0472	3	0.0413	2	0.0157	17	0.0062	20	0.0332	4
宜春	0.0182	17	0.0119	18	0.0217	10	0.0359	5	0.0123	9	0.0200	13
丰城	0.0186	16	0.009	19	0.005	20	0.0079	20	0.0064	19	0.0094	19
樟树	0.029	9	0.0184	15	0.0147	16	0.0182	15	0.0077	15	0.0176	14
高安	0.0291	8	0.0191	14	0.0157	15	-0.0007	21	0.0036	21	0.0134	18
抚州	0.0288	10	0.0319	7	0.0241	8	0.032	8	0.0310	4	0.0296	5
上饶	0.0043	20	0.0013	20	-0.0159	21	0.0257	12	0.0121	11	0.0055	20
德兴	-0.0003	21	0.0133	17	0.0136	18	-0.0107	22	-0.0028	22	0.0026	21

注:①本表根据江西城市绿色发展指数指标框架的绿色生产指数,依据各项指标2013~2017年数据测算得出。本表中的年份均指代当年期数据。

②本表中地区顺序是根据《中国城市统计年鉴》中江西城市行政区划先后顺序来排序,并不根据排名先后来排序。

③本表中绿色生产指数等于三个二级指标增长质量、资源节约、循环利用之和。

④基于原始数据小数点分布规律,本表采用了小数点后四位的处理方式来表示指数值,如果存在指数值完全一样的情况,根据其实际值大小排序。

⑤本表中设区市采用的是市辖区数据,表4-1中采用的整个设区市数据,两者名称相同,数据不同,本表中主要体现其城市发展水平。

⑥庐山只有2016年和2017年的数据。

资料来源:江西各设区市统计年鉴、《中国城市统计年鉴》《江西环境状况公报》《江西环境年报》《江西水资源公报》等。

庐山、南昌和井冈山，居于第 6~17 位的依次是抚州、景德镇、瑞金、共青城、贵溪、九江、萍乡、乐平、宜春、樟树、新余和赣州，居于第 18~21 位的依次是瑞昌、高安、丰城、上饶和德兴。根据绿色生产指数具体分布来看，平均值排在首位的鹰潭绿色生产指数优势较为明显。排在第 2~5 位的 2 个城市的绿色生产水平较高，整体差距不大。排在第 6~14 位的 9 个城市的绿色生产水平尚可。排在第 15~19 位的 5 个城市的绿色生产指数值偏低，生产水平有待提升。排在最后三位的丰城、上饶和德兴受逆向指标影响，绿色生产指数五年平均值与其他城市差距较大，亟待提升。

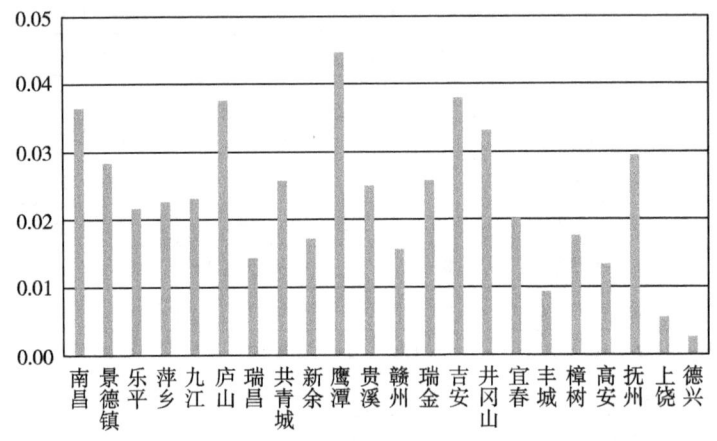

图 6-25　2013~2017 年江西城市绿色生产指数平均值

其次，根据图 6-26 分析，从五年来江西城市绿色生产实际增速来看，各城市累计增长程度也反映了城市的绿色生产水平实际情况。根据行政区划的排序进行详细分析。2013 年以来，南昌绿色生产指数值持续降低，排名大幅下降，2013~2015 年排名保持在前三，但 2016 年和 2017 年分别降至第 16 位和第 14 位。2013~2015 年以来，景德镇绿色生产指数排名基本持平，处于中等水平，2016 年和 2017 年分别上升至第 3 位和第 5 位。2013 年以来，乐平指数值持续降低，排名先下降后上升，整体处于中等水平。2013 年以来，萍乡指数值波动下降，整体排名也呈下降趋势，2017 年降至第 18 位。九江绿色生产指数值和排名相对稳定靠前。2013 年以来，瑞昌排名波动下降，指数值也下降颇多，而且整体排名一直比较靠后。2013~2015 年，共青城绿色生产排名靠前，但是之后降幅趋势明显，2016 年和 2017 年分别低降至第 14 位和第 17 位。2013 年以来，新余排名显著上升，指数值也持续增加，城市绿色生产潜力不断增强。2013年以来，鹰潭排名持续上升，指数值略有增加，整体绿色生产能力最强，连续四年保持在第1位和第2位水平。2013年以来，贵溪排名波动下降，指数值也略有降低，绿色生产能力还有待提升。2013年以来，赣州排名波动下降，2014年指数值甚至出现负数现象。2013年以来，瑞金排名波动上升，指数值不断增加，从第18位爬升至第6位。2013年以来，吉安排名一直处于前列，且呈波动上升趋势，发展潜力较好。2013~2015年，井冈山绿色生产一直保持着前3位的排名，但2016年之后突然下降，2017年排名降至第20位。2013年以来，宜春排名波动上升，指数值也有所增加，城市发展潜力还在不断加强。2013年以来，丰城排名持续下降，指数值也不断降低，排名接近末位，绿色生产能力亟待增强。2013年以来，樟树排名持续下降，指数值也持续减少，排名中间靠后。2013年以来，高安排名持续下降，指数值不断降低，排名同样出现在下游位置。2013年以来，抚州排名波动上升，整体绿色生产水平还处于前列。2013~2015年以来，上饶指数值一直处于较低水平，绿色生产能力排名末位，2016年和2017年排名分别大幅提升至第12位和第11位。2013~2015年以来，德兴排名略有上升，指数值持续增加，2016年之后又下降至第22位，绿色生产整体水平不够理想。

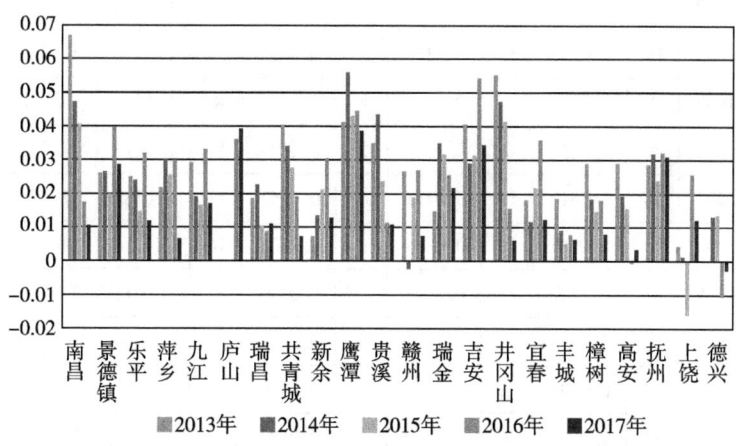

图6-26　2013~2017年江西城市绿色生产指数排名

四、江西城市绿色生活指数测算结果

根据江西城市绿色发展指数框架，本书进一步测算出2013~2017年江西城市的绿色生活指数水平实际情况，同时根据历年指数值大小绘制了柱状图，并进行详细分析。

绿色生活指数是对一个城市绿色发展过程中绿色居住、绿色出行、绿色消费的综合反映，是绿色发展指数的四个一级指标之一。根据确定的江西城市绿色生活指数测度标准，测算得出了2013~2017年江西城市绿色生活指数排名情况，如表6-17所示。

表6-17 2013~2017年江西城市绿色生活指数排名情况

地区	2013年		2014年		2015年		2016年		2017年		5年平均值	
	指数值	排名	指数值	排名	指数值	排名	指数值	排名	指数值	排名	指数值	排名
南昌	0.1154	1	0.0925	7	0.1021	4	0.0818	8	0.0867	5	0.0957	3
景德镇	0.0993	3	0.0876	10	0.0757	11	0.1093	2	0.0953	2	0.0934	5
乐平	0.0745	9	0.0662	14	0.0575	16	0.0730	13	0.0583	18	0.0659	14
萍乡	0.0691	14	0.0796	13	0.0748	12	0.0685	19	0.0697	14	0.0723	12
九江	0.0892	6	0.0940	5	0.0927	7	0.1086	3	0.0941	3	0.0957	2
庐山	—		—		—		0.0462	21	0.0451	21	—	
瑞昌	0.0433	20	0.0498	20	0.0602	15	0.0782	9	0.0618	15	0.0587	18
共青城	0.0445	19	0.0596	18	0.0318	20	0.0693	17	0.0770	9	0.0564	20
新余	0.1052	2	0.1122	1	0.0904	8	0.0931	4	0.1091	1	0.1020	1
鹰潭	0.0980	4	0.0880	9	0.1062	2	0.0723	14	0.0817	6	0.0892	7
贵溪	0.0521	18	0.0640	16	0.0491	19	0.0767	11	0.0585	17	0.0601	16
赣州	0.0730	13	0.0915	8	0.0887	9	0.0706	16	0.0750	10	0.0798	11
瑞金	0.0335	21	0.0407	21	0.0222	21	0.0350	22	0.0511	20	0.0365	21
吉安	0.0855	7	0.0836	11	0.1035	3	0.1202	1	0.0780	8	0.0942	4
井冈山	0.0570	17	0.0809	12	0.0568	17	0.0766	12	0.0252	22	0.0593	17
宜春	0.0730	12	0.0997	3	0.0960	5	0.0687	18	0.0742	11	0.0823	10
丰城	0.0744	10	0.0609	17	0.0620	14	0.0718	15	0.0604	16	0.0659	15
樟树	0.0667	15	0.0661	15	0.0655	13	0.0820	7	0.0741	12	0.0709	13
高安	0.0605	16	0.0586	19	0.0553	18	0.0630	20	0.0526	19	0.0580	19
抚州	0.0807	8	0.0934	6	0.0829	10	0.0874	6	0.0883	4	0.0865	9

第六章 2013～2017年江西绿色发展指数变化及原因分析——对比篇

续表

地区	2013年		2014年		2015年		2016年		2017年		5年平均值	
	指数值	排名	指数值	排名	指数值	排名	指数值	排名	指数值	排名	指数值	排名
上饶	0.0739	11	0.0984	4	0.0952	6	0.0886	5	0.0788	7	0.0870	8
德兴	0.0949	5	0.1016	2	0.1174	1	0.0777	10	0.0739	13	0.0931	6

注：①本表根据江西城市绿色发展指数指标框架的绿色生活指数，依据各项指标2013～2017年数据测算得出。本表中的年份均指代当年期数据。

②本表中地区顺序是根据《中国城市统计年鉴》中江西城市行政区划先后顺序来排序，并不根据排名先后来排序。

③本表中绿色生活指数等于三个二级指标绿色居住、绿色出行、绿色消费之和。

④基于原始数据小数点分布规律，本表采用了小数点后四位的处理方式来表示指数值，如果存在指数值完全一样的情况，根据其实际值大小排序。

⑤本表中设区市采用的是市辖区数据，表4-1中采用的整个设区市数据，两者名称相同，数据不同，本表中主要体现其城市发展水平。

⑥庐山只有2016年和2017年的数据。

资料来源：江西各设区市统计年鉴、《中国城市统计年鉴》《江西环境状况公报》《江西环境年报》《江西水资源公报》等。

首先，分析江西城市绿色生活指数均衡态势，为了方便进行比较，本书测算了2013～2017年江西城市绿色生活指数的平均值（见表6-17最后一列）。从图6-27可以看出，绿色生活指数平均得分排名前5位的城市依次是新余、九江、南昌、吉安和景德镇，居于第6～16位的依次是德兴、鹰潭、上饶、抚州、宜春、赣州、萍乡、樟树、乐平、丰城和贵溪，居于第17～21位的依次是井冈山、瑞昌、高安、共青城和瑞金。根据绿色生活指数具体分布来看，平均值排在首位的新余城市绿色生活水平都较高，互相之间差距也较小。紧随其后的鹰潭到樟树7个城市绿色生活水平也不错，相较前者差距也不明显。排在第14～19位的6个城市绿色生活水平偏低，整体绿色生活质量还有待提升。排在末位的共青城和瑞金两个城市绿色生活水平亟待改善。

其次，根据图6-28分析，从五年来江西城市绿色生活实际增速看，各城市累计增长程度也反映了城市的绿色生活水平实际情况。根据行政区划的排序进行详细分析。2013年以来，南昌排名波动下降，指数值略有下降，整体绿色生活水平还处于上游。2013～2015年以来，景德镇排名下降明显，指数值则是持续降低，从第3位下将至第11位，绿色生活问题逐渐突出；2016年和2017年排名均稳居第2位。2013年以来，乐平排名持续下降，指数值水平下降较多，排名降至中下游水平。2013～2015年，萍乡排名持续上升，指数值略有增加，2016年排名下降，虽然排名不高，但是增长潜力不错。2013年以来，九江排名波动

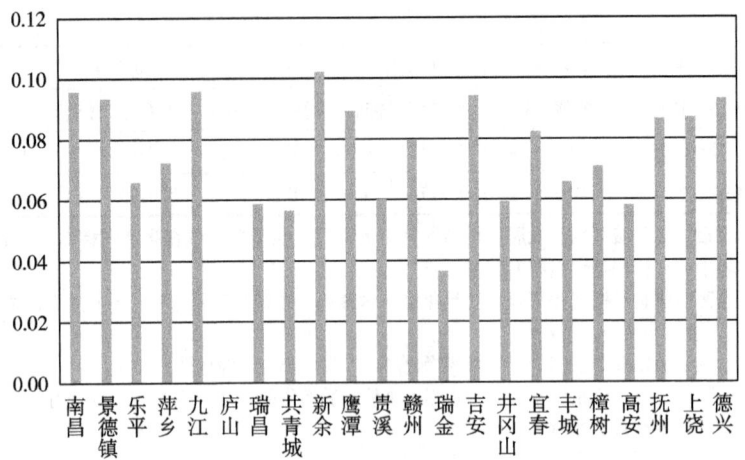

图 6-27 2013~2017 年江西城市绿色生活指数平均值

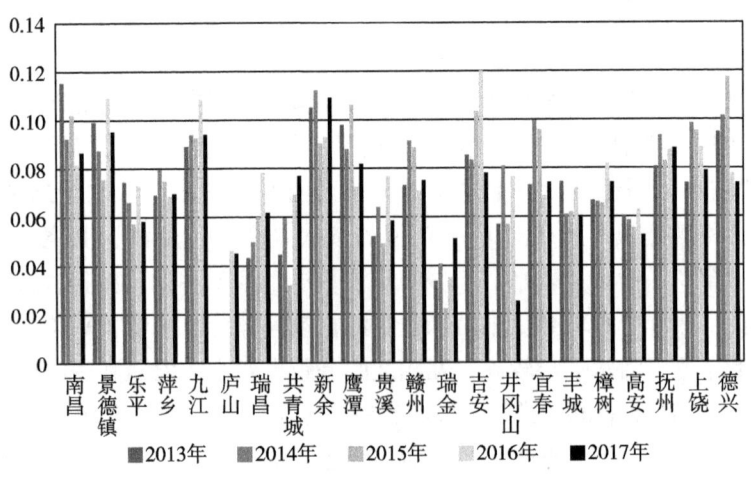

图 6-28 2013~2017 年江西城市绿色生活指数排名

上升,指数值略有上升,排名处于前列,绿色生活水平保持不错。2013 年以来,瑞昌排名略有上升,指数值持续上升,虽然排名靠后,但是发展速度尚可。2013 年以来,共青城排名上升,指数值略有升高,排名中等,水平有待提升。2013~2016 年以来,新余排名下降明显,从 2013 年的第 1 位下降至 2015 年的第 8 位,但 2017 年又迅速上升至第 1 位,城市绿色生活水平指数较高。2013 年以来,鹰潭排名波动上升,2014 年指数值下降过多,2015 年逆势攀升至第 2 位,2016 年又下降至第 14 位,2017 年略有上升,发展异常波动。2013 年以来,贵溪排名基本不变，指数值略有增加，整体水平还较低。2013年以来，赣州排名略有上升，指数值有所增加，水平持续提升。2013年以来，瑞金排名略有下降，指数值有所上升，但是实际值较低，排名始终垫底。2013~2016年以来，吉安排名波动上升，指数值增加明显，2016年上升至第1位，随后2017年下降至第8位。2013年以来，井冈山排名略有下降，指数值有所下降，指数值较低，水平处于下游。2013~2015年以来，宜春排名上升明显，指数值持续增加，2016年后排名下降，绿色生活水平位于中游。2013年以来，丰城排名波动下降，指数值持续下降，城市绿色生活水平排名靠后。2013年以来，樟树排名略有下降，指数值略有下降，城市绿色生活水平也有待提升。2013年以来，高安排名波动下降，指数值持续下降，排名靠后，亟须改善城市绿色生活水平。2013年以来，抚州排名波动上升，指数值略有上升，整体排名位于前5。2013年以来，上饶排名波动上升，指数值略有增加，整体排名位于中上游。2013年以来，德兴排名上升明显，指数持续上升，从第5位爬升至第1位，然而2017年下降至第13位。

五、江西城市绿色政策指数测算结果

根据江西城市绿色发展指数框架，本书进一步测算出2013~2017年江西城市的绿色政策指数水平实际情况，同时根据历年指数值大小绘制了柱状图，并进行详细分析。

绿色政策指数是对一个城市绿色发展过程中绿色投资和环境治理的综合反映，是绿色发展指数的四个一级指标之一。根据确定的江西城市绿色政策指数测度标准，测算得出了2013~2017年江西城市绿色政策指数排名情况，如表6-18所示。

表6-18 2013~2017年江西城市绿色政策指数排名情况

地区	2013年		2014年		2015年		2016年		2017年		5年平均值	
	指数值	排名	指数值	排名	指数值	排名	指数值	排名	指数值	排名	指数值	排名
南昌	0.097	11	0.0919	7	0.0967	14	0.0821	7	0.0821	7	0.0929	9
景德镇	0.0846	17	0.0844	10	0.0898	18	0.0751	12	0.0751	12	0.0837	17
乐平	0.0693	21	0.094	6	0.1246	4	0.0951	2	0.0951	2	0.0905	11
萍乡	0.1089	5	0.0836	13	0.0943	15	0.0754	11	0.0754	11	0.0942	8
九江	0.0986	9	0.0777	14	0.0936	16	0.0682	17	0.0682	17	0.0873	15

续表

地区	2013年 指数值	排名	2014年 指数值	排名	2015年 指数值	排名	2016年 指数值	排名	2017年 指数值	排名	5年平均值 指数值	排名
庐山	—	—	—	—	0.083	21	0.0702	15	0.0702	15	—	—
瑞昌	0.0823	19	0.0588	21	0.1068	10	0.0666	19	0.0666	19	0.0794	21
共青城	0.0979	10	0.0664	16	0.1409	2	0.0929	3	0.0929	3	0.0992	5
新余	0.0928	13	0.0883	9	0.1055	12	0.0690	16	0.0690	16	0.0897	12
鹰潭	0.1624	1	0.1296	1	0.1438	1	0.0991	1	0.0991	1	0.1395	1
贵溪	0.1519	2	0.1121	2	0.0925	17	0.0668	18	0.0668	18	0.1150	2
赣州	0.0799	20	0.0971	5	0.0994	13	0.0863	5	0.0863	5	0.0885	13
瑞金	0.0842	18	0.0997	4	0.1079	8	0.0828	6	0.0828	6	0.0918	10
吉安	0.1111	4	0.0842	11	0.1058	11	0.0632	20	0.0632	20	0.0951	6
井冈山	0.0852	16	0.0608	19	0.1254	3	0.0819	8	0.0819	8	0.0877	14
宜春	0.1081	5	0.1052	3	0.107	9	0.0713	13	0.0713	13	0.0999	4
丰城	0.0916	14	0.0675	15	0.0749	22	0.0713	14	0.0713	14	0.0794	20
樟树	0.1031	8	0.062	18	0.1156	6	0.0896	4	0.0896	4	0.0947	7
高安	0.087	15	0.0597	20	0.1116	7	0.0807	10	0.0807	10	0.0852	16
抚州	0.1374	3	0.0914	8	0.1217	5	0.0809	9	0.0809	9	0.1138	3
上饶	0.0961	12	0.0841	12	0.0882	19	0.0433	22	0.0433	22	0.0816	19
德兴	0.1055	7	0.0654	17	0.0845	20	0.0566	21	0.0566	21	0.0835	18

注：①本表根据江西城市绿色发展指数指标框架的绿色政策指数，依据各项指标2013～2017年数据测算得出。本表中的年份均指代当年期数据。

②本表中地区顺序是根据《中国城市统计年鉴》中江西城市行政区划先后顺序来排序，并不根据排名先后来排序。

③本表中绿色政策指数等于两个二级指标绿色投资和环境治理之和。

④基于原始数据小数点分布规律，本表采用了小数点后四位的处理方式来表示指数值，如果存在指数值完全一样的情况，根据其实际值大小排序。

⑤本表中设区市采用的是市辖区数据，表4-1中采用的整个设区市数据，两者名称相同，数据不同，本表中主要体现其城市发展水平。

⑥庐山只有2016年和2017年的数据。

资料来源：江西各设区市统计年鉴、《中国城市统计年鉴》《江西环境状况公报》《江西环境年报》《江西水资源公报》等。

首先，分析江西城市绿色政策指数均衡态势，为了方便进行比较，本书测算了2013～2017年江西城市绿色政策指数的平均值（见表6-18最后一列）。从图6-29可以看出，绿色政策指数平均得分排名前5位的城市依次是鹰潭、贵溪、抚州、宜春和共青城，居于第6～16位的依次是吉安、樟树、萍乡、南昌、瑞金、乐平、新余、赣州、井冈山、九江和高安,居于第17~21位的依次是景德镇、德兴、上饶、丰城和瑞昌。根据绿色政策指数具体分布来看,平均值排在首位的鹰潭绿色政策执行情况最好。排名第2~8位的7个城市的绿色政策指数较高,执行情况较好。从南昌到高安的8个城市绿色政策指数略低,但是整体差距并不明显。排在末5位的城市绿色政策指数较低,执行情况有待改善。

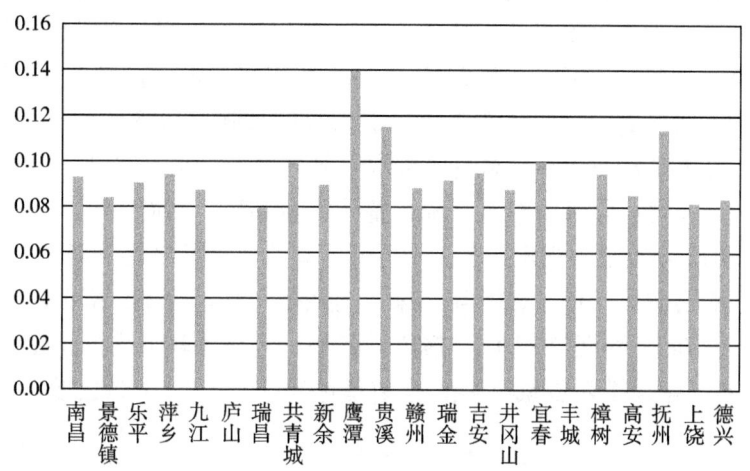

图6-29　2013~2017年江西城市绿色政策指数平均值

其次,根据图6-30分析,从五年来江西城市绿色政策实际增速来看,各城市累计增长程度也反映了城市的绿色政策水平实际情况。根据行政区划的排序进行详细分析。2013~2015年以来,南昌排名上升明显,指数值不断增加,城市绿色政策执行情况良好;然而2016年排名下降至第14位,2017年上升至第7位。2013年以来,景德镇排名波动下降,指数值持续下降,城市绿色政策水平位于下游位置。2013年以来,乐平排名上升明显,2013年排名末位,2017年攀升至第2位,政策执行能力很强。2013年以来,萍乡排名波动下降,指数值略有下降,整体政策执行水平处于中游。2013年以来,九江排名下降明显,指数值也急剧下降,整体水平有待提高。2013年以来,瑞昌排名基本不变,排名靠后,指数值持续降低,整体水平亟待改善。2013年以来,共青城排名波动上升,指数值略有增加,绿色政策执行能力较强,2017年排至第3位。2013年以来,新余排名持续下降,指数值也明显下降,整体水平处于中下游位置。2013年以来,鹰潭排名一直不变,稳居第一,指数值略有增长,绿色政策发展情况很好。2013

年以来，贵溪排名持续下降，2013~2015年均稳居第2位，2016年后急剧下降，2017年排名第18位，指数值明显下降，绿色政策执行能力存在较大问题。2013年以来，赣州排名持续上升，指数值持续增加，绿色政策执行能力增长迅速。2013年以来，瑞金排名波动上升，指数值持续增加，从第18位攀升至第6位。2013年以来，吉安排名下降明显，指数值持续下降，从第4位下降至第20位，绿色政策执行能力还存在较大问题。2013年以来，井冈山排名波动上升，指数值略有降低，绿色政策水平排位中游。2013年以来，宜春排名持续下降，指数值略有下降，从第6位下降至第13位。2013年以来，丰城排名基本不变，指数值略有降低，排名靠后，绿色政策执行能力有待加强。2013年以来，樟树排名波动上升，指数值略有下降，绿色政策水平排名中上水平。2013~2015年以来，高安排名持续下降，指数值略有下降，整体排名靠后，然而2017年排名上升至第10位。2013年以来，抚州排名波动下降，指数值也是略有下降，绿色政策水平处于中上游位置。2013~2015年以来，上饶排名基本持平，指数值略有增加，然而2017年排名下降至第22位，整体排名靠后，绿色政策执行能力有待加强。2013年以来，德兴排名波动下降，指数值略有下降，整体绿色政策指数水平靠后。

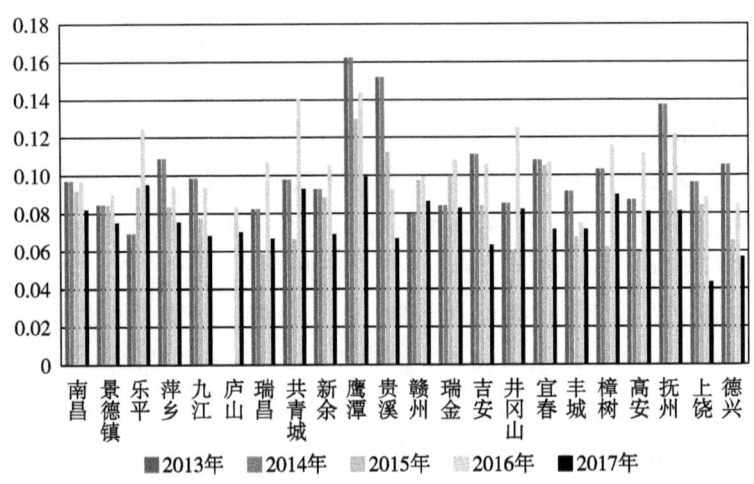

图6-30 2013~2017年江西城市绿色政策指数排名

第七章　江西绿色发展对策建议——建议篇

近年来，江西在生态文明试验区建设过程中注重制度建设，在新旧动能机制转换、自然资源产权改革、能源总量与强度双控、企业环境信用评价、绿色信贷与绿色产业基金等方面积极探索，初见成效。2017年，服务业增加值占GDP比重超过工业，高新技术产业增加值占规模以上工业增加值比重达30.9%，高新技术企业突破2000家，赣江新区国家绿色金融改革创新试验区、"双创"示范基地成功获批并启动实施，全省单位生产总值能耗、水耗持续下降。但也要清醒地看到，发展不足是江西基本省情，随着资源约束趋紧，环境容量压力加大，江西绿色崛起过程还存在着生态产品供给能力不足、生态保护和环境治理产业发展滞后、知名绿色品牌和产品数量不多、生态服务技术支撑力不足、生态产品价值核算机制不全、生态投入统计口径没有明确、单项改革多、系统完善的制度体系偏少，缺乏推得出、过得硬、叫得响、实实在在提升群众获得感的生态产品价值实现制度和政策体系。鉴于此，江西必须清醒地认识到这一现实，把握住江西基本省情，坚持发展作为第一要务，贯彻新的发展理念，特别是坚持绿色发展，结合我国经济发展的现实条件，特别是有利于江西发展的经济新常态特征，充分利用"一带一路"倡议、长江经济带和长江中游城市群和赣江新区等国家战略，抓住战略机遇期，把握江西区位优势，提升在全国发展格局中的地位。江西自然资源丰富，具有明显后发优势，坚持绿色发展将成为江西经济发展的战略性选择和内在要求。本书针对江西绿色发展的实际和存在的问题提出相应对策建议。

第一节 江西绿色发展对策建议

一、江西绿色发展的历程

江西绿色资源丰富，生态环境良好。习近平总书记2016年视察江西时强调"绿色生态是江西最大财富、最大优势、最大品牌"。江西也始终坚持着绿色发展路径，从1983年开始的"山江湖工程"，到2003年"既要金山银山，更要绿水青山"生态立省战略，到2009年鄱阳湖生态经济区规划落地实施，再到2014年全境列入国家生态文明先行示范区、2016年成为首批国家生态文明试验区，江西30多年奋斗不止，传承并逐步丰富绿色发展理念，延续并不断创新绿色发展实践。

（一）绿色理念不断强化

2012年11月，党的十八大提出：必须树立尊重自然、顺应自然、保护自然的生态文明理念，把生态文明建设放在突出地位，融入经济建设、政治建设、文化建设、社会建设各方面和全过程，努力建设美丽中国，实现中华民族永续发展。2015年10月，党的十八届五中全会首次明确提出绿色发展理念，对绿色发展的发展规律、发展道路、发展方向和长远目标进行了全面阐释，强调要坚持绿色富国、绿色惠民，推动形成绿色发展方式和生活方式，标志着我国经济社会发展进入全面绿色化的新阶段，彰显了党坚定不移走绿色发展道路的信心和决心。2016年3月，我国"十三五"规划纲要发布，将绿色发展、生态文明建设列为"十三五"规划期间的重要内容，节约资源和保护环境成为基本国策，绿色发展理念已成为国家层面的战略导向。2017年10月，国务院办公厅印发实施《国家生态文明试验区（江西）实施方案》，将江西列为国家生态文明试验区，提出要培育绿色发展新动能，开辟绿色富省、绿色惠民新路径，构建生态文明领域治理体系和治理能力现代化新格局，努力打造美丽中国"江西样板"，国家的绿色发展理念逐渐转变为实际行动。绿色发展对推进经济社会可持续发展具有重要指导意义，是破解资源环境约束的客观需要，是促进人与自然和谐共生的内在要求，是全面建成小康社会的重要举措。

（二）江西绿色发展战略不断完善

面对资源约束趋紧、生态环境恶化、经济发展任务艰巨的严峻形势，江西省委省政府认真贯彻党的十八大生态文明建设精神,结合江西发展的具体实际,2013年在省委十三届七次全体会议上提出了"发展升级、小康提速、绿色崛起、实干兴赣"的战略方针,把"绿色崛起"确定为江西社会经济发展的重大战略。2016年初,习近平总书记视察江西时指出,江西生态秀美、名胜甚多,绿色生态是江西最大财富、最大优势、最大品牌,一定要保护好,做好治山理水、显山露水的文章,走出一条经济发展和生态文明水平提高相辅相成、相得益彰的路子。在习近平总书记的绿色发展理念指导下,2016年11月江西省第十四次党代会报告提出,要充分发挥绿色生态这个最大优势,打造美丽中国"江西样板",加快绿色崛起。2018年7月,江西省委十四届六次全体(扩大)会议鲜明提出"创新引领、改革攻坚、开放提升、绿色崛起、担当实干、兴赣富民"工作方针,加快建设富裕美丽幸福现代化江西。因而,在国家提倡绿色发展转型与江西社会经济发展中资源环境约束瓶颈不断凸显阶段,如何实现绿色发展,已成为江西当前社会经济发展亟待破解的重要议题。

(三) 江西绿色发展的现实路径

绿色发展在江西社会经济发展中具有良好的历史基础与后发优势。20世纪80年代起,江西绿色发展经历了"山江湖"工程、"既要金山银山,更要绿水青山"生态立省战略、鄱阳湖生态经济区建设、国家生态文明先行示范区建设、国家生态文明试验区建设等路径演进,有力促进了生态建设与经济发展共进双赢,展现了走具有江西特色的绿色发展新路的强大生命力。其中,"山江湖"工程把"山水田林湖"作为一个大生态系统进行生态保护,先后打响了"灭荒"造林、"山上再造"和"跨世纪绿色工程"三大全省性战役,开创了我国大河流域生态经济建设、实施"环境与发展"协调战略的先河,从源头上扭转了生态环境恶化的趋势,成为全球可持续发展的典范生态工程。"既要金山银山,更要绿水青山"生态立省战略继续实施"山江湖"工程,把治山、治江、治湖有机结合起来,做到保护优先、合理开发、综合治理,促进人水和谐、人地和谐,推行有利于资源节约和环境保护的生产模式、消费模式和城乡建设模式,发展循环经济,建设资源节约型、环境友好型的绿色生态江西。鄱阳湖生态经济区建设既是"山江湖工程的继续和扩展",也是江西绿色崛起的良好开局,全省上下紧抓龙头,开拓进取,以鄱阳湖为核心,以鄱阳湖城市圈为依托,全力推进鄱阳湖生态经济区建设,把鄱阳湖生态经济区建设成为世界性生态文明与经济社会发展协调统一、人与自然和谐相处的生态经济示范区和中国低碳经济发展先行区,取得显著成效。在江西建设国家生态文明先行示范区,贵在先行,重在示范,打造美丽中国的"江西样板",只有先行先试、探索前行、全力以赴,才能攀上生态文明建设的最高峰。在江西建设国家生态文明试验区有利于发挥江西生态优势,使绿水青山产生巨大生态效益、经济效益、社会效益,探索江西绿色崛起新路径;有利于保护鄱阳湖流域作为独立自然生态系统的完整性,构建山水林田湖生命共同体,探索大湖流域保护与开发新模式;有利于把生态价值实现与精准脱贫有机结合起来,实现生态保护与生态扶贫双赢,推动生态文明共建共享,探索形成人与自然和谐发展新格局。

二、江西绿色发展的特征

江西非常重视生态环境保护和生态文明建设,深入贯彻"绿水青山就是金山银山"的发展理念。从"山江湖"工程、生态立省战略、鄱阳湖生态经济区建设、国家生态文明先行示范区建设到国家生态文明试验区建设,始终坚持绿色发展的路径,并取得了一系列成就。总体来看,江西绿色发展的特征主要表现在以下几个方面。

(1) 绿色发展水平持续上升。根据 2013~2017 年中部六省绿色发展指数排名情况可以看出,江西绿色发展水平从 2013 年的 0.1529 上升到 2017 年的 0.2554,增长率达到了 67.04%,江西绿色发展指数水平有明显提高。这表明江西绿色发展水平提升空间较大,而且国家和省级政府不断推进绿色发展的相关政策和理念,将有助于江西绿色发展水平的提升。

(2) 绿色发展的区域间差距在缩小。首先,省际间差异十分明显,本书采用中部六省进行比较分析,可以看出,自 2013 年以来江西绿色发展指数水平一直持续上升,排名从 2013 年的第 2 位上升至 2015~2017 年连续三年第 1 位。相较于排在末位的河南,江西 2013 年指数值是河南的 3 倍左右;2017 年相对差距在缩小,江西指数值水平是河南的 1.78 倍。这表明中部六省的绿色发展水平差异仍然十分明显,江西绿色发展水平在中部六省还具有明显的优势。其次,江西设区市内部差异显著,尽管江西绿色发展水平上升明显,但就其内部发展情况而言,并非都是处于上升阶段,大部分设区市绿色发展指数值波动较为频繁。其中南昌的绿色发展指数值在 2013~2017 年呈现下降趋势;景德镇、萍乡、九江、新余、鹰潭五个设区市在 2013~2017 年呈现不同程度"下降—上升—下降"的趋势;赣州和抚州 2 个设区市的绿色发展指数值在 2013~2016 年呈现持续上升趋势;而吉安波动变化明显。就实际指数值来看,2013 年排在首位的吉安指数值是排在末位萍乡的 3 倍多,2017 年排在首位的是抚州,是排在末位萍乡的

2.73 倍，江西设区市内部差异虽然有所减小，但实际指数水平仍然存在较大差距。最后，就江西城市内部差距而言，江西城市内部差异显著，尽管江西绿色发展水平上升明显，但就其内部发展情况而言，并非都是处于上升阶段，大部分城市的绿色发展指数值是波动变化的。整体来说，乐平、萍乡、九江、瑞昌、共青城、新余、赣州、丰城 8 个城市的绿色发展指数值在 2013~2017 年总体呈波动上升趋势，而南昌、景德镇、庐山、鹰潭、贵溪、瑞金、吉安、井冈山、宜春、樟树、高安、抚州、上饶及德兴 14 个城市的绿色发展指数值在 2013~2017 年呈波动下降趋势。就实际指数值来看，2013 年排在首位的井冈山指数值是排在末位新余的 6 倍多，2017 年排在首位的是抚州，相较于排在末位的宜春差距小于 3 倍，江西城市内部差异稍有减小，但是实际指数水平仍然存在较大差距。

（3）绿色生产指数水平与绿色发展水平不匹配。江西绿色发展水平整体呈现明显上升趋势，且在中部六省排名靠前，主要归因于江西绿色环境指数值和绿色生活指数值排名非常靠前，但受全国经济下行以及江西经济发展水平较低的影响，自 2013~2016 年江西绿色生产指数水平一直处于第五位，然而 2017 年该项指数排名在中部地区垫底。总体而言，江西绿色生产能力与绿色发展水平不相匹配，应当引起当地政府的重视，推动经济绿色化和优化产业结构。

（4）绿色政策执行能力对绿色发展水平的提高产生显著正向影响。绿色政策执行能力的加强有利于促进当地绿色发展水平的提高，但是根据 2013~2017 年江西绿色政策指数水平可以看出，江西绿色政策指数值排名呈持续下降趋势，2013 年排名第四，2014 年排名第五，而 2015 年和 2016 年均排名垫底，在 2017 年排名跃居中部地区首位，而且实际指数值仅在 2014 年略有增加，2015 年和 2016 年均较大幅度减小，2017 年江西绿色政策指数增长幅度明显，排名突出。由此可知，江西绿色政策的实际执行能力明显改善，进一步促进了江西绿色发展水平的提高，使得排名第二的湖北跟首位的江西在绿色发展水平上呈现一定的差距。

（5）与全国相比，江西绿色发展水平还较为落后。虽然根据中部六省的绿色发展水平比较，江西排名靠前，但是相较于全国而言，江西绿色发展水平并不突出。北京师范大学、西南财经大学和国家统计局自 2010 年起，联合发布中国绿色发展指数报告。其中指出 2013~2016 年江西绿色发展水平排名依次为第 19 位、第 17 位、第 21 位、第 15 位。就全国而言，江西绿色发展水平并不高，而且波动频繁，仅在 2016 年有较大幅度提高。

三、江西绿色发展的障碍

（1）行动滞后于理念。江西绿色发展理念不能及时得到贯彻执行，据上述分析可知，江西绿色发展水平在中部六省中是最高的，但绿色生产指数值却排名靠后，说明江西绿色发展的行动力跟不上理念逐渐完善的步伐，绿色政策执行效果较差，而且尚未出台在各行各业的具体绿色发展实施细则，各项绿色发展实际工作尚未落地。而且，江西尚未明确自身定位，尽管已提出各项绿色发展指导意见，但是实际上尚未形成一以贯之的绿色发展理念。

（2）环境容量压力持续加大。虽然经过测算，2017年江西绿色发展指数值较高，即绿色发展水平较高，但绿色生产指数排名中部六省倒数第一，实际污染排放量还处于较高水平，且仍呈上升趋势。目前，江西只是存在一定的绿色环境优势，还需继续出台有效的生态保护政策，并促进政策的落实以及加强现阶段污染性企业以及其他污染源的防治工作。

（3）产业机构不合理，绿色产业比重不高。绿色产业比重过低，则污染性产业比重过高，将对生态环境造成破坏，不利于环境保护以及绿色生产指数值的提高，恶劣的生态环境将直接危害人体健康，即绿色生产能力不足直接影响绿色生活方式。而且现阶段江西绿色产业发展的分布过度分散，其中"三品一标"即无公害农产品、绿色食品、有机农产品和农产品地理标志工作普及程度不高。

（4）生态补偿机制不完善，生态机制缺乏创新性。目前，江西已经在全国率先实行全境流域生态补偿，全面实施"河长制"。但实际生态补偿机制的细则还需不断完善，补偿机制能否得到具体落实还不确定，而且缺乏相配套的数据采集、监测体系。需要指出的是，"河长制"只是监督机制的一个方面，仅有"河长制"并不能切实有效监督政府和企业的绿色发展转型升级，需要全社会共同监督。生态机制缺乏创新性，还应该积极探索新型生态政策，推动体制机制创新，例如，编制自然资源资产负债表。

（5）江西处于工业化中期阶段，环境与经济发展倒U曲线仍处于上升阶段，绿色发展底气不足，环保财政支出能力不强。虽然目前江西绿色发展指数逐年上升，绿色发展水平较高，但江西绿色生产指数值为负值，说明随着生产技术的发展，生产能力的提高，江西环境污染问题愈加严重。而且江西属于经济发展中地区，仍处在环境库兹涅茨曲线的左端，提高经济发展水平，也必将在一定程度上带来更大的环境污染压力。

综上所述，江西绿色政策执行能力不足，财政支持环保能力不强，经济发展和工业化压力大，较差的绿色环境执行能力，将会严重阻碍江西绿色发展的步伐。

四、江西绿色发展的对策建议

绿色是江西经济发展的内涵，绿色生态是江西最大财富、最大优势、最大品牌。坚持绿色发展是江西最大的优势，要以习近平生态文明思想为指导，坚持"绿水青山就是金山银山"的绿色发展理念不动摇，进一步推动江西生态文明建设，强化国家生态文明试验区的样板示范作用，积极探索绿色发展新模式，打造美丽中国"江西样板"。

（1）推动绿色环境保护事业，解决突出环境问题。一是启动三年行动计划改善空气质量，二是推动《水十条》和消除劣V类水攻坚战提升水环境质量，三是摸清土壤环境现状防范重金属污染风险，四是紧盯突出环境问题抓好环保督查问题整改。推动长江经济带大保护，发挥环评引领作用，推动绿色发展，按照打造长江经济带"最美岸线"的要求提高环境准入门槛，长江干流及主要支流1公里内不再新布局化工、造纸、冶炼等重污染项目。加强长江经济带生态保护硬性约束，制定落实生态保护红线、环境质量底线、资源利用上线和环境准入负面清单。加强生态保护修复。严守江西生态保护红线，开展生态红线勘界立标试点，制定出台江西关于划定并严守生态保护红线实施意见，深入实施"绿盾"自然保护区监督检查行动。积极推荐申报国家山水林田湖草修复试点，指导、帮助和推荐相关县区参评国家级生态文明示范县和"绿水青山就是金山银山"实践创新基地，评选省级"绿水青山就是金山银山"实践创新基地。健全生态补偿机制。加快建立流域上下横向生态保护补偿机制，由省环保厅会同财政厅尽快推进与湖北、安徽两省签订长江流域横向生态补偿协议。推进江西各县（市、区）之间签订横向生态补偿协议。加大环境执法力度，一是继续配合国家开展专项执法行动，二是持续抓好长江经济带"共抓大保护"综合执法行动，三是坚持正确的执法导向。加快建立绿色发展统计监测考核认证制度，由环保部门牵头，解决节能环保产业归类不明确、口径不统一问题，开发建设节能环保产业统计报表制度、节能环保产业统计报表系统。年主营业务收入在500万元以上的单位全部统计，年主营业务收入在500万元以下的单位由各市确定名单重点统计。按照属地管理原则，各单位进行网上填报，县、市、区、节能主管部门逐级审核汇总上报，省节能办对上报数据进行汇总分析，重点监测掌握全省节能环保产业的产值、营业收入、利税、利润和重点产品的产量等信息。

（2）强化绿色产业转型升级，加快培育绿色发展新动能。进一步推动绿色发展的深化，需要解决江西所面临的绿色生产能力与实际绿色发展水平不相匹配的问题。树立绿色发展观，深入践行"绿水青山就是金山银山"理念。着力培育发展新动能，全面实施数字经济战略，推动互联网、物联网、大数据等与实体经济深度融合，积极培育航空制造、电子信息、生物医药、环保等新兴产业。大力实施乡村振兴战略，制定城乡融合发展政策体系，以"九大工程"推进农业结构调整。打造长江经济带绿色发展示范区，支持九江创建区域性航运中心，推进"百里风光带、万亿产业带"建设。组建省级环保产业集团。以国有资本的示范效应，带动全省节能环保产业发展，省环保厅负责行业规范管理和业务指导，并承担对政府重大生态保护和污染防治项目的事后环境效益的评估。实施传统产业优化升级工程，聚焦有色、石化、钢铁、建材、纺织、食品、家具、船舶八大产业，实施技术改造、服务型制造、产业链拓展、质量品牌培育行动，提升价值链，推动传统产业高端化。实施乡村振兴战略，制定一二三产融合发展政策体系，以"九大工程"推进农业结构调整，深入推进林业供给侧结构性改革，积极发展生态富民产业，打造"百里风光园、万亿产业带"长江经济带绿色发展示范区。加快建立源头预防、过程严控、后果严惩的绿色生产制度。倡导使用无公害、养护型的新能源、新资源，不使用对环境有害的原材料，从源头上解决环境污染与资源开发利用问题，对生产主体的行为进行全过程监管，消除和减少废、污物的产生与排放，促进产品在生产和消费过程中与环境更相容，减少或者消除生产过程对人类与环境的危害，建立动态的环境监测和评估体系，严格控制污染排放，末端治理，依法严惩污染企业和单位，并定期通报。严格实施工业用能总量和强度监管，建立健全工业用能增量预警调控机制。调整确定重点用能企业名单，强化目标责任制，完善考核监管办法。对高耗能、高污染行业制定更为严格的节能环保准入标准，制定完善高耗能工业产品能耗限额强制性省级标准。严格实施负面清单管理，明确向社会、企业、相关媒体公布鼓励、限制和淘汰类的技术、工艺、设备、材料和产品名录。探索绿色生态农业推进机制。加快推进农业供给侧结构性改革，发展现代农业，统筹支农资金，建立以绿色生态为导向的农业补贴制度。实施绿色生态农业相关行动，推进农产品绿色化、品牌化生产，加快农产品标准化及可追溯体系建设，打造绿色有机农产品示范基地、农业可持续发展试验示范区。编制养殖水域滩涂规划，全面实行养殖证制度，规范发展渔业养殖。探索新兴产业发展推进机制。以科技创新引领产业升级，实施好江西创新驱动相关工程和重点创新产业升级工程，打造一批节能环保产业创新平台和载体。建立健全生态文明建设标准体系，加快绿色生态技术标准创新基地建设，建立标准化与科技创新协同推进机制，加快科技成果转化落地。探索服务业发展引导机制。大力发展低消耗、低污染的现代服务业，推动服务主体绿色化、服务过程清洁化。推广生态旅游标准体系，建设生态旅游示范区，做大做优做强江西生态旅游产业。推广生态+大健康产业模式，在南昌、宜春等地开展大健康产业发展试点。以商贸服务、交通运输等领域为重点，开展服务业清洁生产试点示范。加快建立绿色产品标准认证制度，把分散在农业、林业、发改、工信、环保、住建等部门的各项节能环保产品标准认证体系打通，形成统一规范、可溯源可调整的产业绿色发展认证制度。继续抓好能效标识管理，落实好节能低碳环保产品认证及绿色建筑、绿色建材标识和认证制度，推行能源管理体系认证，积极开展绿色商场、绿色宾馆、绿色饭店、绿色景区等绿色服务第三方认证评价，依法查处节能低碳环保标识虚标企业。开展能效、水效、环保领跑者引领行动。

（3）推广绿色生活方式转变，倡导生态文明行为新风尚。深入开展保护生态、爱护环境、节约资源的宣传教育和知识普及活动，增强全社会践行生态文明的凝聚力。全面推行生态文明教育，将生态文化知识和生态意识教育纳入国民教育、继续教育、干部培训和企业培训计划，创建一批省级中小学"绿色学校"和市级以上生态文明教育基地。大力开展生态文明建设进学校、进社区、进家庭、进机关、进农村、进公共场所"六进"活动，实施低碳节能绿色流通行动计划，促进资源循环利用。推进政府低碳采购，推行无纸化和低碳节能办公。积极实施绿色生活引导工程，鼓励群众购买绿色消费品，大力促进绿色住宅、新能源汽车购买，坚决抵制奢侈消费、不合理消费，抵制高耗能产品和过度包装商品，形成绿色低碳、勤俭节约的生活方式。大力倡导生态安葬、绿色祭扫活动。积极推行绿色出行"135"计划，倡导公众1公里步行、3公里骑自行车、5公里乘坐公交车。加快公交网络建设向农村延伸，推进全县城乡公交一体化工程，发展低碳公交、惠民公交，实现2020年完成公交由国道向省县道延伸拓展。组织好世界水日、地球日、节能宣传周、低碳日、环境日、文化遗产日等活动，开展群众喜闻乐见的宣传教育，逐步提高公众生态道德素养。传承发展生态文化，充分挖掘、保护和弘扬优秀传统生态文化，推进生态文化创新，积极开发体现自然山水、生态资源特色和倡导生态文明、普及生态知识的图书、音像等文化产品。推进基本公共文化服务标准化、均等化，充分利用三馆一台、活动中心、休闲广场、文化公园及其他文化科技场馆等传播生态文化。

（4）完善绿色发展的政策体系，提高绿色政策执行力。加快培育绿色发展主体，采取鼓励发展节能环保产业的体制机制和政策措施。废止妨碍公平竞争的规定和做法，鼓励各类投资进入环保市场。能由政府和社会资本合作开展的环境治理和生态保护事务，都可以吸引社会资本参与建设和运营。通过政府购买服务等方式，加大对环境污染第三方治理的支持力度。加快推进污水垃圾处理设施运营管理单位向独立核算、自主经营的企业转变。鼓励企业建立主导型投资机制，以企业和个人为投资主体，以市场自我调节为基础，进行生态＋企业更新改造与优质生态产品生产资金投资，企业自身承担投资风险。大力倡导政企合作型投资，政府部门与企业进行合作，政府部门委托企业或其他社会组织进行生态保护、修复与建设，加强优质生态产品供给，政府部门与企业和其他非营利组织之间共同承担投资风险、共享利益。政府部门与企业都能够发挥各自的优势，充分调动政府和市场的积极性，政府部门节约公共支出费用，企业可以大大降低投资风险，降低绿色产业生产成本与提升优质生态产品的供给效率。

加快建立促进绿色发展的价格机制。对战略性新兴产业实行差别化收费，进一步降低企业成本，减轻企业负担，推动产业结构优化。发挥价格在化解过剩产能中的积极作用，落实好对"两高一剩"行业的差别电价政策，形成鼓励先进、淘汰落后的价格机制。加大对生态农业发展的价格扶持力度，对利用生态技术开展种养殖项目的生产基地，运用价格调节基金帮助其进行基础建设、农超对接的平价商店建设，贯彻对秸秆初加工用电实行优惠政策，推动秸秆综合利用。加大对清洁能源产业的价格支持力度，充分运用好国家支持性价格政策，推动生物质发电产业项目发展。实行地方财政配套，加大对风力发电、生物质发电、光伏发电等可再生能源上网电价补贴力度。加快推进燃煤锅炉改造，对煤改气企业实行价格优惠政策，降低工业园区天然气管道接入费，扩大天然气使用范围，替代高污染能源。大力实施环保电价，适时调整燃煤发电机组脱硫、脱硝、降尘、超低排放等电价，促进燃煤发电企业加快环保设施建设，降低二氧化硫、烟粉尘排放。规范热电联产、资源综合利用等发电项目上网电价管理。科学核定初始价格，加快研究制定排污权、用能权、碳排放权、可再生能源发电绿证有偿使用和交易价格。

加快建立促进绿色发展的金融制度。统筹全省生态文明示范区建设和节能环保产业布局，改革财政补助资金使用模式，把节能环保领域分散的专项资金统一整合，打造国资控股、民营企业参股的江西节能环保投资集团。由环保厅、发改委牵头，按照资源整合、重大投资、产业培育、引领支撑的功能定位要求，提出组建方案。全面运用政府所掌握的资源、资本、资产、资金等生产要素，创新理念，采取母公司、专业领域子公司、孙公司三级架构运营模式，通过"以存量换增量，以资产换资金"的方式放大公司融资效应，提升外部融资信用，努力扩大资金来源。以赣江新区为中心，将绿色金融作用范围辐射全省，建构"财政+开发性金融+商业性金融"的有效模式，使江西在发展经济的同时维护国家和区域生态安全，打造绿色金融江西样板。强化政产学研联合，以生态文明科学大数据协同创新中心为支撑，对电子政务"云"平台进行资源扩容升级，构建全流域生态文明"云"平台，利用互联网技术对江西绿色产业链进行收益回报机制设计，开展生态资产评估，推出更多的绿色金融产品，开发出更多可行案例，使更多的青山绿水可以转化为金山银山。

加快建立循环经济引领机制。推广循环经济典型模式，建立重点领域循环经济标准体系。探索制定汽车、工程机械等再制造标准体系，开展汽车发动机再制造生产、利用试点。探索建立生产者责任延伸制度，出台生产者责任延伸实施方案，制定再生资源回收目录，对复合包装物、电池、农膜等低值废弃物实行强制回收。推广城镇生活垃圾分类，建立生活垃圾分类收运、回收处理体系，推动出台生活垃圾强制分类试行办法。完善资源循环利用制度，建立健全资源产出率统计体系。建立种养业废弃物资源化利用制度，实现种养业有机结合、循环发展。加快制定资源分类回收利用标准。建立资源再生产品和原料推广使用制度，相关原材料消耗企业要使用一定比例的资源再生产品。完善限制一次性用品使用制度。落实并完善资源综合利用和促进循环经济发展的税收政策。制定循环经济技术目录，实行政府优先采购、贷款贴息等政策。健全矿产资源开发利用管理制度。建立矿产资源开发利用水平调查评估制度，加强矿产资源查明登记和有偿计时占用登记管理。建立矿产资源集约开发机制，提高矿区企业集中度，鼓励规模化开发。完善重要矿产资源开采回采率、选矿回收率、综合利用率等国家标准。健全鼓励提高矿产资源利用水平的经济政策。建立矿山企业高效和综合利用信息公示制度，建立矿业权人"黑名单"制度。完善重要矿产资源回收利用的产业化扶持机制。完善矿山地质环境保护和土地复垦制度。

第二节 江西设区市绿色发展对策建议

江西经济发展在过去几十年里已经取得了突出的成就，全省绿色发展的步伐也在不断加快。但在经济社会进步的同时，资源环境问题也层出不穷，面对高耗能、高污染和高排放的经济发展现状，江西经济发展仍然存在诸多不足之处，绿色发展还面临着绿色环境驱动不足、绿色产业总量不大、绿色消费后劲不足、绿色政策执行能力欠缺等诸多问题，绿色发展依然任重道远。尽管前文已经针对江西省域绿色发展的内涵、特征和障碍分别进行了剖析，并提出了相应的对策建议，考虑到江西省内不同地区的绿色发展现状仍然存在差异性，设区市绿色发展指数水平存在较为明显的差距。因此，进一步剖析江西设区市绿色发展水平的区域差异及其现实原因显得尤为必要。根据江西绿色发展指数和江西设区市绿色发展指数测算与分析结果，本部分针对各设区市具体情况提出相应的对策建议。

一、南昌绿色发展对策建议

（一）南昌绿色发展指数情况分析

2017年，南昌的绿色发展指数排名第7，具体一级指标得分排名以及等级情况如表7-1所示。其中，绿色环境指标排名第九，等级归于第三类；绿色生产指标排名第十一，等级归于第四类；绿色生活指标排名第三，等级归于第二类；绿色政策指标排名第四，等级归于第二类。

表7-1　2017年南昌绿色发展指数一级指标情况

一级指标	指数值	排名	等级
绿色环境	0.0529	9	3
绿色生产	-0.0042	11	4
绿色生活	0.0896	3	2
绿色政策	0.0889	4	2

资料来源：本表根据表4-1数据制成。

为了便于直观感受南昌绿色发展指数一级指标的实际情况，绘制了相关指数的雷达图，如图7-1所示。可以看出，南昌的绿色生活水平与绿色政策执行能力十分突出，就等级分类而言，二者均排在第二类；但绿色环境还有待提高，等级排名属第三类；绿色生产是南昌绿色发展的显著短板，排在第四类。

2017年南昌绿色发展水平二级指标的指数值及其排名情况如表7-2所示。

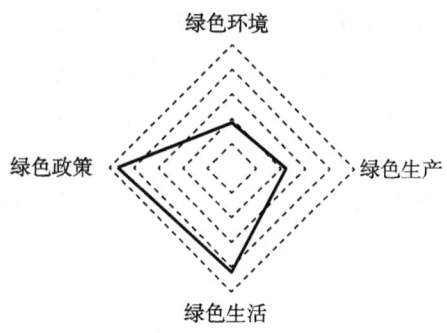

图7-1 2017年南昌绿色发展指数一级指标情况

表7-2 2017年南昌绿色发展指数二级指标情况

一级指标	二级指标	指数值	排名
绿色环境	资源禀赋	0.0214	10
	生态保护	0.0000	11
	环境压力	0.0316	1
绿色生产	增长质量	0.0192	6
	资源节约	-0.0398	10
	循环利用	0.0164	9
绿色生活	绿色居住	0.0330	10
	绿色出行	0.0383	2
	绿色消费	0.0184	4
绿色政策	绿色投资	0.0154	5
	环境治理	0.0735	3

资料来源：本表根据表4-2～表4-5数据制成。

绿色环境方面，资源禀赋排名第十，当地的人均水资源量、城市人均绿地面积和人均活立木蓄积量水平都不高；生态保护排名第十一，当地的森林覆盖率以及水功能区水质达标率都最低；环境压力排名第一，人均各类废水废气排放量较低，除了单位耕地面积化肥施用量较高之外，整体环境状况良好。

绿色生产方面，增长质量排名第六，其中，单位土地面积农业产值、人均地区生产总值增长率排名靠后；资源节约排名第十，能耗总量最高，单位面积农田灌溉用水量、单位地区生产总值建设用地面积均较大；循环利用排名第九，工业用水重复利用率全省设区市最低。

绿色生活方面，绿色居住排名第十，其中，建成区绿色化覆盖率较低；绿色出行排名第二，城市每万人拥有公交车辆数最多；绿色消费排名第四，人均居民生活用电量增长较慢，城市人均天然气消费量增长较多。

绿色政策方面，绿色投资排名第五，其中，环境保护财政支出较低；环境治理排名第三，城市污水处理率最高，氮氧化物排放量降低率和氨氮排放量降低率均较高，但化学需氧量排放率不降反增。

为了便于直观感受南昌绿色发展指数二级指标的实际情况，绘制了相关指数的雷达图，如图7-2所示。可以看出，生态保护、环境治理、增长质量、绿色居住的指数值水平都较高，环境压力、资源节约、资源禀赋、绿色投资、绿色消费等指数值较低，其他二级指标多数处于中间位置。说明当地整体的绿色发展水平实际情况较为复杂，有好的方面但较少，而较为欠缺的方面居多。

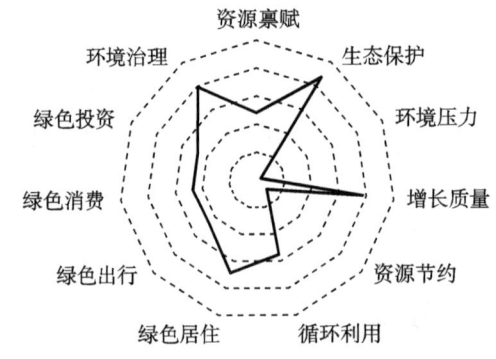

图7-2 2017年南昌绿色发展指数二级指标情况

（二）南昌绿色发展现状与问题

南昌作为江西省会城市，其区位优势十分明显，不仅在省内处于重要枢纽位置，而且是整个中部地区重要的城市枢纽，是连接长江三角洲、珠江三角洲、海西经济区的重要城市，2017年末常住人口已达546.35万，城镇人口达到了400.59万。生态环境方面，全年空气质量优良率为83.0%，水质达标率达100%，生活污水处理率达93.6%左右，生态环境质量总体状况良好。

值得注意的是，南昌绿色环境水平较低，资源禀赋条件和生态保护能力相对较差；绿色生产方面，资源节约化利用程度和循环利用水平排名靠后；绿色生活方面，绿色居住条件相对较差；整体绿色政策执行能力还存在不足之处，绿色投资支持力度不够，环境治理能力还有待提升。

南昌近年来推进主要污染物排放总量控制计划，"美丽南昌·幸福家园"环境综合整治，污染源及污染物普查，加强城市园林绿色工作，全面推行秸秆禁烧及综合利用，推进环境保护监管信息公开，在大气污染防治、水环境整治及土壤环境治理等方面采取积极有效的政策措施。

（三）对策建议

首先，优化现有绿色资源，加强生态保护工作。南昌地处江西中部，是鄱阳湖流域的重要城市，其生态环境对整个鄱阳湖地区环境保护有着重大意义。南昌现有绿色资源尚显不足，人均水资源量有限，森林、耕地、绿化的平均水平都处于全省较为靠后的位置，应该巩固现有绿色资源，加强生态保护红线区划定，加强水质监控，加快推进造林绿化和退耕还林、森林质量提升、湿地保护与修复、水土流失综合整治等绿色生态工程建设，建立健全自然资源开发保护制度体系，优化自然保护区管理和湿地保护工作，进一步缓解环境污染压力，加强废水废气排放的监控工作，进一步降低当地各类污染排放总量。

其次，加强绿色产业转型升级，提高资源节约化利用率和循环利用率。南昌产业发展十分迅速，其中，绿色发展的增长质量明显改善，服务业增加值占比处于较高水平，不过相较于南昌的产业整体规模而言，绿色产业比重仍然不高，还需要进一步推动现有产业转型，推行低碳化、循环化、集约化发展模式，加快培育节能工业、绿色建筑、生态农业，推广绿色产品生产和积极引导绿色服务业。进一步降低南昌地区的单位地区生产总值能耗、建设用地面积，加强资源节约化利用。

再次，推广绿色生活方式，改善绿色居住环境。南昌的城市建设一直处于较高水平，绿色生活方式的推广走在全省前列。其中，绿色出行交通情况较好，绿色消费能力也较高。今后应着力提高建成区绿化覆盖率，改善绿色居住环境，并进一步倡导绿色低碳的生活和消费方式。

最后，加大绿色投资支持力度，提升环境治理水平。2017年南昌的环境保护支出水平和环境污染治理投资总额较往年有明显增加，应进一步加大政府财政支持力度，通过治理城市"四尘""三烟""三气"等举措推进质量提高，通过工业园区污水设施建设、城市黑臭水体整治、消灭劣Ⅴ类水质断面、河湖及支流水质保护等举措推进水环境治理，通过固体废弃物和垃圾分类与减量化及资源化处理，治理和修复土壤污染等举措推进土壤治理，持续提高生态系统质量和稳定性，增加并优化生态产品供给，针对各类污染物排放量既要管控排放总量还要推动污染综合利用率的提升，重点加强空气污染监控和各类污染的防治工作。

二、景德镇绿色发展对策建议

(一) 景德镇2017年绿色发展指数情况分析

2017年,景德镇的绿色发展指数排名第九,具体一级指标得分排名以及等级情况如表7-3所示。其中绿色环境指标排名第八,等级归于第三类;绿色生产指标排名第八,等级归于第三类;绿色生活指标排名第十,等级归于第四类;绿色政策指标排名第九,等级归于第三类。

表7-3 2017年景德镇绿色发展指数一级指标情况

一级指标	指数值	排名	等级
绿色环境	0.0661	8	3
绿色生产	0.0126	8	3
绿色生活	0.0458	10	4
绿色政策	0.0549	9	3

资料来源:本表根据表4-1数据制成。

为了便于直观感受景德镇绿色发展指数一级指标的实际情况,绘制了相关指数的雷达图,如图7-3所示。可以看出,景德镇的绿色环境指数值最高,但相较于其他设区市尚处于滞后水平,就等级分类而言,排在第三类;绿色生活、绿色政策和绿色生产排名均靠后,等级排名分别为第四类、第三类和第三类。说明当地绿色发展整体水平较低,绿色环境、绿色生产、绿色生活和绿色政策几方面都亟待改善。

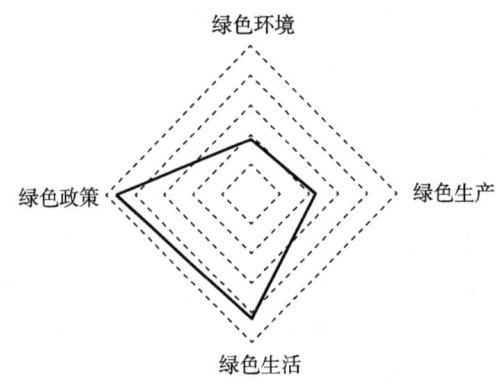

图7-3 2017年景德镇绿色发展指数一级指标情况

2017年景德镇绿色发展水平二级指标的指数值及其排名情况如表7-4所示。

表7-4 2017年景德镇绿色发展指数二级指标情况

一级指标	二级指标	指数值	排名
绿色环境	资源禀赋	0.0321	9
	生态保护	0.0541	4
	环境压力	-0.0201	7
绿色生产	增长质量	0.0253	3
	资源节约	-0.0454	11
	循环利用	0.0327	1
绿色生活	绿色居住	0.0571	1
	绿色出行	0.0081	9
	绿色消费	-0.0195	11
绿色政策	绿色投资	0.0144	8
	环境治理	0.0405	9

资料来源：本表根据表4-2~表4-5数据制成。

绿色环境方面，资源禀赋排名第九，当地的耕地保有量和人均耕地面积都不高；生态保护排名第四，当地的森林覆盖率较高，生态保护红线区划定面积较大；环境压力指数排名第七，人均化学需氧量与氨氮排放量均最高，其他各类污染物的人均排放量排名中等。

绿色生产方面，增长质量排名第三，主要得益于单位耕地面积农业产值排名第一；资源节约排名第十一，能耗总量较少，但单位地区生产总值建设用地面积最大；循环利用排名第一，其中，工业用水重复利用率最高，排名第一，一般工业固体废物综合利用率排名第四。

绿色生活方面，绿色居住排名第一，其中建成区绿化覆盖率最高；绿色出行排名第九，公共交通运营里程以及公交车辆数排名靠后；绿色消费排名第十一，用水的浪费情况较严重，人均居民生活用水量增长率最高。

绿色政策方面，绿色投资排名第八，各类环境保护项目投资较少、力度不大，还有待提升；环境治理排名第九，化学需氧量和氨氮排放量不降反增。

为了便于直观感受景德镇绿色发展指数二级指标的实际情况，绘制了相关指数的雷达图，如图7-4所示。可以看出，生态保护、环境治理和增长质量的指数值水平都较高，但环境压力、资源节约、绿色投资、绿色消费和资源禀赋的指数值均不高,其他指数值水平中等。说明当地绿色发展水平相对较差,需要针对短板强化提升。

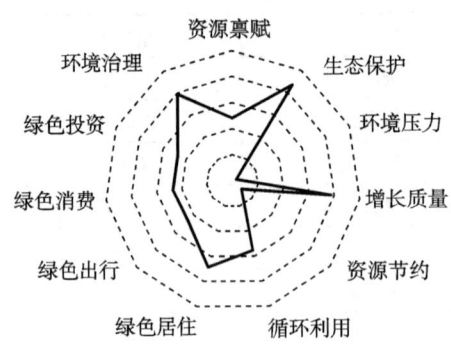

图 7-4　2017 年景德镇绿色发展指数二级指标情况

（二）景德镇绿色发展现状与问题

景德镇地处江西东北部,是举世闻名的瓷都,当地属于典型的丘陵地带城市。在区位上与安徽相邻,属于长江经济带的一个组成部分,2017 年末常住人口 166.49 万,其中,城镇人口 109.80 万,城镇化率达到了 64%。当地的生态环境十分优越,2016 年森林覆盖率 65.95%,地表水水质总体良好,Ⅰ～Ⅲ类水质断面达标率为 93.8%,地表水水质总体良好,空气质量指数均值为 65,评价为良好,优良天数出现频率为 91.4%。

景德镇绿色发展水平整体较好,其中,绿色环境方面资源禀赋不足、环境压力较大,生态保护较好;绿色生产方面,循环利用做得很好,但资源节约化利用程度较低;绿色生活方面,绿色居住非常好,排名第一,但绿色消费垫底,绿色出行也较差;绿色政策执行能力较差,绿色投资力度不够、环境治理水平不高。

景德镇近年来在生态环境保护领域也取得一些成效。2017 年开展了城乡环境大整治活动,启动实施了城乡环卫一体化、园林市场化改革和"公安+城管"联勤执法试点工作,并且获评国家森林城市。编制完成绿化、学校、燃气等 10 余项公共服务设施专项规划,颁布实施了首部地方性法规《市容和环境卫生管理条例》。强力打造中国最美休闲乡村,建设具有地方特色的特色小镇,拥有国家级休闲农业示范点 3 个、全国五星级休闲农业与乡村旅游示范点 2 个、省级休闲农业示范点 9 个。

（三）对策建议

首先,十分珍惜和节约集约利用环境资源,保护和扩大绿色资源家底。景德

第七章 江西绿色发展对策建议——建议篇

镇地处江西东北部,生态环境相较于其他设区市并无多大优势。其现有绿色资源结构并不合理,其中资源禀赋条件较差,应该进一步优化当地的绿色资源结构,针对园林绿化等形成有效绿色竞争力。严格耕地保护,做到"量"与"质"的占补平衡;加强饮用水源地保护与后备水源安全防护,提高污水处理能力;建设和扩大城市绿地面积;落实林权制度改革,有效保护森林资源。

其次,加快产业转型升级,促进绿色制造、绿色生产。大力推进二、三产的循环化和混合业态发展,严格产业准入,调整产业结构、优化企业布局,延长产业链向精深加工方向发展。积极采取各种激励政策和措施重点培育和发展战略性新兴产业、节能产业、新能源产业、环保产业、资源综合利用产业等绿色产业,以及加快传统产业的改造升级,建设现代产业体系,实现经济转型升级。

再次,积极弘扬绿色生活文化,维护现有绿色居住环境,倡导绿色出行与绿色消费。对于景德镇的绿色居住环境应该积极保持并加以推广,同时,重视城市慢交通基础设施建设,奖励补贴新能源汽车,鼓励低碳出行、绿色交通,提倡节约用水,弘扬推广绿色消费。

最后,政策支持鼓励绿色金融创新,加大绿色投资力度,提升环境治理能力。针对绿色投资所存在的财政支出结构不合理问题,应该针对当地的环境污染实际情况加以调整,进一步优化当地的绿色投资结构。通过发行绿色债券,加大政策扶持力度,鼓励绿色金融投资,以提升环境治理能力。

三、萍乡绿色发展对策建议

(一)萍乡2017年绿色发展指数情况分析

2017年,萍乡的绿色发展指数排名第十一,具体一级指标得分排名以及等级情况如表7-5所示。其中绿色环境指标排名第十,等级归于第四类;绿色生产指标排名第六,等级归于第二类;绿色生活指标排名第十一,等级归于第四类;绿色政策指标排名第十,等级归于第四类。

表7-5 2017年萍乡绿色发展指数一级指标情况

一级指标	指数值	排名	等级
绿色环境	0.0184	10	4
绿色生产	0.0221	6	2
绿色生活	0.0420	11	4
绿色政策	0.0465	10	4

资料来源:本表根据表4-1数据制成。

为了便于直观感受萍乡绿色发展指数一级指标的实际情况,绘制了相关指数的雷达图,如图7-5所示。可以看出,萍乡的绿色政策指数值虽然最高,但是在全省排名靠后,等级类型划归第四类;绿色生活和绿色环境水平在全省也很靠后,均归为第四类;只有绿色生产水平较好,排名中等。说明当地的绿色发展指数水平亟待提升。

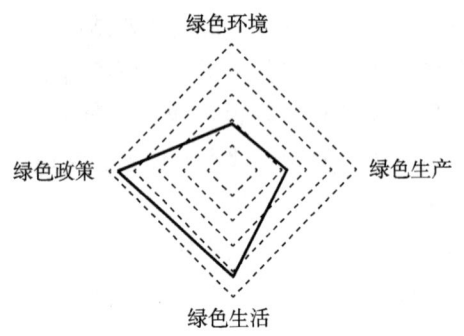

图7-5 2017年萍乡绿色发展指数一级指标情况

2017年,萍乡绿色发展水平二级指标的指数值及其排名情况如表7-6所示。

表7-6 2017年萍乡绿色发展指数二级指标情况

一级指标	二级指标	指数值	排名
绿色环境	资源禀赋	0.0082	11
	生态保护	0.0470	7
	环境压力	-0.0368	10
绿色生产	增长质量	0.0373	1
	资源节约	-0.0305	9
	循环利用	0.0153	10
绿色生活	绿色居住	0.0286	11
	绿色出行	0.0061	10
	绿色消费	0.0073	7
绿色政策	绿色投资	0.0072	11
	环境治理	0.0392	10

资料来源:本表根据表4-2~表4-5数据制成。

绿色环境方面，资源禀赋排名第十一，耕地保有量最低，耕地资源和城市绿地的人均量都非常低；生态保护排名第七，辖区湿地面积和自然保护区面积占国土面积比重均较低，其他指标也处于中等偏低水平；环境压力排名第十，人均二氧化硫、氮氧化物排放量较高，单位耕地面积化肥与农药使用量也较高。

绿色生产方面，增长质量排名第一，除单位地区生产总值废水排放量较高外，其他指标排名均靠前，其中，服务业增加值比重最高；资源节约排名第九，能耗总量和单位工业增加值水耗较高；循环利用排名第十，一般工业固体废物综合利用率水平较低。

绿色生活方面，绿色居住排名第十一，其中建成区绿化覆盖率最低；绿色出行排名第十，公共交通运营里程以及公交车辆数都处于较低水平；绿色消费排名第七，其中城市人均天然气消费量增长率最低。

绿色政策方面，绿色投资排名第十一，虽然环境保护支出占项目财政支出比重与往年相比有大幅提升，但环境污染治理投资占比和研究与试验发展经费占地区生产总值的比重排名都很靠后；环境治理排名第十，氮氧化物排放量下降率、空气质量优良天数占比和城市污水处理率均较低。

为了便于直观感受萍乡绿色发展指数二级指标的实际情况，绘制了相关指数的雷达图，如图7-6所示。其中可以看出，生态保护、增长质量、环境治理和绿色居住等指标的指数值水平较高，但多数指标数值都偏低，且环境压力、资源节约、绿色投资、绿色消费和资源禀赋的指数值非常低，排名垫底。说明当地绿色发展整体水平非常滞后，还应通过多种手段全方位提升绿色发展水平。

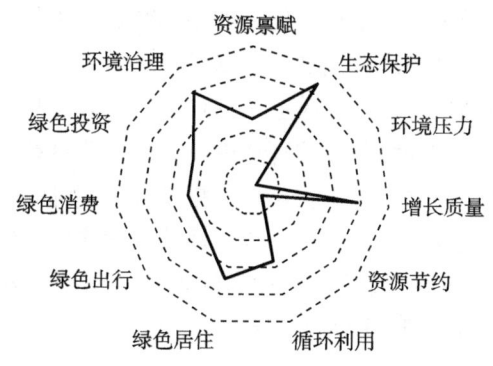

图7-6 2017年萍乡绿色发展指数二级指标情况

(二) 萍乡绿色发展现状与问题

萍乡地处江西西部，与湖南相邻。属于江西西大门，地理区位上连通长株潭经济圈，以山地丘陵为主，自然资源丰富，矿产资源一直是萍乡的产业发展基础。2017年末，萍乡常住人口192.5万，其中，城镇人口131.3万，城镇化率超过68.21%。生态环境相较于其他设区市而言，整体水平还较为落后。

萍乡的绿色发展水平最低，其中，当地绿色环境水平非常低，资源禀赋条件欠缺，生态保护水平低下，环境污染压力较大；绿色生产方面，循环产业发展较快，不过资源节约化利用程度和循环利用水平还有待提升；绿色生活方面，当地公共交通基础建设较差，绿色居住环境和绿色出行能力也处于较低水平；绿色政策执行效果亟须提升，绿色投资能力不足，环境治理的整体效果不佳。

不过近年来萍乡的生态建设力度已经不断加大，造林面积有所提升，森林覆盖率达到67.2%，推进当地改善水资源供应，加强水功能区基础设施建设，获评国家级湿地公园和全国重点生态功能区。环境保护以推进"蓝天碧水行动计划"为着力点，加大执法力度，突出防治重点，全面履行环境监管职责，推动中央、省环保督察问题整改，空气质量有所改善。

(三) 对策建议

首先，加大生态保护力度，全面提升绿色环境水平。萍乡的绿色环境水平整体较差，需要针对资源禀赋的耕地、水资源、园林绿化等方面，生态保护的水质达标和湿地保护，环境压力中的人均二氧化硫排放量和氮氧化物排放量，以及单位耕地面积农药化肥使用量加强管理，推动绿色环境多项指标共同提升。

其次，积极发展循环经济，促进绿色产业转型升级。通过提高废水和固废的产业污染物的综合利用率，利用现有优良的循环产业利用效率优势，推动当地落后产业全面升级，促进循环产业发展，不断强化绿色产业质量。

再次，坚持绿色消费理念，完善城市建设的生态宜居功能。利用良好的绿色消费理念基础，进一步推动绿色居住环境的改善，营造良好的宜居生态氛围。同时，还要积极改善城市公共交通出行情况，推动城市园林绿化建设。

最后，进一步加大绿色投资力度，提升环境治理能力。针对环境污染治理投资过于薄弱，部分污染物排放量仍然过高的现实，积极引入市场化生态补偿机制，引导多方力量共同治理环境污染问题。

四、九江绿色发展对策建议

(一) 九江2017年绿色发展指数情况分析

2017年，九江的绿色发展指数排名第八，一级指标得分排名以及等级情况如表7-7所示。其中，绿色生活指标排名第九；绿色政策指标排名第七；绿色环境指标排名第七；绿色生产指标排名第四。

表7-7 2017年九江绿色发展指数一级指标情况

一级指标	指数值	排名	等级
绿色环境	0.0739	7	3
绿色生产	0.0319	4	2
绿色生活	0.0495	9	3
绿色政策	0.0649	7	3

资料来源：本表根据表4-1数据制成。

为了便于直观感受九江绿色发展指数一级指标的实际情况，本书绘制了相关指数的雷达图，如图7-7所示。可以看出，九江的绿色生产指数值最高，在全省排名第四位；绿色环境指数和绿色政策指数均在全省排名第七位；绿色生活指数排名较为靠后，为第九位。由于绿色政策指数、绿色环境指数和绿色生活指数的排名均不靠前，导致九江整体的绿色发展指数基本排在了全省中后位置。

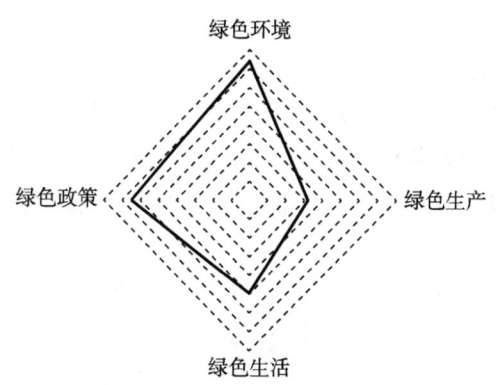

图7-7 2017年九江绿色发展指数一级指标情况

2017年九江绿色发展水平二级指标的指数值及其排名情况如表7-8所示。

绿色环境方面，资源禀赋排名第六，其中，除人均水资源量排名靠前外，人均耕地面积、城市人均绿地面积、人均活立木蓄积量以及森林覆盖率等均处在全省排名中间位置；生态保护排名第九，主要是水功能区水质达标率仅次于南昌和上饶，在全省排名靠后；环境压力排名第六，其中，单位耕地面积化肥施用量、单位耕地面积农药使用量均排在全省首位,是全省名副其实的化肥农药使用大市。

表7-8 2017年九江绿色发展指数二级指标情况

一级指标	二级指标	指数值	排名
绿色环境	资源禀赋	0.0487	6
	生态保护	0.0390	9
	环境压力	-0.0138	6
绿色生产	增长质量	0.0227	4
	资源节约	-0.0135	4
	循环利用	0.0228	6
绿色生活	绿色居住	0.0405	6
	绿色出行	0.0096	8
	绿色消费	-0.0005	9
绿色政策	绿色投资	0.0134	9
	环境治理	0.0514	7

资料来源:本表根据表4-2~表4-5数据制成。

绿色生产方面,增长质量排名第四,服务业增加值比重和人均地区生产总值增长率都较高;资源节约排名第四,其中,能耗总量和单位工业增加值水耗均低于全省平均水平,全省排名相对靠前;循环利用排名第六,其中,工业用水重复利用率高于全省平均水平,而一般工业固体废物综合利用率较低,与全省平均水平还具有一定的差距。

绿色生活方面,绿色居住排名第六,建成区绿化覆盖率中等水平;绿色出行排名第八,城市每万人拥有公交车辆数为四辆,不及全省平均水平五辆,人均城市公共交通运营线路网长度为7.17千米/万人,与全省平均水平的11.49千米/万人相比还有较大的差距;绿色消费排名第九,其中,人均居民生活用电量增长率和城市人均天然气消费量增长率均未达到均值,而人均居民生活用水量增量率则高于全省均值,导致绿色消费整体排名靠后。

绿色政策方面,绿色投资排名第九,短板主要出现在科学技术支出占财政支出比重和研究与试验发展经费占GDP的比重上;环境治理排名第七,其中,单位耕地面积化肥施用量降低率、单位耕地面积农药使用量降低率、城市污水处理率以及空气质量优良天数占比均很低,基本处于全省末位。

为了便于直观感受九江绿色发展指数二级指标的实际情况,本书绘制了相关指数的雷达图,如图7-8所示。可以看出,增长质量、资源节约指数值水平相对较高,生态保护、绿色消费、绿色投资等指标排名靠后,其他指标则基本处于中等靠后的排名。这导致区域整体绿色发展水平处于低位,因此,有必要针对存在的问题进一步提升绿色发展水平。

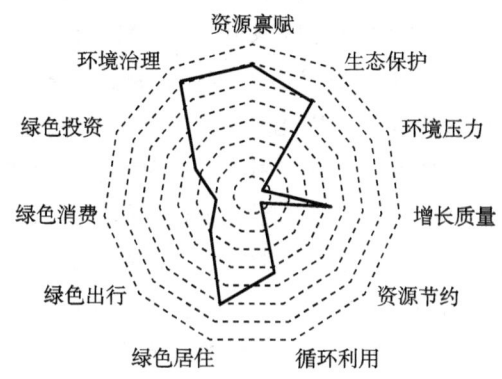

图7-8 2017年九江绿色发展指数二级指标情况

(二)九江绿色发展现状与问题

九江地处万里长江、千里京九、百里鄱阳湖交汇点,位于江西北部,北与湖北、安徽相邻。江西152千米长江岸线,全部都在九江,是长江中游区域中心港口城市。鄱阳湖是中国最大的淡水湖、世界最大的候鸟保护区,近2/3的水面和湖岸线也在九江,区域水资源、矿产资源以及生物资源非常丰富。2017年末,九江常住人口487.33万,其中,城镇人口262.04万,城镇化率超过53.77%。生态环境相比较于其他设区市,处于中等水平。

近年来,九江开展了多项环境整治行动,近期还启动长江经济带化工企业污染整治专项行动,针对空气水污染等成立了相关监测站点,实时监控污染情况。同时,在生态保护红线、自然保护区、水源保护区等环境敏感区域内实施重点监控。2017年,九江石化、巨石玻纤获评全国首批"绿色工厂"。河道采砂进一步规范。关停矿山183家。造林绿化17.4万亩,环庐山公路沿线绿化改造提升、市森林博物馆等项目基本完成。增省级生态乡镇9个、生态村11个,武宁入选国家生态保护与建设典型示范区,瑞昌入选全国农村生活垃圾分类和资源化利用试点,湖口获评国家园林县城。但就2017年的评估结果看,九江各项绿色发展指标排名都居于全省中间至中后位置,改善提升潜力大。

（三）对策建议

首先，绿色生产是源头。进一步推进对传统产业的改造提升，实施绿色产业升级。我们知道，第二产业一直都是地区经济发展的支柱性产业，2017年地区第二产业在三次产业结构中所占比例为50.2%，这决定了地区要实现经济发展仍然面临巨大的环境压力。要缓解这一环境压力，地区政府仍然要发挥主导作用，应制定包括传统产业升级改造和绿色产业引入在内的绿色转型发展计划、年度实施计划以及年度政绩考核指标为地区的绿色产业升级进行引导和规划。妥善处理好政府与市场关系，加快推进"放管服"改革，营造良好市场环境。着眼制造业高质量发展，全力推进传统产业优化升级综合试点，促进工业经济量质齐升。做大优势产业，运用高新技术、先进实用技术和现代信息技术，推动更多传统产业向中高端、高附加值发展。扎实推进绿色金融改革创新试验区建设，构建绿色金融体系，丰富绿色金融产品和服务，助推绿色产业发展。创新绿色发展投融资机制，在扩大政府投入的同时，积极引入社会资本，加快培育环境治理和生态保护市场主体。推行政府购买服务、环境污染第三方治理、合同能源管理和合同节水管理等新模式，加快推进污水垃圾处理设施运营管理单位向独立核算、自主经营的企业转变。深入推进市场化改革，完善自然资源资产价格形成机制，统筹推进排污权、碳排放权、水权、用能权、氮磷指标等市场交易机制建设，促进各类环境资源有序流动、高效配置。进一步理顺垃圾处置、污水处理等价格机制，更好保障环境基础设施建设运营。

其次，践行绿色发展理念，正确处理长江经济带发展"五大关系"，加快推进长江经济带绿色发展示范区建设，不断提升生态文明品牌。九江的绿色投资水平不高，研究与试验发展经费占比还较低，需要重视科技创新的作用，在绿色发展过程中科技创新的影响非常大。深入实施大气污染防治行动计划，加大城市"四尘、三烟、三气"整治力度，完成乡镇空气自动监测站建设。进一步完善河长制、湖长制责任体系，大力实施生态环保约谈和领导包企制度。大力推进国家黑臭水体治理示范城市建设，着力改善南门湖、甘棠湖水体水质，加快白水湖、琵琶湖、濂溪河、十里河、龙开故道等内湖内河整治。推进绿色矿山建设。严格落实林长制。坚决抓好中央环保督察"回头看"、长江经济带生态环境保护审计和省环保督察反馈等问题整改。积极推进固体废物处理与综合利用，提高生活垃圾处理水平。

再次，九江有"依山傍水"的天然优势，应发挥生态旅游资源优势，大力发展全域旅游，做大做优做强生态旅游产业。保障绿色生活质量，重点加强公共交通基础设施建设。九江的绿色消费能力以及绿色居住环境有待提高，进一步保障绿色生活质量,应该加强公共交通的投入,特别是进一步加强公共交通运营里程以及公交车辆的投放使用管理。此外,关于天然气的普及程度,还需要进一步加强推广宣传工作,同时完善相关政府购买服务工作。

最后,构建长效保障机制,进一步完善环境和经济问题综合决策机制。完善以政府为主体的公共政策,建立与经济发展水平相适应、相协调的绿色发展公共财政投入增长机制。整合现有投资渠道,逐步扩大投资用于绿色发展的比例。完善以企业为主体的市场政策,落实企业生态环保责任,制定符合市场要求的绿色产业准入、绿色产业激励、绿色金融服务、自然资源资产价格形成等政策。完善以公众为主体的社会政策,强化社会各方面在绿色发展中的责任义务,扩大环境信息公开,保障人民群众依法有序行使环境监督权,形成绿色打造人人参与、人人共享的良好局面。做好绿色发展地方立法工作。启动环保机构监测监察执法垂直管理改革,建立健全环境保护督察制度,健全跨区域环境联合执法协助机制。加大环境执法力度,对各类环境违法违规行为实行"零容忍",对违反环保法律法规的,依法严惩重罚;对造成生态环境损害的,以损害程度等因素依法确定赔偿额度;对造成严重后果的,依法依规追究刑事责任。健全环境资源行政执法与司法的衔接机制,推动生态环境和资源保护领域的公益诉讼。支持资源环境监管机构独立开展行政执法。加强环境保护基层执法队伍、环境应急处置救援队伍建设。加大绿色发展的法治宣传力度。

五、新余绿色发展对策建议

(一)新余 2017 年绿色发展指数情况分析

2017 年,新余的绿色发展指数排名第十,相较于 2016 年名次下降一位,其中一级指标的具体指数值及其排名情况如表 7-9 所示。可以看出,绿色环境指标排名第十一,处于末位,等级归于第四类;绿色生产指标排名第七,排名居中,等级归于第三类;绿色生活指标排名第一,等级归于第一类;绿色政策指标排名第八,等级归于第三类。

本书还将上述相关指数的结果绘制成雷达图,以便于直观描述绿色发展指数的具体情况。如图 7-9 所示,可以发现,新余的绿色生活指数值最高,对于其绿色发展的贡献度最大,而且在全省排名第一,等级划分属于第一类;绿色政策指数值与绿色生产指数值相差不大,排名分别为第八位和第七位,处于中间水平,等级划分属于第三类。绿色环境指数值最低,排名第十一,等级归于第四类,严重影响到当地的绿色发展。

表7-9 2017年新余绿色发展指数一级指标情况

一级指标	指数值	排名	等级
绿色环境	-0.0111	11	4
绿色生产	0.0195	7	3
绿色生活	0.0972	1	1
绿色政策	0.0593	8	3

资料来源：本表根据表4-1数据制成。

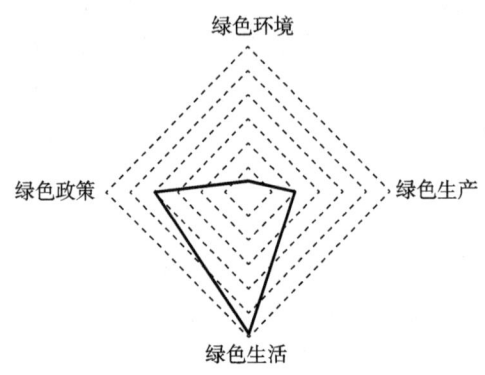

图7-9 2017年新余绿色发展指数一级指标情况

2017年，新余绿色发展水平二级指标的指数值及其排名情况如表7-10所示。

表7-10 2017年新余绿色发展指数二级指标情况

一级指标	二级指标	指数值	排名
绿色环境	资源禀赋	0.0355	8
	生态保护	0.0256	10
	环境压力	-0.0722	11
绿色生产	增长质量	0.0156	7
	资源节约	-0.0229	8
	循环利用	0.0268	5

续表

一级指标	二级指标	指数值	排名
绿色生活	绿色居住	0.0531	2
	绿色出行	0.0337	3
	绿色消费	0.0103	6
绿色政策	绿色投资	0.0098	10
	环境治理	0.0495	8

资料来源：本表根据表4-2~表4-5数据制成。

具体来看，在绿色环境的二级指标中，资源禀赋排名第八，位次较为靠后，其中，除人均耕地面积和城市人均绿地面积略高于全省平均值外，人均水资源量、人均活立木蓄积量均与全省平均水平有较大差距，导致排名落后；生态保护排名第十，主要是水功能区水质达标率、生态保护红线区占比、自然保护区面积占比等处于较低水平；环境压力排名第十一，主要是除单位耕地面积农药使用量低于全省平均水平外，其他逆性指标（人均化学需氧量排放量、人均氨氮排放量、人均二氧化硫排放量、人均氮氧化物排放量以及单位耕地面积化肥施用量）均高于全省平均水平，是全省工业城市的废水废气排放量较高地区之一。

在绿色生产的二级指标中，增长质量排名第七，是地区生产总值增长率、服务业增加值比重较大的原因，不过也受到废水排放量水平较低的影响；资源节约排名第八，主要是能耗总量较高且单位增加值能耗降低率较小，单位地区生产总值建设用地面积也较小；循环利用排名第五，主要是一般工业固体废物综合利用率较低。

在绿色生活的二级指标中，绿色居住排名第二，其建成区绿色化覆盖率较高，仅次于景德镇；绿色出行排名第三，其人均公共交通运营线路长度以及每万人拥有公交车辆数都排在前列；绿色消费排名第六，主要是人均天然气消费量增加明显。

在绿色政策的二级指标中，绿色投资排名第十，其中，环保支出、污染治理投资以及林业投资额均落后于全省平均水平；环境治理排名第八，农药使用量和化肥施用量排名居于末位，且各项废水废气排放量降低不明显。

本书还将二级指标的指数结果绘制成雷达图，以便于直观描述二级指标指数值的具体情况，如图7-10所示。根据图中信息可以明显看出，新余的绿色居住、绿色出行、循环利用等二级指标的指数值相对较高，而环境压力、绿色投资、生态保护等二级指标的指数值相对较低，最终导致当地绿色发展的整体排名落后明显。

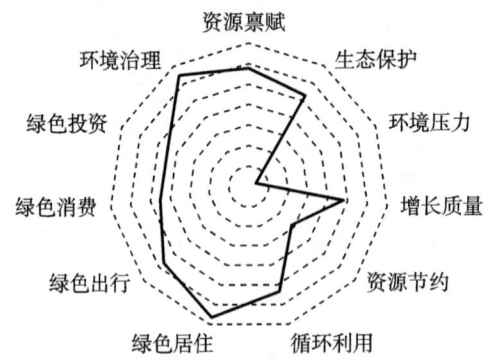

图7-10　2017年新余绿色发展指数二级指标情况

（二）新余绿色发展现状与问题

新余是江西省内比较突出的工业强市，在生态文明建设的过程中，始终坚持生态环境保护的理念，开展了各项污染防治工作。编制了《仙女湖流域（新余段）水环境综合治理总体方案（2018-2020年）》，完成孔目江饮用水水源地保护区划分调整。《仙女湖水体保护条例》《新余市畜禽养殖污染防治条例》《江西仰天岗国家森林公园保护条例》等一系列政策文件发布，在绿色发展领域投入了重要力量，开展了多项环境整治工作，包括城市地区污染源治理、饮用水源地的综合整治、畜禽养殖场关停改造、"清河运动"等，同时在大气污染防治工作上也加大投入。

不过由于新余作为工业城市的历史因素，污染防治的压力较大，工业城市面积较小，绿色生态环境的资源禀赋水平较低，生态保护能力有所欠缺。其中，废水废气排放量虽然已经达到节能减排目标，但由于基数较大等因素，导致实际污染情况仍然严峻。绿色生产能力则相对欠缺，工业发展的绿色产业化水平有待提升。其中落后产能依旧存在，绿色产业增长缓慢，产业结构中的绿色化相对较低。绿色消费水平也较低，特别是天然气使用量较低，能源消费结构有待完善。而且环境治理能力也有待加强，现阶段环境污染的投入较大，但是实际执行效果还有待提升。

（三）对策建议

首先，强化绿色生态环境保护手段。环境整治工作应该进一步深入，加强生态环境保护行动常态化机制建设，针对水质达标率整治工作应该进一步加强人员和技术投入。加强废水废气的污染源治理,开展"蓝天行动",加强联防联治,健全污染防治的监测体系,通过抓好重点地区(仙女湖、袁河、孔目江)的生态环境保护工程推动生态环境保护工作全面覆盖。

其次,打造绿色产业,促进生态融合。推动传统产业项目的转型升级,提高绿色发展质量。进一步推进目前正在建设或者实施的产业低碳化项目,加强产业的综合利用效能。大力发展新能源、新材料等产业,进一步形成完整的绿色产业链。淘汰落后产能、化解过剩产能,针对高污染、高能耗的企业进一步整顿,严格项目准入制度,发展现代化服务业,利用科技手段降低工业能耗,优化产业结构。

再次,坚持绿色消费,改善生活质量。科学利用新余较为突出的公共交通优势,进一步完善绿色出行的奖惩机制,利用公共政策引导居民绿色消费水平的提升。加大绿色生活、绿色消费的宣传力度,增加公共服务供给质量,拓宽绿色消费渠道。特别是加强居民用水、用电、用气的节能环保知识普及工作,开展绿色节约型社会(家庭、学校、社区等)行动。

最后,健全环境保护制度,构建生态安全屏障。增加环境污染治理投资额,严格执行节能减排任务,落实环境保护主体责任,明确生态环境治理的重点方向。积极推进环境污染第三方治理,拓宽环境污染治理的渠道,推动各项生态保护制度(自然资源资产负债表、流域生态补偿机制)试点推广工作。优化财政资金使用方式,加强资金投入的事中事后监管机制。

六、鹰潭绿色发展对策建议

(一)鹰潭2017年绿色发展指数情况分析

2017年,鹰潭的绿色发展指数排名第三,具体一级指标得分排名以及等级情况如表7-11所示。其中,绿色政策指标排名第一,等级归于第一类;绿色环境指标排名第四,等级归于第二类;绿色生产指标排名第二,等级归于第一类;绿色生活指标排名第七,等级归于第三类。

表7-11 2017年鹰潭绿色发展指数一级指标情况

一级指标	指数值	排名	等级
绿色环境	0.1054	4	2
绿色生产	0.0399	2	1
绿色生活	0.0644	7	3
绿色政策	0.1048	1	1

资料来源:本表根据表4-1数据制成。

为了便于直观感受鹰潭绿色发展指数一级指标的实际情况,本书绘制了相关指数的雷达图,如图7-11所示。可以看出,鹰潭的绿色政策,在全省排名第一位,就等级分类而言,排在第一类;绿色生产在全省排名第二,在等级分类中排第一类;绿色环境指数排名中上,指数值水平也尚可,等级划分也在第二类;绿色生活指数排名第七,在全省排名居中,以此表明当地的绿色发展指数水平处于较高位置。

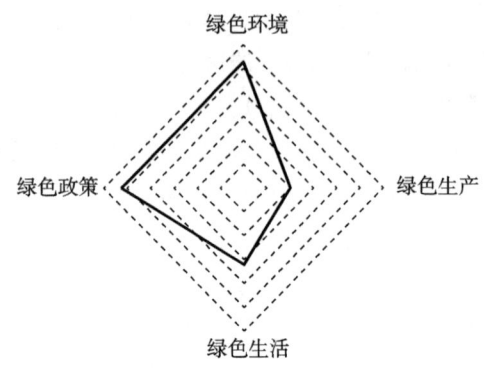

图7-11　2017年鹰潭绿色发展指数一级指标情况

2017年,鹰潭绿色发展水平二级指标的指数值及其排名情况如表7-12所示。

表7-12　2017年鹰潭绿色发展指数二级指标情况

一级指标	二级指标	指数值	排名
绿色环境	资源禀赋	0.0622	5
	生态保护	0.0506	5
	环境压力	-0.0075	3
绿色生产	增长质量	0.0021	10
	资源节约	0.0074	1
	循环利用	0.0304	2
绿色生活	绿色居住	0.0419	5
	绿色出行	0.0120	6
	绿色消费	0.0104	5
绿色政策	绿色投资	0.0239	3
	环境治理	0.0809	2

资料来源:本表根据表4-2~表4-5数据制成。

绿色环境方面，资源禀赋排名第五，其中，人均耕地面积、人均水资源量、城市人均绿地面积排名都比较靠前；生态保护排名第五，水质达标率排在首位，其他几项指标排名处于中间位置；环境压力排名第三，单位耕地面积农药使用量最低，单位耕地面积化肥施用量较低，人均二氧化硫排放量也较低。

绿色生产方面，增长质量排名第十，人均地区生产总值增长率最高，但服务业增加值比重最低，单位耕地面积农业产值也非常低；资源节约排名第一，主要是能耗总量和单位工业增加值水耗最低，而且灌溉用水量以及单位地区生产总值建设用地面积等也较低；循环利用排名第二，工业用水重复利用率、一般工业固体废物综合利用率等都比较高。

绿色生活方面，绿色居住排名第五，建成区绿化覆盖率处于中间位置；绿色出行排名第六，人均城市公共交通运营线路网长度、城市每万人拥有公交车辆数排名居中；绿色消费排名第五，人均居民生活用电量增长，但是人均居民生活用水量不降反升。

绿色政策方面，绿色投资排名第三，单位森林面积林业投资完成额和研究与试验发展经费占GDP的比重最高；环境治理排名第二，二氧化硫排放量、氮氧化物排放量下降率最高，而且其他指标排名都较靠前，但氨氮排放量不降反升。

为了便于直观感受鹰潭绿色发展指数二级指标的实际情况，本书绘制了相关指数的雷达图，如图7-12所示。可以看出，资源节约、循环利用、环境治理、绿色投资、环境压力等指标的指数绝对值水平都较高，不过增长质量是区域绿色发展的短板，处于全省末位水平。总的来说，当地绿色发展整体水平较高。

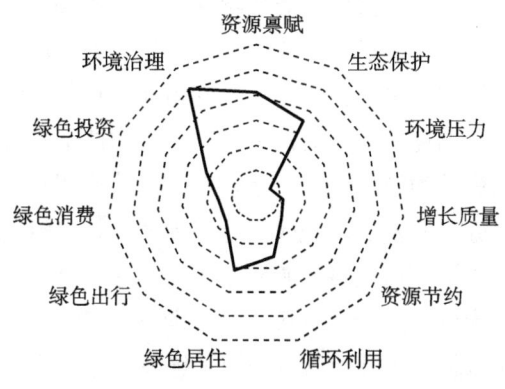

图7-12 2017年鹰潭绿色发展指数二级指标情况

（二）鹰潭绿色发展现状与问题

鹰潭地处江西东北部，信江中下游，是连接东南沿海的重要枢纽，矿产资源和水资源都十分丰富。2017年末，鹰潭常住人口116.75万，城镇人口为68.98万，城镇化率超过59.08%。生态环境处于一个占有相对优势的水平上。

鹰潭的绿色发展水平较高，处于全省第一梯队。其中，绿色环境水平较高，资源禀赋条件较好，生态保护工作到位，整体生态环境压力较小；绿色生产方面，除了增长质量略显不足外，资源节约和循环利用水平很高；绿色生活方面，三项指标都较为均衡，都处于中间位置；绿色政策执行效果高，绿色投资水平很好，环境治理能力更是排在全省第二。

近年来，鹰潭在生态环境保护方面的工作成效显著。拥有国家级自然保护区1个，面积达到1.09万公顷，人造林面积超过1829公顷，城区绿化覆盖面积1628.71多公顷。2017年全市环境空气质量优良率达88.2%，PM2.5浓度全省第三低，PM10浓度全省最低。完成生活垃圾一体化处理，城市、农村生活垃圾无害化处理率分别达100%、95%。深入落实河湖长制、林长制，扎实开展"清河行动"，85%以上规模养猪场完成标准化改造，全市主要河流断面水质和集中式饮用水水源水质达标率均为100%

（三）对策建议

首先，稳步推进生态环境保护，重点维护林地以及自然保护区管理。鹰潭绿色环境水平已经处于中游，针对资源禀赋条件、生态保护工作以及缓解环境压力的工作都已经逐步推行，但是针对森林覆盖率不高以及生态保护红线、自然保护区管理等问题，还需要细化相关管理办法，实施森林质量提升工程，推进林地维护以及保护区管理工作，建立健全生态环境保护长效机制。

其次，针对增长质量的绿色发展短板，聚焦"高质量"绿色发展。针对鹰潭的人均地区生产总值增长率以及服务业增加值比重过低的情况，一方面，要保证经济发展实际水平，加速发展新经济新业态，大力改造提升传统产业，实现新旧动能协同发力，积极推动当地绿色产业发展，加快构建现代化经济体系；另一方面，要加强绿色服务业的发展，积极引导当地产业转向绿色服务业领域，大力培育健康养生、乡村旅游、低空观光旅游、精品民宿等新业态，积极培育文娱、家政等消费增长点，形成更多新商业模式。借助青茅境景区入选中国森林体验基地，灵溪小镇、渡坊水村分别获批省5A、4A级乡村旅游点，华泉小村、红雨蓝田获评省级旅游风情小镇，鹰潭成为全省唯一一个获评省级全域旅游示范区的设区市的契机，积极创建国家级全域旅游示范区、全国森林旅游示范市，突破入境旅游短板。推动藏粮于地、藏粮于技落实落地，稳定粮食生产能力。大力发展休闲、观光、康养农业及"互联网+"等新型业态，推动一二三产业深度融合。加快农村土地所有权、承包权、经营权分置改革，完成农村集体产权制度改革中央试点工作。大力发展村级集体经济，培育经济强村。

再次，进一步推广绿色生活方式，加强绿色消费理念宣传引导。鹰潭绿色生活领域的绿色居住环境、绿色交通状况以及绿色消费能力都处于全省中上水平，需要稳步推进现有政策的施行步伐，发展装配式建筑、低碳交通，推进公共机构节能，加强用水用电用气的绿色消费宣传，引导居民消费绿色化，倡导全民绿色低碳、文明健康的生活方式。

最后，切实保障绿色投资水平，防止环境污染问题回弹。鹰潭的绿色政策执行效果非常明显，现有投资水平以及环境治理能力都非常强。应继续保障绿色投资水平，全力打好污染防治攻坚战，认真做好中央环保督察、省环保督察、长江经济带生态环境保护审计、中央环保督察"回头看"等反馈问题整改工作，坚决防止环境污染问题反弹回潮。

七、赣州绿色发展对策建议

（一）赣州2017年绿色发展指数情况分析

2017年，赣州的绿色发展指数排名第五，具体一级指标得分排名以及等级情况如表7-13所示。其中绿色生产指标排名第五，等级归于第二类；绿色政策指标排名第五，等级归于第二类；绿色环境指标排名第五，等级归于第二类；绿色生活指标排名第八，等级归于第三类。

表7-13 2017年赣州绿色发展指数一级指标情况

一级指标	指数值	排名	等级
绿色环境	0.0897	5	2
绿色生产	0.0243	5	2
绿色生活	0.0600	8	3
绿色政策	0.0885	5	2

资料来源：本表根据表4-1数据制成。

为了便于直观感受赣州绿色发展指数一级指标的实际情况，本书绘制了相关指数的雷达图，如图7-13所示。可以看出，赣州的绿色政策指数、绿色生产指数以及绿色环境指数，均在全省排名第五位，就等级分类而言，排在第二类；绿色生活指数值排名中后,为全省的第八位,等级类型划归第三类。

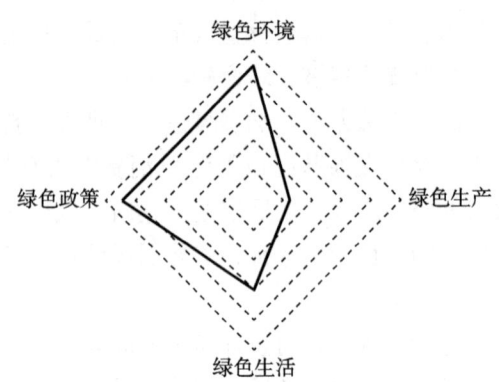

图 7-13 2017 年赣州绿色发展指数一级指标情况

2017 年,赣州绿色发展水平二级指标的指数值及其排名情况如表 7-14 所示。

表 7-14 2017 年赣州绿色发展指数二级指标情况

一级指标	二级指标	指数值	排名
绿色环境	资源禀赋	0.0460	7
	生态保护	0.0666	2
	环境压力	-0.0229	8
绿色生产	增长质量	0.0282	2
	资源节约	-0.0219	7
	循环利用	0.0180	7
绿色生活	绿色居住	0.0429	4
	绿色出行	0.0105	7
	绿色消费	0.0067	8
绿色政策	绿色投资	0.0242	2
	环境治理	0.0643	5

资料来源:本表根据表 4-2~表 4-5 数据制成。

绿色环境方面,资源禀赋排名第七,人均活立木蓄积量、人均水资源量排名第二,水平很高,但城市人均绿地面积排名靠后;生态保护排名第二,森林覆盖率最高，水功能区水质达标率和生态保护红线区占国土面积比例均排名第三，但湿地面积占国土面积比重却排名垫底；环境压力排名第八，其中单位耕地面积化肥施用量、单位耕地面积农药使用量均较高。

绿色生产方面，增长质量排名第二，人均地区生产总值增长率和服务业增加值比重排名第一，但单位地区生产总值废水排放量仍然较大；资源节约排名第七，单位地区生产总值能源消耗降低率较高，但单位地区生产总值建设用地面积值也较大；循环利用排名第七，工业用水重复利用率太低，一般工业固体废物综合利用率也不高。

绿色生活方面，绿色居住排名第四，建成区绿化覆盖率排名靠前；绿色出行排名第七，城市每万人拥有公交车辆数较少；绿色消费排名第八，处于中等水平。

绿色政策方面，绿色投资排名第二，其中，科教文卫支出占财政支出比重最高，位列全省第一；环境治理排名第五，其中，水土流失治理面积最大。

为了便于直观感受赣州绿色发展指数二级指标的实际情况，本书绘制了相关指数的雷达图，如图7-14所示。可以看出，生态保护、增长质量、绿色投资、绿色居住以及环境治理等指标的指数值水平都较高，不过环境压力、资源禀赋、绿色消费、资源节约和循环利用等的指数值相对较低。当地绿色发展整体水平尚可。

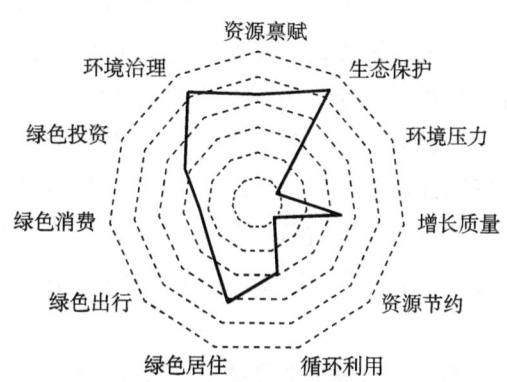

图7-14　2017年赣州绿色发展指数二级指标情况

（二）赣州绿色发展现状与问题

赣州地处江西南部，赣江上游地区，是对接珠江三角洲的前沿，地理区位优势明显，水资源丰富，水质优良。2017年末常住人口863.6万，城镇人口

420.75万，城镇化率48.72%。

赣州的绿色发展处于全省中上水平，其中，绿色环境水平尚可，生态保护水平较高；绿色生产方面，增长质量高，但资源节约和循环利用还有较大的进步空间；绿色生活方面，交通出行和绿色消费中等水平，但绿色居住环境有较大改善；绿色政策执行效果不错，特别是绿色投资程度高。

赣州的生态文明建设一直非常不错，绿色发展成效显著。生态文明先行示范区建设扎实推进，国家低碳试点城市、新能源示范城市等先行先试取得重大突破，组建全省首家环境资源交易所，成立林业产权交易中心，生态和经济融合发展水平提升。国家森林城市创建扎实推进，森林覆盖率稳定在76.2%以上，森林质量持续提升。新增省级以上自然保护区4个、湿地公园11个、森林公园4个。节能减排全面完成规划目标。城市空气质量指数（AQI）优良率达80%以上，集中式饮用水源地水质达标率100%，各县建成城镇生活污水处理厂，城镇生活污水集中处理率和城镇生活垃圾无害化处理率分别达80%和60%。开展299条小流域综合治理，累计治理水土流失面积2581.2平方千米，综合治理稀土矿山面积11400亩。

（三）对策建议

首先，对标抓好中央和省环保督察反馈问题整改，分类整治"散乱污"企业，完成污染较重企业搬迁改造。如期完成违规小水电清理整顿、饮用水水源地环境问题整改计划，抓好乡镇集中式饮用水水源地保护区划定及规范化建设。加强重金属重点防控，全面推进钨渣处理处置。纵深推进蓝天保卫战，巩固提升消灭劣V类水成果，深入推进畜禽养殖污染整治"回头看"，确保断面水质稳定达标升级。积极探索实行垃圾分类，推动城乡环卫一体化。严防严控企业偷排，积极推进城区生活污水管网建设改造与工业园区污水处理设施建设，建成运行市生活垃圾焚烧发电厂、污泥无害化处置等项目，加快推进工业固体废物处置中心、重金属污染重点防控区项目建设。加强农业面源污染治理，提升土壤环境承载力。

其次，有序引导绿色产业发展，推进绿色产业化和产业绿色化。赣州的服务业增加值比重排名靠前，进一步引导好当地绿色产业发展是当务之急。根据资源环境优势和地方特色进行绿色产业优选，构建绿色产品品牌增值体系的现代农业、休闲旅游业，要求绿色产业形成品牌效应，实现产品增值，扶持新兴战略产业稳步发展。赣州旅游资源丰富，应做大、做强、做优红色旅游，利用红色旅游的先发优势，挖掘绿色旅游潜力，推动绿色旅游产业发展。针对资源节约和循环利用过程存在的问题,对于能耗过大的企业加强监控管理;加大研发投入攻坚力度,大幅提升科技创新能力,加强与国内知名院所高校协同创新,实现创新成果落地转化。

再次,倡导多主体绿色生活,弘扬多形式绿色文化。赣州绿色生活指数排名靠后,需要重视引导绿色理念的养成、价值取向的培育,以规范政府、企业、民众的绿色行政、绿色行为、绿色生活。绿色发展理念应从小培育,通过政府、学校、企业和第三方专业机构联合推进绿色校园建设,强化教育系统绿色发展战略意识。通过政府主导、社团推进文化教育,对绿色生活知识进行宣传科普和绿色理念的价值培育;构建基层监管系统、完善法制制度建设,用制度约束企业、社会公众的绿色生活行为;并推动政府机关、医院、宾馆、商场、社区、家庭、企业开展绿色细胞创建,塑造绿色示范阶层,发挥直接或间接的积极示范效应。

最后,创新完善生态文明制度。完善空间用途管制措施,严守生态保护红线、基本农田控制线、水资源保护红线。积极探索开展碳排放权、排污权、用能权、水权等交易试点。完善生态文明建设考核评价、约谈问责制度。

八、吉安绿色发展对策建议

(一) 吉安2017年绿色发展指数情况分析

2017年,吉安的绿色发展指数排名第一,具体一级指标得分排名以及等级情况如表7-15所示。其中绿色环境指标排名第一,等级归于第一类;绿色生产指标排名第一,等级归于第一类;绿色生活指标排名第二,等级归于第一类;绿色政策指标排名第六,等级归于第三类。

表7-15 2017年吉安绿色发展指数一级指标情况

一级指标	指数值	排名	等级
绿色环境	0.1414	1	1
绿色生产	0.0405	1	1
绿色生活	0.0946	2	1
绿色政策	0.0750	6	3

资料来源:本表根据表4-1数据制成。

为了便于直观感受吉安绿色发展指数一级指标的实际情况,本书绘制了相关指数的雷达图,如图7-15所示。可以看出,吉安的绿色环境指数值最高,在全省排名第一位,就等级分类而言,排在第一类;绿色生产指数排名第一,指数水平虽然较低,但等级划分在第一类;绿色生活指数排在第二,指数值较高,等级类型也划归第一类;绿色政策指数值排在第六,等级类型划归第三类。总体来说,当地的绿色发展指数水平较高。

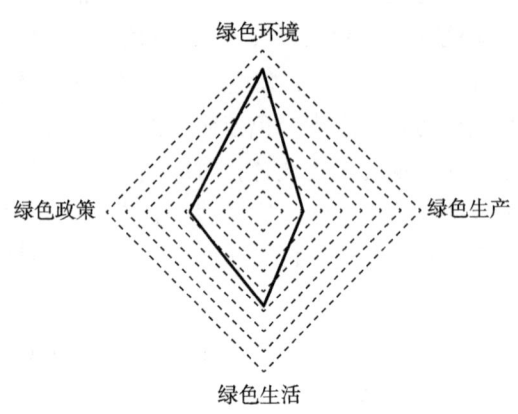

图 7-15　2017 年吉安绿色发展指数一级指标情况

2017 年,吉安绿色发展水平二级指标的指数值及其排名情况如表 7-16 所示。

表 7-16　2017 年吉安绿色发展指数二级指标情况

一级指标	二级指标	指数值	排名
绿色环境	资源禀赋	0.0834	1
	生态保护	0.0707	1
	环境压力	-0.0127	5
绿色生产	增长质量	0.0113	9
	资源节约	-0.0008	3
	循环利用	0.0299	3
绿色生活	绿色居住	0.0390	8
	绿色出行	0.0287	4
	绿色消费	0.0269	2
绿色政策	绿色投资	0.0177	4
	环境治理	0.0573	6

资料来源:本表根据表 4-2~表 4-5 数据制成。

绿色环境方面，资源禀赋排名第一，其中，耕地保有量、人均耕地面积和人均活立木蓄积量水平都是最高的；生态保护排名第一，森林覆盖率水平最高，但自然保护区面积占辖区面积比重和湿地面积占国土面积比重较低；环境压力排名第五，单位耕地面积化肥施用量较低，且其他排放量指标也处于较低水平。

绿色生产方面，增长质量排名第九，人均地区生产总值增长率排名较高，但其他指标排名都靠后；资源节约排名第三，单位地区生产总值建设用地面积最少；循环利用排名第三，工业用水重复利用率和一般工业固体废物综合利用率较高。

绿色生活方面，绿色居住排名第八，城市生活垃圾无害化处理率达到百分之百，但建成区绿化覆盖率处于中间位置；绿色出行排名第四，人均城市公共交通运营线路网长度比较大；绿色消费排名第二，其中，人均居民生活用水量增长率最高，另外人均居民生活用电量增长率也不低。

绿色政策方面，绿色投资排名第四，单位森林面积林业投资完成额、环境污染治理投资占比和研究与试验发展经费占GDP比重都处于较低水平；环境治理排名第六，除了空气质量优良天数占比较高，其他污染物下降率都较低。

为了便于直观感受吉安绿色发展指数二级指标的实际情况，本书绘制了相关指数的雷达图，如图7-16所示。其中可以看出，资源禀赋、生态保护、环境治理等指标的指数值水平较高，环境压力、增长质量、资源节约和绿色投资的指数值相对较低。当地绿色发展整体水平非常高。

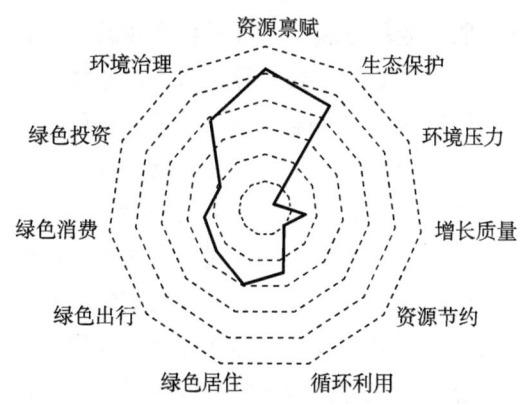

图7-16　2017年吉安绿色发展指数二级指标情况

（二）吉安绿色发展现状与问题

吉安地处江西中西部，革命摇篮井冈山所在地，区位优势明显，拥有丰富的自然资源，耕地资源、水资源、森林资源丰裕。2017年末常住人口为494.2万多，城镇化率为49.4%。生态优势十分明显。

吉安的绿色发展水平非常高，其中，绿色环境水平最高，资源禀赋条件最好，环境压力很小，生态保护能力尚可；绿色生产方面，资源集约化利用程度最高，增长质量和循环利用程度也不低；绿色生活方面，绿色消费能力最高，但绿色出行和绿色居住水平也都排在前列；绿色政策执行效果较好，其中环境治理能力很高，绿色投资水平相对较低。

近年来，吉安的生态文明建设水平不断提升，巩固了绿色发展优势地位。其中深入推动"净空"行动，超标准完成节能减排任务。全面推行"河长制"，清河行动效果十分明显，水质达标率稳步上升。生态红线区划定工作逐步展开，基本农田保护十分到位。成为国家循环经济示范城市、全国低碳试点城市。

(三) 对策建议

首先，加强资源保护，巩固生态环境污染防治。针对现有优良的资源禀赋条件和高质量的生态保护举措，应该进一步强化现有制度，积极创新具体环境优化手段。在生态保护红线划定的基础上，优化自然保护区管理和资源整合，积极争取国家级自然保护区建设。

其次，引导循环经济发展，重点推动服务业转型升级。在现有循环经济发展的基础上，不断提高企业的循环利用效率，尤其针对工业废水和固体废物再利用等问题，要加大技术投入。在对第三产业发展制定切实有效的产业发展规划的基础上，进一步引导绿色服务业的创新，实现绿色产业的全面发展，构建形成以低碳工业、生态农业和现代服务业为主要内容的绿色产业体系。

再次，加大绿色出行投入力度，全面提升绿色生活质量。针对公共交通基础设施建设的落后，地方政府应该加大基础设施建设支持力度，改善当地公共交通状况。针对垃圾处理等具体问题，应该推动垃圾分类，强化垃圾回收处理意识，加大宣传力度。推广科学的用水用电用气方式，针对过度的城市污染源以及农村污染面源要区别对待，推动污染物细致分类处理细则的出台。

最后，引导环境污染治理多方投入，加强环境综合治理能力。吉安的绿色投资总体实力偏弱，应该针对环境污染治理多个方面强化各自污染治理资金渠道的投入和引导工作，提高资金总量投入。针对水土流失、空气污染、水污染等多种治理缺位现象，要加强政府的综合治理能力，推动地方政府职能部门的综合执行能力建设。

九、宜春绿色发展对策建议

(一) 宜春 2017 年绿色发展指数情况分析

2017年,宜春的绿色发展指数排名第四,与2016年相比上升了6个位次,其中一级指标的具体指数值及其排名情况如表7-17所示。可以看出,绿色环境指标排名第六,处于中等位次,等级归于第三类;绿色生产指标排名第九,等级归于第四类;绿色生活指标排名第六,等级归于第三类;绿色政策指标排名第三,等级归于第二类。

表 7-17 2017 年宜春绿色发展指数一级指标情况

一级指标	指数值	排名	等级
绿色环境	0.0874	6	3
绿色生产	0.0123	9	4
绿色生活	0.0664	6	3
绿色政策	0.1009	3	2

资料来源:本表根据表4-1数据制成。

本书还将宜春上述相关指数的结果绘制成雷达图,以便于直观描述绿色发展指数的具体情况。由图7-17可以发现,宜春的绿色政策指数值最高,在绿色发展指数值里面贡献最大,等级划分属于第二类;绿色生活指数值排名中等,指数值也较小,等级划分属于第三类;绿色环境指数值比绿色生活指数值略高,排名也属于中等,等级划分属于第三类;绿色生产指数值最低,等级划分属于第四类。

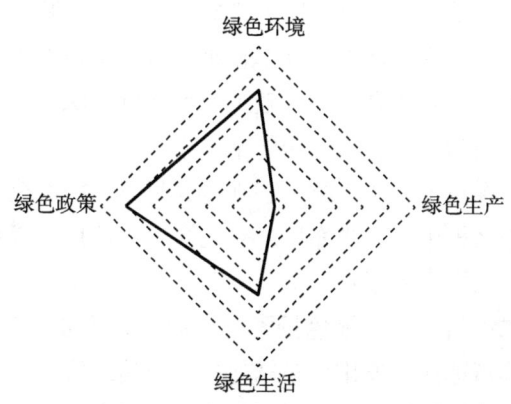

图 7-17 2017 年宜春绿色发展指数一级指标情况

2017年，宜春绿色发展水平二级指标的指数值及其排名情况如表7-18所示。

表7-18 2017年宜春绿色发展指数二级指标情况

一级指标	二级指标	指数值	排名
绿色环境	资源禀赋	0.0726	2
	生态保护	0.0443	8
	环境压力	-0.0295	9
绿色生产	增长质量	0.0131	8
	资源节约	-0.0188	6
	循环利用	0.0180	8
绿色生活	绿色居住	0.0362	9
	绿色出行	0.0425	1
	绿色消费	-0.0123	10
绿色政策	绿色投资	0.0323	1
	环境治理	0.0686	4

资料来源：本表根据表4-2～表4-5数据制成。

具体来看，在绿色环境的二级指标中，资源禀赋排名第二，位次靠前，主要是人均耕地面积、人均活立木蓄积量的数值都较高；生态保护排名第八，位次较为靠后，主要是水功能区水质达标率、生态保护红线区占比排名靠后导致的；环境压力排名第九，主要是受到人均化学需氧量排放量、人均氨氮排放量、人均二氧化硫排放量、人均氮氧化物排放量等多项数值偏高的影响。

在绿色生产的二级指标中，增长质量排名第八，位次靠后，其中，受到地区生产总值的增速较低、地区生产总值废水排放量较高的影响明显；资源节约排名第六，主要是能耗总量较高、能耗降低率较小、单位工业增加值水耗也很高导致的；循环利用排名第八，主要是受到一般工业固体废物综合利用率较低的影响。

在绿色生活的二级指标中，绿色居住排名第九，位次靠后，受到建成区绿化覆盖率不高的影响；绿色出行排名第一，则受到每万人拥有公交车辆数排名较低的影响；绿色消费排名第十，位次靠后，受到居民生活用电量增长率、居民天然气消费量增长率排名均靠后的影响。

在绿色政策的二级指标中，绿色投资排名第一，主要是环境保护支出占比、科教文卫支出占比等指标指数值排名较靠前；环境治理排名第四，主要是受水土流失治理面积较小、化学需氧量排放量下降率以及污水处理率较高的影响。

本书还将二级指标的指数结果绘制成雷达图，以便于直观描述二级指标指数值的具体情况，如图7-18所示。根据图中信息可以发现，宜春的资源禀赋、环境治理、生态保护等二级指标的指数值水平较高，环境压力、资源节约、绿色消费等二级指标的指数值则处于较低水平，从而导致宜春的绿色发展排名靠前。

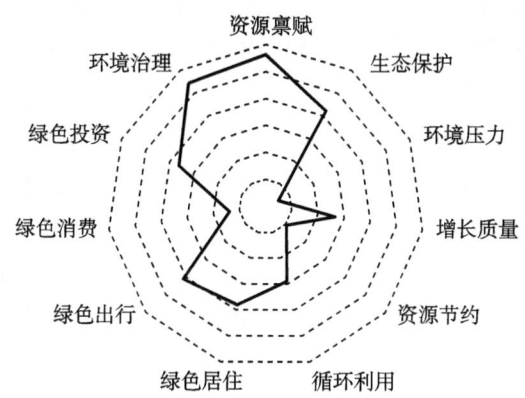

图7-18　2017年宜春绿色发展指数二级指标情况

（二）宜春绿色发展现状与问题

宜春在江西西部属于绿色发展潜力较为突出的地区，有着深厚的文化底蕴，丰富的绿色资源，但是之前受限于当地较为突出的人口压力和环境压力，绿色发展水平处于较低层次。之后当地政府加大重视力度并出台相关政策，绿色发展水平得到了较大程度的提升。

根据上述分析可以看出宜春的绿色发展水平在不同领域表现不一。其中，绿色环境水平尚可。宜春的空气质量常年保持优质水平，其中，森林覆盖率较其他地市更高，也是中国优秀旅游城市之一，生态保护也取得了一定成效。宜春的生态文明建设已经与自然环境相融合，在绿色品牌建设上也取得了突出成效，其绿色发展规划已经逐步深入县区基层。

然而宜春在绿色发展过程中还面临着一些突出问题。生态保护能力有待提升，在水质达标率上还需要进一步赶超其他地市。环境压力明显，多项废水废气排放量的具体指数偏高，特别是工业企业的环保治理能力有所欠缺，废水废气的监测体系并未完善。现阶段的环境保护举措所取得的成效还未彰显，能耗总量仍然处于较高水平，产业结构的转型升级压力明显，落后产能、过剩产能的工业企业仍然大量存在。

(三) 对策建议

首先，补齐生态环境保护短板。重点推进污染源头治理工程，加强重点污染源的监督管理，推进污染源信息数据平台建设。针对废水废气排放量问题，深入开展污染综合整治，特别是在城市和工业企业领域，切实改善水质和空气质量。提高各类垃圾处理的综合利用率，降低农村面源污染风险。

其次，加快产业绿色转型，走出绿色发展新路径。大力推进宜春特色产业发展（如绿色有机农业、富硒产业、油茶、中草药材等），实施绿色生态专项行动，推进绿色产业的基础设施建设，提供更加适合的产业发展基础。进一步打造知名绿色农产品品牌，加大"三品一标"规范推广，推进工业企业的技术改造工程，加强节能降耗技术推广。

再次，推广绿色消费方式，重点抓好生态旅游。进一步推进宜春地区居民节能减排宣传推广工作，培养节约意识，拓展绿色消费方式。积极推动城市公共交通基础设施建设，提高公共服务供给质量。开展各项生态文明建设、绿色发展领域的试点工程，打造典型示范区县和示范基地。

最后，推进绿色环保项目建设，严格落实环保责任。构建动态项目库，推进专项生态保护项目招商。构建多元生态环境保护网络，加快实施多项绿色生态工程，保障环保资金投入，完善生态环境监测预警机制。实施重点生态功能区的市场准入负面清单制度，健全生态保护补偿机制。

十、抚州绿色发展对策建议

（一）抚州 2017 年绿色发展指数情况分析

2017 年，抚州的绿色发展指数排名第二，具体一级指标得分排名以及等级情况如表 7-19 所示。其中，绿色环境指标排名第二，等级归于第一类；绿色生产指标排名第三，等级归于第二类；绿色生活指标排名第五，等级归于第二类；绿色政策指标排名第二，等级归于第一类。

表 7-19 2017 年抚州绿色发展指数一级指标情况

一级指标	指数值	排名	等级
绿色环境	0.1219	2	1
绿色生产	0.0322	3	2
绿色生活	0.0732	5	2
绿色政策	0.1017	2	1

资料来源：本表根据表 4-1 数据制成。

为了便于直观感受抚州绿色发展指数一级指标的实际情况，本书绘制了相关指数的雷达图，如图7-19所示。可以看出，抚州的绿色环境指数值最高，在全省排名第二位，就等级分类而言，排在第一类；绿色生产指数值排在第三，指数值较低，等级类型划归第二类；绿色生活指数值排名第五，等级划分在第二类；绿色政策指数值排名第二，等级类型划归第一类。说明当地的绿色发展指数处于较高水平。

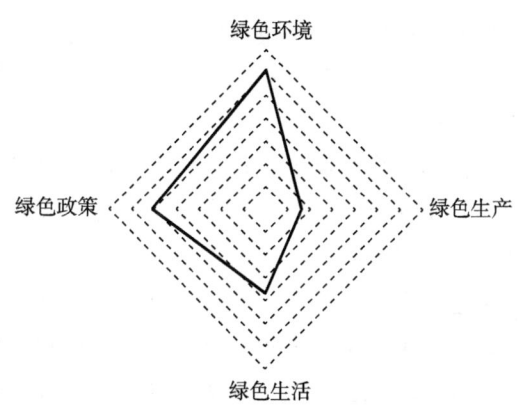

图7-19 2017年抚州绿色发展指数一级指标情况

2017年，抚州绿色发展水平二级指标的指数值及其排名情况如表7-20所示。

表7-20 2017年抚州绿色发展指数二级指标情况

一级指标	二级指标	指数值	排名
绿色环境	资源禀赋	0.0686	3
	生态保护	0.0610	3
	环境压力	-0.0076	4
绿色生产	增长质量	0.0195	5
	资源节约	-0.0157	5
	循环利用	0.0284	4
绿色生活	绿色居住	0.0394	7
	绿色出行	0.0140	5
	绿色消费	0.0198	3
绿色政策	绿色投资	0.0148	7
	环境治理	0.0869	1

资料来源：本表根据表4-2~表4-5数据制成。

绿色环境方面，资源禀赋排名第三，其中，人均水资源量最高；生态保护排名第三，水功能区水质达标率排名前列，自然保护区面积占辖区面积比重较高，但湿地面积占国土面积比重较低；环境压力排名第四，人均氮氧化物排放量处于最低水平，但单位耕地面积化肥、农药施（使）用量过大。

绿色生产方面，增长质量排名第五，单位地区生产总值一般工业固体废物排放量较低，单位耕地面积农业产值较高，但服务业增加值比重不高；资源节约排名第五，单位工业增加值水耗较低，单位地区生产总值建设用地面积较低，但单位面积农田灌溉用水量过大；循环利用排名第四，工业用水重复利用率、一般工业固体废物综合利用率较低。

绿色生活方面，绿色居住排名第七，建成区绿化覆盖率排名居中；绿色出行排名第五，人均城市公共交通运营线路网长度排名靠后；绿色消费排名第三，人均居民生活用电量增长率排名前列，但城市人均天然气消费量增长下降较快。

绿色政策方面，绿色投资排名第七，环境污染治理投资占比最高，单位森林面积林业投资完成额、环境保护支出占项目财政支出比重和研究与试验发展经费占地区生产总值的比重都比较低；环境治理排名第一，空气质量优良天数占比最高，单位耕地面积化肥施用量和化学需氧量排放量降低率都排名靠后，氮氧化物排放量不降反升。

为了便于直观感受抚州绿色发展指数二级指标的实际情况，本书绘制了相关指数的雷达图，如图7-20所示。可以看出，环境治理、资源禀赋、生态保护、绿色居住等指标的指数值水平较高，环境压力、资源节约、绿色投资的指数值相对较低。当地绿色发展整体水平处于较高位置。

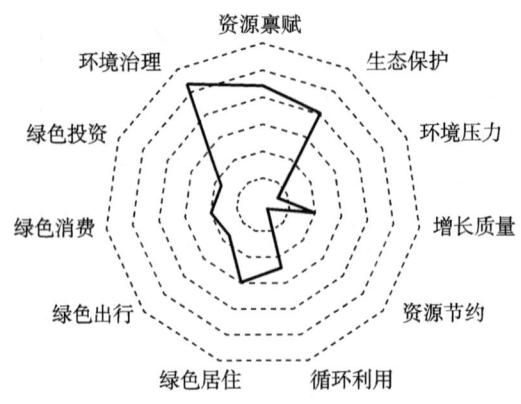

图7-20 2017年抚州绿色发展指数二级指标情况

(二) 抚州绿色发展现状与问题

抚州地处江西东部，与福建相邻，积极对接海西经济区，区位优势明显，土地资源、矿产资源、能源资源、水资源、动植物资源丰富。2017年末，抚州常住人口403.1万，城镇人口194.38万，城镇化率为48.22%。生态环境水平非常优良。

抚州的绿色发展水平处于较高位置，其中绿色环境水平很好，资源禀赋条件非常好，环境压力相对较小，生态保护水平较高；绿色生产方面，资源节约效率很高，增长质量水平处于前列，循环利用水平则有待提升；绿色生活方面，绿色居住环境良好，绿色消费结构较为合理，公共交通出行水平有待提升；绿色政策执行效果有待加强，环境治理能力欠缺，资金投入力度尚显不足。

抚州近年来重点推动生态文明建设，积极提升绿色生态优势。针对生态环境安全，已经初步划定了5000多平方千米的生态保护红线区。积极开展各项污染防治的"净空"行动，空气质量监测系统已经全国联网，空气质量明显改善。强化以抚河、崇仁河等水系区域工业、生活污水排放治理为重点的"净水"行动。在全省率先实施全市域封山育林；洪门水库列入全国生态湖泊治理项目；广昌抚河源湿地公园、廖坊湿地公园、凤岗河湿地公园纳入国家级湿地公园创建单位名单，黎川岩泉国家森林公园列入第三批国家森林氧吧。

(三) 对策建议

首先，进一步夯实现有绿色生态资源基础，深入推进污染防治和生态保护工作。抚州拥有非常丰厚的绿色资源，资源禀赋条件十分优良，应该进一步巩固好这一优势。通过加快推进高标准农田、设施农业建设，做好土地开发和耕地占补平衡工作，弥补耕地保护的基本农田维护短板。在现有生态保护红线区划定工作的基础上，进一步细化具体实施方案，加强实际工作的监督。针对部分污染排放仍然过高的现实，严格工业企业排放管理，加强工业园区污水处理设施建设，加强重点废水固体废物排放企业的监控，综合整治城市黑臭水体，加大农业面源污染防治力度，加强农村生活污水、生活垃圾处理。加快推进环保机构监测执法垂直管理改革，推广生态环境综合执法和城乡管理领域相对集中行政处罚权执法，通过严格执法切实有效推进国家及地方的污染防治法律以及条例的落实。

其次，保障绿色资源有效使用，推进节能节水专项行动。针对抚州较为良好的能耗水平、工业水耗降低以及废水固体废物排放量过高现状，应该继续保持优良的举措，保障相关企业的有效运转和进一步降低能耗、水耗工作，推动企业循环式生产、产业循环式组合、园区循环化改造，加快资源共享、废物处理、服务高效的公共平台建设，促进废物交换利用、能量梯级利用、水的分类利用和循环使用，推进集约高效服务业发展，培育节能减排科技创新示范企业，加强废弃物的综合利用。针对部分地区农田灌溉用水量过大现状，应进一步发展节水灌溉农业，推广节水灌溉技术应用，加强节水减排和高标准农田建设，完善灌溉用水计量设施。

再次，进一步加强绿色宜居城市建设，提升公共交通出行水平。当地绿色居住环境良好，绿色消费结构合理，针对现有优势提出宜居城市建设恰逢其时，积极推动申报全国宜居城市推动城市发展绿色化进程。同时，重点提高尚存不足的公共交通基础设施建设，加大新能源汽车推广力度，大力推广新能源公交车，发展新能源物流车、货运车，加快充电桩等配套基础设施建设。

最后，加大环保农林项目资金支持力度，重点推进空气污染治理工作。当地环境保护支出、单位森林面积林业投资、研究与试验发展经费支出水平处于较低水平，应该全面加大政府资金支持力度，同时，引导社会资金进入，有效构建多方综合治理框架，持续推进生态修复治理工程，巩固提升绿色发展水平。着力解决突出环境问题，加强重点大气污染源防控，进一步展开空气质量监控，完善当地空气质量监测站点建设。

十一、上饶绿色发展对策建议

（一）上饶2017年绿色发展指数情况分析

2017年，上饶的绿色发展指数排名第六，具体一级指标得分排名以及等级情况如表7-21所示。其中，绿色环境指标排名第三，等级归于第二类；绿色生产指标排名第十，等级归于第四类；绿色生活指标排名第四，等级归于第二类；绿色政策指标排名第十一，等级归于第四类。

表7-21　2017年上饶绿色发展指数一级指标情况

一级指标	指数值	排名	等级
绿色环境	0.1149	3	2
绿色生产	0.0002	10	4
绿色生活	0.0893	4	2
绿色政策	0.0391	11	4

资料来源：本表根据表4-1数据制成。

为了便于直观感受上饶绿色发展指数一级指标的实际情况，本书绘制了相关指数的雷达图,如图 7-21 所示。可以看出,上饶的绿色环境指数值最高,在全省排名第三位,就等级分类而言,排在第二类;绿色生产指数排在第十,指数值水平较低,等级类型划归第四类;绿色生活指数排名第四,指数值较高,等级划分在第二类;绿色政策指数排在第十一,等级类型划归第四类。说明当地的绿色发展指数水平不高。

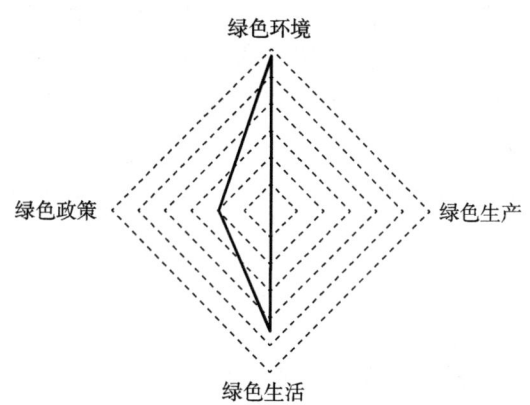

图 7-21　2017 年上饶绿色发展指数一级指标情况

2017 年,上饶绿色发展水平二级指标的指数值及其排名情况如表 7-22 所示。

表 7-22　2017 年上饶绿色发展指数二级指标情况

一级指标	二级指标	指数值	排名
绿色环境	资源禀赋	0.0653	4
	生态保护	0.0485	6
	环境压力	0.0011	2
绿色生产	增长质量	-0.0148	11
	资源节约	0.0019	2
	循环利用	0.0131	11
绿色生活	绿色居住	0.0438	3
	绿色出行	0.0000	11
	绿色消费	0.0455	1
绿色政策	绿色投资	0.0149	6
	环境治理	0.0242	11

资料来源:本表根据表 4-2~表 4-5 数据制成。

绿色环境方面，资源禀赋排名第四，其中，耕地保有量和人均水资源量排名靠前，但人均活立木蓄积量排名靠后；生态保护排名第六，其中自然保护区面积占辖区面积比重排名靠后，其余森林覆盖率等多项指标都排名靠前；环境压力排名第二，其中单位耕地面积化肥施用量最低，人均氮氧排放量、人均二氧化硫排放量及人均氨氮排放量均较低，且单位耕地面积农药使用量排名较为靠后。

绿色生产方面，增长质量排名第十一，其中，单位地区生产总值一般工业固体废物排放量和单位土地面积农业产值排名垫底，单位地区生产总值废水排放量排名靠后；资源节约排名第二，其中，单位地区生产总值建设用地面积和单位工业增加值水耗排名靠前，其余能耗总量等多项指标排名处于中间位置；循环利用排名第十一，其中一般工业固体废物综合利用率最低，工业用水重复利用率排名靠后。

绿色生活方面，绿色居住排名第三，其中，城市生活垃圾无害化处理率最低，建成区绿化覆盖率排名靠前；绿色出行排名第十一，其中，人均城市公共交通运营线路网长度和城市每万人拥有公交车辆数排名都垫底；绿色消费排名第一，其中，人均居民生活用电量和用水量增长率及城市人均天然气消费量增长率排名都靠前。

绿色政策方面，绿色投资排名第六，其中，科教文卫支出占财政支出比重较高，排名靠前，但环境污染治理投资占比、单位森林面积林业投资完成额及研究与试验发展经费占地区生产总值的比重均较低，排名靠后；环境治理排名第十一，其中，仅空气质量优良天数占比排名第二，其余指标排名都靠后，氮氧化物排放量下降率和化学需氧量排放量下降率排名垫底。

为了便于直观感受上饶绿色发展指数二级指标的实际情况，本书绘制了相关指数的雷达图，如图7-22所示。可以看出，资源禀赋、生态保护、绿色居住、绿色消费等指标的指数绝对值水平较高，增长质量、环境压力、资源节约、绿色出行的指数绝对值都非常低。当地绿色发展整体处于中等水平。

（二）上饶绿色发展现状与问题

上饶地处江西东北部，北邻安徽，南接福建，东邻浙江。区位优势十分显著，矿产资源、土地资源、生物资源丰富。2017年末，上饶常住人口678.3万，城镇人口342万，城镇化率达到50.4%。生态环境水平相对不高。

上饶绿色发展水平相对较低，其中，绿色环境水平较高，资源禀赋条件相对较好，生态保护水平较高，环境压力较小；绿色生产方面，增长质量和循环利用水平都是最低的，资源节约化利用程度相对较好；绿色生活方面，绿色出行水平最差，绿色居住环境相对较好，绿色消费结构相对较为合理；绿色政策执行效果较差，环境治理能力最差，投资力度也有待加强。

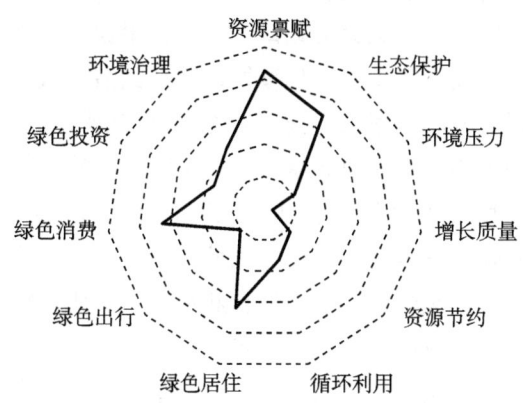

图7-22　2017年上饶绿色发展指数二级指标情况

上饶近年来加大了环境治理力度，坚持改善当地较为恶劣的生态环境，已经取得了一定成效。全市河流断面水质达标率超过了95.4%，城区空气质量优良天数占比超过90.4%。造林工程取得一定进展，森林覆盖率达57.5%，林木绿化率高达61%，居全省第三位。重点推进了循环经济产业园建设，完善了各地区污水处理厂建设。

(三) 对策建议

首先，继续维护现有生态环境，进一步推进林地工程建设，重点推进生态红线划定工作。上饶拥有良好的生态环境基础和资源禀赋，但是生态保护力度不大，故上饶应该进一步强化现有的生态环境保护制度，进一步加强城市园林绿化建设，加强园林绿化的管理工作，同时，针对存在的问题，积极推动生态保护红线区的划定工作，加大生态保护投入力度以及生态保护工作的政策支持力度。

其次，有序增加绿色产业比重，重点提升资源循环利用率。上饶单位地区生产总值废水排放量、单位地区生产总值一般工业固体废物排放量较高，而一般固体废物综合利用率较低，说明当地绿色产业结构尚未建成，地方政府应该积极采取措施，提升资源的利用效率，降低污染排放量，引导产业结构转型升级，大力发展绿色服务业，优化绿色产业结构，推进绿色产业全面发展。

再次，加强交通基础设施建设，大力发展多种形式融合的生态旅游产业。加强旅游景区道路交通建设，提高出行便利程度，推动多种形式融合，一是旅游+

农业融合，重点从农业种植与乡建艺术景观营造结合、特色生态旅游产品开发、特色乡村建设及特色种植园旅游化改造等方面入手，利用农业为旅游业提供旅游产品和服务设施，实现农旅互动发展格局。二是旅游+文化创意产业融合，充分挖掘上饶文化特色，以文化创意为突破口，重点在餐饮、住宿、购物、体育、娱乐等方面进行建设，形成上饶特色文化餐饮、精品民宿、旅游商品、户外体育等旅游产品体系，实现文旅联动发展。三是旅游+工业融合，以延伸工业产品链，促进工业转型升级为核心目标，引导境内建材工业、工矿工业、食品加工服务于特色旅游项目建设，引导木材加工企业、工矿企业、食品加工企业等延伸产业链，从特色旅游商品开发等角度拓展产品领域，最终实现工业与旅游产业的转型升级。四是旅游+新科技融合，以上饶的自然资源、文化资源为依托在景区建设过程中采用高科技设施设备或采用现代科技、互联网、物联网等新兴技术等展示上饶的村落之美、自然之美、文化之美。例如，景区综合信息系统的建立，通过各种互联网平台进行咨询、查询、预订、支付、体验，通过AR/VR等先进的投影摄像技术和设备打造虚拟现实场景，通过3D/4D技术的应用打造魔幻的情景和奇幻的夜间视觉项目，还有现代科技与传统农业的结合打造休闲、创意、高产的农产品，更有新科技与相关体验类项目的结合打造的各种DIY等。

最后，加强绿色投资支出，提高污染处理技术。上饶绿色投资指数值在江西所有地级市中排名靠后，环境治理指数值更是排在所有地级市的末位，说明上饶研发费用支出有限，各类投资水平相对较低，污染处理技术落后。地方政府应该扩大资金投入，用于环境保护、环境治理、林业投资、科教文卫支出以及科学研究，尤其需要加强科技创新投入，提高废气、废水、废渣的处理技术。同时，加强城市污水排放管控和空气质量监测，加强污水处理设施建设和有毒气体处理设施建设。

附　录

附录一　江西绿色发展指数指标解释及数据来源

1. 人均耕地面积

人均耕地面积是指经常进行耕种的土地面积，包括熟地、当年新开荒地、连续撂荒未满 3 年土地和休闲地。

计算方法：人均耕地面积＝耕地总面积/农村年末总人口。

数据来源：中国统计年鉴，各省份统计年鉴。

2. 人均水资源量

水资源总量是指降水所形成的地表和地下的产水量，即河川径流量（不包括区外来水量）和降水入渗补给量之和。

计算方法：人均水资源量＝地区水资源总量/地区年末总人口。

数据来源：中国统计年鉴，各省份统计年鉴。

3. 城市人均绿地面积

绿地面积是指年末用作绿化的各种绿地面积，包括公园绿地、单位附属绿地、居住区绿地、生产绿地、防护绿地和风景林地的总面积。

计算方法：城市人均绿地面积＝城市绿地面积/城市年末总人口。

数据来源：中国统计年鉴，各省份统计年鉴。

4. 人均活立木蓄积量

活立木蓄积量是指一定范围内土地上全部树木蓄积的总量，包括森林蓄积、疏林蓄积、散生木蓄积和四旁树蓄积。

计算方法：人均活立木蓄积量＝活立木总蓄积量/年末总人口。

数据来源：中国统计年鉴，各省份统计年鉴。

5. 森林覆盖率

森林覆盖率是指一个国家或地区森林面积占土地面积的百分比。在计算森林覆盖率时，森林面积包括郁闭度0.20以上的乔木林地面积和竹林地面积、国家特别规定的灌木林地面积、农田林网以及林旁、路旁、水旁、宅旁林木的覆盖面积。森林覆盖率表明一个国家或地区森林资源的丰富程度和生态平衡状况，是反映林业生产发展水平的主要指标。

计算方法：森林覆盖率＝（森林总面积/土地总面积）×100％。

数据来源：中国统计年鉴，各省份统计年鉴。

6. 水功能区水质达标率

水功能区是指国家为了保障水体的使用功能而划定的区域，区域内的水体水质必须要达到相应的分类标准。水质达标率是指水体质量达到相应标准的比率。水功能区水质达标率采用全因子进行达标评价，评价项目为《地表水环境质量标准》（GB3838—2002）。本书采用全因子达标率进行统计分析。

计算方法：水功能区水质达标率＝（全年水质达标数/评价水功能区数量）×100％。

数据来源：各省份水资源公报。

7. 生态保护红线区占国土面积比例

生态保护红线是指在自然生态服务功能、环境质量安全、自然资源利用等方面，需要实行严格保护的空间边界与管理限值，以维护国家和区域生态安全及经济社会可持续发展，保障人民群众健康。

计算方法：生态保护红线区占国土面积比例＝（生态保护红线区面积/国土面积）×100％。

数据来源：国家统计局，环保部。

8. 自然保护区面积占辖区面积比重

自然保护区是指对有代表性的自然生态系统、珍稀濒危野生动植物物种的天然集中分布、有特殊意义的自然遗迹等保护对象所在的陆地、陆地水域或海域，依法划出一定面积予以特殊保护和管理的区域。

计算方法：自然保护区面积占辖区面积比重＝（自然保护区面积/辖区面积）×100％。

数据来源：中国统计年鉴，各省份统计年鉴。

9. 湿地面积占国土面积比重

湿地指天然或人工形成的沼泽地等带有静止或流动水体的成片浅水区，还包括在低潮时水深不超过 6 米的水域。

计算公式：湿地面积占国土面积比重 =（湿地面积/国土面积）×100%。

数据来源：中国统计年鉴，各省份统计年鉴。

10. 人均化学需氧量排放量

化学需氧量是指在一定的条件下，采用一定的强氧化剂处理水样时所消耗的氧化剂量。它是表示水中还原性物质多少的一个指标。水中的还原性物质有各种有机物、亚硝酸盐、硫化物、亚铁盐等，但主要的是有机物。因此，化学需氧量又往往作为衡量水中有机物质含量多少的指标。在河流污染和工业废水性质的研究以及废水处理厂的运行管理中，它是一个重要的而且能较快测定的有机物污染参数。化学需氧量越大，说明水体受有机物的污染越严重。

计算方法：人均化学需氧量排放量 =（化学需氧量排放量/年末总人口）×100%。

数据来源：各省份环境状况公报，环境年报。

11. 人均氨氮排放量

氨氮是指水中以游离氨和铵离子形式存在的氮。氨氮是水体中的营养素，可导致水富营养化现象产生，是水体中的主要耗氧污染物。

计算方法：人均氨氮排放量 =（氨氮排放量/年末总人口）×100%。

数据来源：各省份环境状况公报，环境年报。

12. 人均二氧化硫排放量

二氧化硫是大气中主要污染物之一，是衡量大气是否遭到污染的重要标志。二氧化硫排放量一般划分为工业二氧化硫排放量和生活及其他二氧化硫排放量。

计算方法：人均二氧化硫排放量 =（二氧化硫排放量/年末总人口）×100%。

数据来源：各省份环境状况公报，环境年报。

13. 人均氮氧化物排放量

氮氧化物包括多种化合物，如一氧化二氮、一氧化氮、二氧化氮、三氧化二氮、四氧化二氮和五氧化二氮等。氮氧化物都具有不同程度的毒性。

计算方法：人均氮氧化物排放量 =（氮氧化物排放量/年末总人口）×100%。

数据来源：各省份环境状况公报，环境年报。

14. 单位耕地面积化肥施用量

农用化肥施用量是指本年内实际用于农业生产的化肥数量，包括氮肥、磷肥、钾肥和复合肥。化肥施用量要求按折纯量计算数量。折纯量是指把氮肥、磷肥、钾肥分别按含氮、含五氧化二磷、含氧化钾的100%成分进行折算后的数量。复合肥按其所含主要成分折算。

  计算方法：单位耕地面积化肥施用量＝化肥施用量/耕地面积。

  数据来源：中国统计年鉴，各省份统计年鉴。

15. 单位耕地面积农药使用量

农药是指用于预防、消灭或者控制危害农业、林业的病、虫、草和其他有害生物以及有目的地调节植物、昆虫生长的化学合成或者来源于生物、其他天然物质的一种物质或者几种物质的混合物及其制剂。

  计算方法：单位耕地面积农药使用量＝农药使用量/耕地面积。

  数据来源：中国统计年鉴，各省份统计年鉴。

16. 地区生产总值增幅

  计算方法：地区生产总值增幅＝[（当年度地区生产总值－前一年度地区生产总值）/前一年度地区生产总值]×100%。

  数据来源：中国统计年鉴，各省份统计年鉴。

17. 服务业增加值增幅

  计算方法：服务业增加值增幅＝[（当年度服务业增加值－前一年度服务业增加值）/前一年度服务业增加值]×100%。

  数据来源：中国统计年鉴，各省份统计年鉴。

18. 单位地区生产总值废水排放量

废水是指居民活动过程中排出的水及径流雨水的总称。它包括生活污水、工业废水和初雨径流入排水管渠等其他无用水，一般指经过一定技术处理后不能再循环利用或者一级污染后制纯处理难度达不到一定标准的水。

  计算方法：单位地区生产总值废水排放量＝废水排放量/地区生产总值。

  数据来源：各省份环境状况公报，环境年报。

19. 单位地区生产总值一般工业固体废物排放量

工业固体废物是指在工业生产活动中产生的固体废物。固体废物的一类，简称工业废物，是工业生产过程中排入环境的各种废渣、粉尘及其他废物。可分为一般工业废物（如高炉渣、钢渣、赤泥、有色金属渣、粉煤灰、煤渣、硫酸渣、废石膏、脱硫灰、电石渣、盐泥等）和工业有害固体废物，即危险固体废物。

  计算方法：单位地区生产总值一般工业固体废物排放量＝一般工业固体废物排放量/地区生产总值。

数据来源：各省份统计年鉴，各省份环境状况公报，环境年报。

20. 能耗总量

能耗总量是一定时期内全国或某地区用于生产、生活所消费的各种能源数量之和，是反映全国或全地区能源消费水平、构成与增长速度的总量指标。

数据来源：中国统计年鉴，各省份统计年鉴。

21. 单位地区生产总值能源消耗

单位地区生产总值能源消耗是指一定时期内该地区能源消费总量与地区生产总值的比值。

计算方法：单位地区生产总值能源消耗＝能源消费总量/地区生产总值。

数据来源：中国统计年鉴，各省份统计年鉴。

22. 单位耕地面积农田灌溉用水量

农田灌溉用水量是指农田灌溉过程中消耗的水资源总量。

计算方法：单位耕地面积农田灌溉用水量＝农田灌溉用水量/耕地面积。

数据来源：中国统计年鉴，各省份统计年鉴。

23. 单位工业增加值水耗

工业用水是指工业生产中直接和间接使用的水量。单位工业增加值水耗是指一定时期内工业用水量与工业增加值的比值。

计算方法：单位工业增加值水耗＝工业用水量/工业增加值。

数据来源：中国统计年鉴，各省份统计年鉴。

24. 单位地区生产总值建设用地面积

建设用地是指建造建筑物、构筑物的土地，是城乡住宅和公共设施用地，工矿用地，能源、交通、水利、通信等基础设施用地，旅游用地，军事用地等，付出一定投资（土地开发建设费用），通过工程手段，为各项建设提供的土地。是利用土地的承载能力或建筑空间，不以取得生物产品为主要目的的用地。

计算方法：单位地区生产总值建设用地面积＝建设用地面积/地区生产总值。

数据来源：中国统计年鉴，各省份统计年鉴。

25. 单位工业增加值水耗降低率

工业用水是指工业生产中直接和间接使用的水量。单位工业增加值水耗是指一定时期内工业用水量与工业增加值的比值。

计算方法：单位工业增加值水耗降低率＝[（前一年度单位工业增加值水耗－当年度单位工业增加值水耗）/前一年度单位工业增加值水耗]×100%。

数据来源：中国统计年鉴，各省份统计年鉴。

26. 一般工业固体废物综合利用率

工业固体废物综合利用率指工业固体废物综合利用量占工业固体废物产生量的百分比。

计算方法：一般工业固体废物综合利用率＝〔工业固体废物综合利用量/（工业固体废物产生量+综合利用往年贮存量）〕×100%。

数据来源：中国统计年鉴，各省份统计年鉴。

27. 城市生活垃圾无害化处理率

生活垃圾是指人们在日常生活中或者为日常生活提供服务的活动中产生的固体废物，以及法律、行政法规规定视为生活垃圾的固体废物。主要包括居民生活垃圾、集市贸易与商业垃圾、公共场所垃圾、街道清扫垃圾及企事业单位垃圾等。

计算方法：城市生活垃圾无害化处理率＝（城市生活垃圾无害化处理量/城市生活垃圾产生量）×100%。

数据来源：中国统计年鉴，各省份统计年鉴。

28. 建成区绿化覆盖率

建成区绿化覆盖率指在城市建成区的绿化覆盖面积占建成区的百分比。绿化覆盖面积是指城市中乔木、灌木、草坪等所有植被的垂直投影面积。

计算方法：建成区绿化覆盖率＝（建成区绿地面积/建成区总面积）×100%。

数据来源：中国统计年鉴，各省份统计年鉴。

29. 人均城市公共交通运营线路网长度

城市公共交通在城市及其郊区范围内，为方便公众出行，用客运工具进行的旅客运输，是城市交通的重要组成部分。城市公共交通对城市政治经济、文化教育、科学技术等方面的发展影响极大，也是城市建设的一个重要方面。

计算方法：人均城市公共交通运营线路网长度＝城市公共交通运营线路长度/城市年末总人口。

数据来源：中国统计年鉴，各省份统计年鉴。

30. 城市每万人拥有公交车辆数

计算方法：城市每万人拥有公交车辆数＝（公共交通运营车辆总数/城市人口总数）×100%。

数据来源：中国统计年鉴，各省份统计年鉴。

31. 人均居民生活用电量增长率

计算方法：人均居民生活用电量增长率＝〔（当年度人均居民生活用电量－

前一年度人均居民生活用电量)/前一年度人均居民生活用电量]×100%。

数据来源：中国统计年鉴，各省份统计年鉴。

32. 人均居民生活用水量增长率

计算方法：人均居民生活用水量增长率 = [(当年度人均居民生活用水量 − 前一年度人均居民生活用水量)/前一年度人均居民生活用水量]×100%。

数据来源：中国统计年鉴，各省份统计年鉴。

33. 城市人均天然气消费量增长率

计算方法：城市人均天然气消费量增长率 = [(当年度城市人均天然气消费量 − 前一年度城市人均天然气消费量)/前一年度城市人均天然气消费量]×100%。

数据来源：中国统计年鉴，各省份统计年鉴。

34. 环境保护支出占项目财政支出比重

环境保护支出指政府环境保护支出，包括环境保护管理事务支出、环境监测与监察支出、污染治理支出、自然生态保护支出、天然林保护工程支出、退耕还林支出、风沙荒漠治理支出、退牧还草支出与已垦草原退耕还草、能源节约利用、污染减排、可再生能源和资源综合利用等支出。

计算方法：环境保护支出占项目财政支出比重 = (环境保护支出总额/项目财政支出总额)×100%。

数据来源：中国统计年鉴，各省份统计年鉴。

35. 环境污染治理投资占比

计算方法：环境污染治理投资占比 = (环境污染治理投资/地区生产总值)×100%。

数据来源：各省份环境状况公报，环境年报。

36. 单位森林面积林业投资完成额

林业投资完成额包括国家预算内资金、国内贷款、利用外资、自筹资金等。

计算方法：单位森林面积林业投资完成额 = 林业投资完成额/森林面积。

数据来源：中国统计年鉴，各省份统计年鉴。

37. 科教文卫支出占财政支出比重

科教文卫支出即科学、教育、文化、卫生支出，是指国家财政用于科学、教育、文化、卫生等事业的经费支出。科教文卫支出的性质属于非生产性支出，是社会消费支出。

计算方法：科教文卫支出占财政支出比重 = (科教文卫支出总额/财政支出总额)×100%。

数据来源：中国统计年鉴，各省份统计年鉴。

38. 水土流失治理面积

水土流失治理面积是指在山丘地区水土流失面积上，按照综合治理的原则，采取各种治理措施，如水平梯田、淤地坝、谷坊、造林种草、封山育林育草（指有造林、种草补植任务的）等，以及按小流域综合治理措施所治理的水土流失面积总和。

数据来源：中国统计年鉴，各省份统计年鉴。

39. 单位耕地面积化肥施用量降低率

计算方法：单位耕地面积化肥施用量降低率 =［（前一年度单位耕地面积化肥施用量 - 当年度单位耕地面积化肥施用量）/前一年度单位耕地面积化肥施用量］×100%。

数据来源：中国统计年鉴，各省份统计年鉴。

40. 单位耕地面积农药使用量降低率

计算方法：单位耕地面积农药使用量降低率 =［（前一年度单位耕地面积农药使用量 - 当年度单位耕地面积农药使用量）/前一年度单位耕地面积农药使用量］×100%。

数据来源：中国统计年鉴，各省份统计年鉴。

41. 化学需氧量排放量降低率

计算方法：化学需氧量排放量降低率 =［（前一年度化学需氧量排放量 - 当年度化学需氧量排放量）/前一年度化学需氧量排放量］×100%。

数据来源：各省份环境状况公报，环境年报。

42. 氨氮排放量降低率

计算方法：氨氮排放量降低率 =［（前一年度氨氮排放量 - 当年度氨氮排放量）/前一年度氨氮排放量］×100%。

数据来源：各省份环境状况公报，环境年报。

43. 二氧化硫排放量降低率

计算方法：二氧化硫排放量降低率 =［（前一年度二氧化硫排放量 - 当年度二氧化硫排放量）/前一年度二氧化硫排放量］×100%。

数据来源：各省份环境状况公报，环境年报。

44. 氮氧化物排放量降低率

计算方法：氮氧化物排放量降低率 =［（前一年度氮氧化物排放量 - 当年度氮氧化物排放量）/前一年度氮氧化物排放量］×100%。

数据来源：各省份环境状况公报，环境年报。

45. 城市污水处理率

污水处理是指为使污水达到排水某一水体水质或再次使用的水质要求对其进行净化的过程。污水处理被广泛应用于建筑、农业、交通、能源、石化、环保、城市景观、医疗、餐饮等各个领域。

数据来源：中国统计年鉴，各省份统计年鉴。

46. 空气质量优良天数占比

空气质量优良天数占比是指区域内城镇空气质量优良以上的监测天数占全年监测总天数的比例。空气质量评价使用 API 指数法，用污染物日均值评价。

数据来源：各省份环境状况公报，环境年报。

附录二　江西设区市绿色发展指数指标解释及数据来源

1. 耕地保有量

耕地保有量（耕地总量）是指在一定区域内的耕地总数量，等于上一年结转的耕地数量，扣除年内各项建设占用耕地的数量和农业结构调整占用及生态退耕的数量，加上年内土地开发、复垦和土地整理增加的耕地数量。

数据来源：江西统计年鉴。

2. 人均耕地面积

耕地面积是指经常进行耕种的土地面积，包括熟地、当年新开荒地、连续撂荒未满 3 年土地和休闲地。

计算方法：人均耕地面积 = 耕地总面积/农村年末总人口。

数据来源：江西统计年鉴。

3. 人均水资源量

水资源总量是指降水所形成的地表和地下的产水量，即河川径流量（不包括区外来水量）和降水入渗补给量之和。

计算方法：人均水资源量 = 地区水资源总量/地区年末总人口。

数据来源：江西统计年鉴。

4. 城市人均绿地面积

绿地面积是指年末用作绿化的各种绿地面积，包括公园绿地、单位附属绿地、居住区绿地、生产绿地、防护绿地和风景林地的总面积。

计算方法：城市人均绿地面积＝城市绿地面积/城市年末总人口。

数据来源：江西统计年鉴。

5. 人均活立木蓄积量

活立木蓄积量是指一定范围内土地上全部树木蓄积的总量，包括森林蓄积、疏林蓄积、散生木蓄积和四旁树蓄积。

计算方法：人均活立木蓄积量＝活立木总蓄积量/年末总人口。

数据来源：江西统计年鉴。

6. 森林覆盖率

森林覆盖率是指一个国家或地区森林面积占土地面积的百分比。在计算森林覆盖率时，森林面积包括郁闭度 0.20 以上的乔木林地面积和竹林地面积、国家特别规定的灌木林地面积、农田林网以及林旁、路旁、水旁、宅旁林木的覆盖面积。森林覆盖率表明一个国家或地区森林资源的丰富程度和生态平衡状况，是反映林业生产发展水平的主要指标。

计算方法：森林覆盖率＝（森林总面积/土地总面积）×100%。

数据来源：江西统计年鉴。

7. 水功能区水质达标率

水功能区是指国家为了保障水体的使用功能而划定的区域，区域内的水体水质必须要达到相应的分类标准。水质达标率是指水体质量达到相应标准的比率。水功能区水质达标率采用全因子进行达标评价，评价项目为《地表水环境质量标准》（GB3838—2002）。本书采用全因子达标率进行统计分析。

计算方法：水功能区水质达标率＝（全年水质达标数/评价水功能区数量）×100%。

数据来源：江西水资源公报。

8. 生态保护红线区占国土面积比例

生态保护红线是指在自然生态服务功能、环境质量安全、自然资源利用等方面，需要实行严格保护的空间边界与管理限值，以维护国家和区域生态安全及经济社会可持续发展，保障人民群众健康。

计算方法：生态保护红线区占国土面积比例＝（生态保护红线区面积/国土面积）×100%。

数据来源：江西统计、环保部门。

9. 自然保护区面积占辖区面积比重

自然保护区是指对有代表性的自然生态系统、珍稀濒危野生动植物物种的天然集中分布、有特殊意义的自然遗迹等保护对象所在的陆地、陆地水域或海域，依法划出一定面积予以特殊保护和管理的区域。

计算方法：自然保护区面积占辖区面积比重 =（自然保护区面积/辖区面积）×100%。

数据来源：江西统计年鉴。

10. 湿地面积占国土面积比重

湿地指天然或人工形成的沼泽地等带有静止或流动水体的成片浅水区，还包括在低潮时水深不超过 6 米的水域。

计算公式：湿地面积占国土面积比重 =（湿地面积/国土面积）×100%。

数据来源：江西统计年鉴。

11. 人均化学需氧量排放量

化学需氧量是指在一定的条件下，采用一定的强氧化剂处理水样时所消耗的氧化剂量。它是表示水中还原性物质多少的一个指标。水中的还原性物质有各种有机物、亚硝酸盐、硫化物、亚铁盐等，但主要的是有机物。因此，化学需氧量又往往作为衡量水中有机物质含量多少的指标。在河流污染和工业废水性质的研究以及废水处理厂的运行管理中，它是一个重要的而且能较快测定的有机物污染参数。化学需氧量越大，说明水体受有机物的污染越严重。

计算方法：人均化学需氧量排放量 =（化学需氧量排放量/年末总人口）×100%。

数据来源：江西环境状况公报，江西环境年报。

12. 人均氨氮排放量

氨氮是指水中以游离氨和铵离子形式存在的氮。氨氮是水体中的营养素，可导致水富营养化现象产生，是水体中的主要耗氧污染物。

计算方法：人均氨氮排放量 =（氨氮排放量/年末总人口）×100%。

数据来源：江西环境状况公报，江西环境年报。

13. 人均二氧化硫排放量

二氧化硫是大气中主要污染物之一，是衡量大气是否遭到污染的重要标志。二氧化硫排放量一般划分为工业二氧化硫排放量和生活及其他二氧化硫排放量。

计算方法：人均二氧化硫排放量 =（二氧化硫排放量/年末总人口）×100%。

数据来源：江西环境状况公报，江西环境年报。

14. 人均氮氧化物排放量

氮氧化物包括多种化合物，如一氧化二氮、一氧化氮、二氧化氮、三氧化二氮、四氧化二氮和五氧化二氮等。氮氧化物都具有不同程度的毒性。

计算方法：人均氮氧化物排放量 =（氮氧化物排放量/年末总人口）×100%。

数据来源：江西环境状况公报，江西环境年报。

15. 单位耕地面积化肥施用量

农用化肥施用量是指本年内实际用于农业生产的化肥数量，包括氮肥、磷肥、钾肥和复合肥。化肥施用量要求按折纯量计算数量。折纯量是指把氮肥、磷肥、钾肥分别按含氮、含五氧化二磷、含氧化钾的100%成分进行折算后的数量。复合肥按其所含主要成分折算。

计算方法：单位耕地面积化肥施用量 = 化肥施用量/耕地面积。

数据来源：江西统计年鉴。

16. 单位耕地面积农药使用量

农药是指用于预防、消灭或者控制危害农业、林业的病、虫、草和其他有害生物以及有目的地调节植物、昆虫生长的化学合成或者来源于生物、其他天然物质的一种物质或者几种物质的混合物及其制剂。

计算方法：单位耕地面积农药使用量 = 农药使用量/耕地面积。

数据来源：江西统计年鉴。

17. 人均地区生产总值增长率

地区生产总值是指本地区所有常住单位在一定时期内生产活动的最终成果。对于一个地区而言，称为地区生产总值或者地区 GDP。

计算方法：人均地区生产总值增长率 =［（当年度人均地区生产总值 – 前一年度人均地区生产总值）/前一年度人均地区生产总值］×100%。

数据来源：江西统计年鉴。

18. 服务业增加值比重

服务业增加值比重是指某一地区第三产业增加值占地区生产总值的比重。

计算方法：服务业增加值比重 =（第三产业增加值/地区生产总值）×100%。

数据来源：江西统计年鉴。

19. 单位地区生产总值废水排放量

废水是指居民活动过程中排出的水及径流雨水的总称。它包括生活污水、工业废水和初雨径流入排水管渠等其他无用水，一般指经过一定技术处理后不能再循环利用或者一级污染后制纯处理难度达不到一定标准的水。

计算方法：单位地区生产总值废水排放量 = 废水排放量/地区生产总值。

数据来源：江西环境状况公报，江西环境年报。

20. 单位地区生产总值一般工业固体废物排放量

工业固体废物是指在工业生产活动中产生的固体废物。固体废物的一类，简称工业废物，是工业生产过程中排入环境的各种废渣、粉尘及其他废物。可分为一般工业废物（如高炉渣、钢渣、赤泥、有色金属渣、粉煤灰、煤渣、硫酸渣、废石膏、脱硫灰、电石渣、盐泥等）和工业有害固体废物，即危险固体废物。

计算方法：单位地区生产总值一般工业固体废物排放量 = 一般工业固体废物排放量/地区生产总值。

数据来源：江西统计年鉴，江西环境状况公报，江西环境年报。

21. 单位耕地面积农业产值

农林牧渔业总产值是指以货币表现的农、林、牧、渔业全部产品和对农林牧渔业生产活动进行的各种支付性服务活动的价值总量，它反映一定时期内农业生产总规模和总成果。

计算方法：单位耕地面积农业产值 = 农业产值/耕地面积。

数据来源：江西统计年鉴。

22. 能耗总量

能耗总量是一定时期内全国或某地区用于生产、生活所消费的各种能源数量之和，是反映全国或全地区能源消费水平、构成与增长速度的总量指标。

数据来源：江西统计年鉴。

23. 单位地区生产总值能源消耗降低率

单位地区生产总值能源消耗是指一定时期内该地区能源消费总量与地区生产总值的比值。

计算方法：单位地区生产总值能源消耗降低率 = ［（前一年度单位地区生产总值能源消耗 － 当年度单位地区生产总值能源消耗）/前一年度单位地区生产总值能源消耗］×100%。

数据来源：江西统计年鉴。

24. 单位耕地面积农田灌溉用水量

农田灌溉用水量是指农田灌溉过程中消耗的水资源总量。

计算方法：单位耕地面积农田灌溉用水量 = 农田灌溉用水量/耕地面积。

数据来源：江西统计年鉴。

25. 单位工业增加值水耗

工业用水是指工业生产中直接和间接使用的水量。单位工业增加值水耗是指一定时期内工业用水量与工业增加值的比值。

计算方法：单位工业增加值水耗＝工业用水量/工业增加值。

数据来源：江西统计年鉴。

26. 单位地区生产总值建设用地面积

建设用地是指建造建筑物、构筑物的土地，是城乡住宅和公共设施用地，工矿用地，能源、交通、水利、通信等基础设施用地，旅游用地，军事用地等，付出一定投资（土地开发建设费用），通过工程手段，为各项建设提供的土地。是利用土地的承载能力或建筑空间，不以取得生物产品为主要目的的用地。

计算方法：单位地区生产总值建设用地面积＝建设用地面积/地区生产总值。

数据来源：江西统计年鉴。

27. 工业用水重复利用率

工业用水重复利用率是工业用水中重复利用的水量与总用水量的比值。

计算方法：工业用水重复利用率＝［重复利用水量/（生产中取用的新水量＋重复利用水量）］×100％。

数据来源：江西统计年鉴，江西环境状况公报，江西环境年报。

28. 一般工业固体废物综合利用率

工业固体废物综合利用率指工业固体废物综合利用量占工业固体废物产生量的百分比。

计算方法：一般工业固体废物综合利用率＝［工业固体废物综合利用量/（工业固体废物产生量＋综合利用往年贮存量）］×100％。

数据来源：江西统计年鉴。

29. 城市生活垃圾无害化处理率

生活垃圾是指人们在日常生活中或者为日常生活提供服务的活动中产生的固体废物，以及法律、行政法规规定视为生活垃圾的固体废物。主要包括居民生活垃圾、集市贸易与商业垃圾、公共场所垃圾、街道清扫垃圾及企事业单位垃圾等。

计算方法：城市生活垃圾无害化处理率＝（城市生活垃圾无害化处理量/城市生活垃圾产生量）×100％。

数据来源：江西统计年鉴。

30. 建成区绿化覆盖率

建成区绿化覆盖率指在城市建成区的绿化覆盖面积占建成区的百分比。绿化覆盖面积是指城市中乔木、灌木、草坪等所有植被的垂直投影面积。

计算方法：建成区绿化覆盖率＝（建成区绿地面积/建成区总面积）×100％。

数据来源：江西统计年鉴。

31. 人均城市公共交通运营线路网长度

城市公共交通在城市及其郊区范围内，为方便公众出行，用客运工具进行的旅客运输，是城市交通的重要组成部分。城市公共交通对城市政治经济、文化教育、科学技术等方面的发展影响极大，也是城市建设的一个重要方面。

计算方法：人均城市公共交通运营线路网长度 = 城市公共交通运营线路长度/城市年末总人口。

数据来源：江西统计年鉴。

32. 城市每万人拥有公交车辆数

计算方法：城市每万人拥有公交车辆数 = （公共交通运营车辆总数/城市人口总数）×100%。

数据来源：江西统计年鉴。

33. 人均居民生活用电量增长率

计算方法：人均居民生活用电量增长率 = [（当年度人均居民生活用电量 − 前一年度人均居民生活用电量)/前一年度人均居民生活用电量]×100%。

数据来源：江西统计年鉴。

34. 人均居民生活用水量增长率

计算方法：人均居民生活用水量增长率 = [（当年度人均居民生活用水量 − 前一年度人均居民生活用水量)/前一年度人均居民生活用水量]×100%。

数据来源：江西统计年鉴。

35. 城市人均天然气消费量增长率

计算方法：城市人均天然气消费量增长率 = [（当年度城市人均天然气消费量 − 前一年度城市人均天然气消费量)/前一年度城市人均天然气消费量]×100%。

数据来源：江西统计年鉴。

36. 环境保护支出占项目财政支出比重

环境保护支出指政府环境保护支出，包括环境保护管理事务支出、环境监测与监察支出、污染治理支出、自然生态保护支出、天然林保护工程支出、退耕还林支出、风沙荒漠治理支出、退牧还草支出与已垦草原退耕还草、能源节约利用、污染减排、可再生能源和资源综合利用等支出。

计算方法：环境保护支出占项目财政支出比重 = （环境保护支出总额/项目财政支出总额）×100%。

数据来源：江西统计年鉴。

37. 环境污染治理投资占比

计算方法：环境污染治理投资占比=（环境污染治理投资/地区生产总值）×100%。

数据来源：江西环境状况公报，江西环境年报。

38. 单位森林面积林业投资完成额

林业投资完成额包括国家预算内资金、国内贷款、利用外资、自筹资金等。

计算方法：单位森林面积林业投资完成额=林业投资完成额/森林面积。

数据来源：江西统计年鉴。

39. 科教文卫支出占财政支出比重

科教文卫支出即科学、教育、文化、卫生支出，是指国家财政用于科学、教育、文化、卫生等事业的经费支出。科教文卫支出的性质，属于非生产性支出，是社会消费支出。

计算方法：科教文卫支出占财政支出比重=（科教文卫支出总额/财政支出总额）×100%。

数据来源：江西统计年鉴。

40. 研究与试验发展经费占地区生产总值比重

研究与试验发展经费支出指统计年度内全社会实际用于基础研究、应用研究和试验发展的经费支出。包括实际用于研究与试验发展活动的人员劳务费、原材料费、固定资产购建费、管理费及其他费用支出。

计算方法：研究与试验发展经费占地区生产总值比重=（研究与试验发展经费支出/地区生产总值）×100%。

数据来源：江西统计年鉴。

41. 水土流失治理面积

水土流失治理面积是指在山丘地区水土流失面积上，按照综合治理的原则，采取各种治理措施，如水平梯田、淤地坝、谷坊、造林种草、封山育林育草（指有造林、种草补植任务的）等，以及按小流域综合治理措施所治理的水土流失面积总和。

数据来源：江西统计年鉴。

42. 单位耕地面积化肥施用量降低率

计算方法：单位耕地面积化肥施用量降低率=[（前一年度单位耕地面积化肥施用量－当年度单位耕地面积化肥施用量）/前一年度单位耕地面积化肥施用量]×100%。

数据来源：江西统计年鉴。

43. 单位耕地面积农药使用量降低率

计算方法：单位耕地面积农药使用量降低率 = [（前一年度单位耕地面积农药使用量 − 当年度单位耕地面积农药使用量）/前一年度单位耕地面积农药使用量] × 100%。

数据来源：江西统计年鉴。

44. 化学需氧量排放量降低率

计算方法：化学需氧量排放量降低率 = [（前一年度化学需氧量排放量 − 当年度化学需氧量排放量）/前一年度化学需氧量排放量] × 100%。

数据来源：江西环境状况公报，江西环境年报。

45. 氨氮排放量降低率

计算方法：氨氮排放量降低率 = [（前一年度氨氮排放量 − 当年度氨氮排放量）/前一年度氨氮排放量] × 100%。

数据来源：江西环境状况公报，江西环境年报。

46. 二氧化硫排放量降低率

计算方法：二氧化硫排放量降低率 = [（前一年度二氧化硫排放量 − 当年度二氧化硫排放量）/前一年度二氧化硫排放量] × 100%。

数据来源：江西环境状况公报，江西环境年报。

47. 氮氧化物排放量降低率

计算方法：氮氧化物排放量降低率 = [（前一年度氮氧化物排放量 − 当年度氮氧化物排放量）/前一年度氮氧化物排放量] × 100%。

数据来源：江西环境状况公报，江西环境年报。

48. 城市污水处理率

污水处理是指为使污水达到排水某一水体水质或再次使用的水质要求对其进行净化的过程。污水处理被广泛应用于建筑、农业、交通、能源、石化、环保、城市景观、医疗、餐饮等各个领域。

数据来源：江西统计年鉴。

49. 空气质量优良天数占比

空气质量优良天数占比是指区域内城镇空气质量优良以上的监测天数占全年监测总天数的比例。空气质量评价使用 API 指数法，用污染物日均值评价。

数据来源：江西环境状况公报，江西环境年报。

附录三　江西城市绿色发展指数指标解释及数据来源

1. 人均水资源量

水资源总量是指降水所形成的地表和地下的产水量，即河川径流量（不包括区外来水量）和降水入渗补给量之和。

计算方法：人均水资源量＝地区水资源总量/地区年末总人口。

数据来源：江西各设区市统计年鉴。

2. 城市人均绿地面积

绿地面积是指年末用作绿化的各种绿地面积，包括公园绿地、单位附属绿地、居住区绿地、生产绿地、防护绿地和风景林地的总面积。

计算方法：城市人均绿地面积＝城市绿地面积/城市年末总人口。

数据来源：江西各设区市统计年鉴，中国城市统计年鉴。

3. 水功能区水质达标率

水功能区是指国家为了保障水体的使用功能而划定的区域，区域内的水体水质必须要达到相应的分类标准。水质达标率是指水体质量达到相应标准的比率。水功能区水质达标率采用全因子进行达标评价，评价项目为《地表水环境质量标准》（GB3838—2002）。本书采用全因子达标率进行统计分析。

计算方法：水功能区水质达标率＝（全年水质达标数/评价水功能区数量）×100%。

数据来源：江西水资源公报。

4. 人均工业废水排放量

工业废水（Industrial Wastewater）包括生产废水、生产污水及冷却水，是指工业生产过程中产生的废水和废液，其中含有随水流失的工业生产用料、中间产物、副产品以及生产过程中产生的污染物。

计算方法：人均工业废水排放量＝（工业废水排放量/年末总人口）×100%。

数据来源：江西各设区市统计年鉴，江西环境状况公报，江西环境年报。

5. 人均二氧化硫排放量

二氧化硫是大气中主要污染物之一，是衡量大气是否遭到污染的重要标志。

二氧化硫排放量一般划分为工业二氧化硫排放量和生活及其他二氧化硫排放量。

计算方法：人均二氧化硫排放量=（二氧化硫排放量/年末总人口）×100%。

数据来源：江西各设区市统计年鉴，江西环境状况公报，江西环境年报。

6. 人均氮氧化物排放量

氮氧化物包括多种化合物，如一氧化二氮、一氧化氮、二氧化氮、三氧化二氮、四氧化二氮和五氧化二氮等。氮氧化物都具有不同程度的毒性。

计算方法：人均氮氧化物排放量=（氮氧化物排放量/年末总人口）×100%。

数据来源：江西各设区市统计年鉴，江西环境状况公报，江西环境年报。

7. 人均烟（粉）尘排放量

粉尘是指悬浮在空气中的固体微粒。习惯上对粉尘有许多名称，如灰尘、尘埃、烟尘、矿尘、砂尘、粉末等，这些名词没有明显的界限。国际标准化组织规定，粒径小于75微米的固体悬浮物定义为粉尘。在大气中粉尘的存在是保持地球温度的主要原因之一，大气中过多或过少的粉尘将对环境产生灾难性的影响。

计算方法：人均烟（粉）尘排放量=（烟（粉）尘排放量/年末总人口）×100%。

数据来源：江西各设区市统计年鉴，江西环境状况公报，江西环境年报。

8. 人均地区生产总值增长率

地区生产总值是指本地区所有常住单位在一定时期内生产活动的最终成果。对于一个地区而言，称为地区生产总值或者地区GDP。

计算方法：人均地区生产总值增长率=［（当年度人均地区生产总值－前一年度人均地区生产总值）/前一年度人均地区生产总值］×100%。

数据来源：江西各设区市统计年鉴，中国城市统计年鉴。

9. 服务业增加值比重

服务业增加值比重是指某一地区第三产业增加值占地区生产总值的比重。

计算方法：服务业增加值比重=（第三产业增加值/地区生产总值）×100%。

数据来源：江西各设区市统计年鉴，中国城市统计年鉴。

10. 单位地区生产总值废水排放量

废水是指居民活动过程中排出的水及径流雨水的总称。它包括生活污水、工业废水和初雨径流入排水管渠等其他无用水，一般指经过一定技术处理后不能再循环利用或者一级污染后制纯处理难度达不到一定标准的水。

计算方法：单位地区生产总值废水排放量=废水排放量/地区生产总值。

数据来源：江西各设区市统计年鉴，江西环境状况公报，江西环境年报。

11. 单位地区生产总值一般工业固体废物排放量

工业固体废物是指在工业生产活动中产生的固体废物。固体废物的一类，简称工业废物,是工业生产过程中排入环境的各种废渣、粉尘及其他废物。可分为一般工业废物(如高炉渣、钢渣、赤泥、有色金属渣、粉煤灰、煤渣、硫酸渣、废石膏、脱硫灰、电石渣、盐泥等)和工业有害固体废物,即危险固体废物。

计算方法:单位地区生产总值一般工业固体废物排放量=一般工业固体废物排放量/地区生产总值。

数据来源:江西各设区市统计年鉴,江西环境状况公报,江西环境年报。

12. 能耗总量

能耗总量是一定时期内全国或某地区用于生产、生活所消费的各种能源数量之和,是反映全国或全地区能源消费水平、构成与增长速度的总量指标。

数据来源:江西各设区市统计年鉴,中国城市统计年鉴。

13. 单位地区生产总值能源消耗降低率

单位地区生产总值能源消耗是指一定时期内该地区能源消费总量与地区生产总值的比值。

计算方法:单位地区生产总值能源消耗降低率=[(前一年度单位地区生产总值能源消耗−当年度单位地区生产总值能源消耗)/前一年度单位地区生产总值能源消耗]×100%。

数据来源:江西各设区市统计年鉴,中国城市统计年鉴。

14. 单位工业增加值水耗

工业用水是指工业生产中直接和间接使用的水量。单位工业增加值水耗是指一定时期内工业用水量与工业增加值的比值。

计算方法:单位工业增加值水耗=工业用水量/工业增加值。

数据来源:江西各设区市统计年鉴。

15. 单位地区生产总值建设用地面积

建设用地是指建造建筑物、构筑物的土地,是城乡住宅和公共设施用地,工矿用地,能源、交通、水利、通信等基础设施用地,旅游用地,军事用地等,付出一定投资(土地开发建设费用),通过工程手段,为各项建设提供的土地。是利用土地的承载能力或建筑空间,不以取得生物产品为主要目的的用地。

计算方法:单位地区生产总值建设用地面积=建设用地面积/地区生产总值。

数据来源:江西各设区市统计年鉴。

16. 工业用水重复利用率

工业用水重复利用率是工业用水中重复利用的水量与总用水量的比值。

计算方法:工业用水重复利用率=[重复利用水量/(生产中取用的新水量+

重复利用水量)]×100%。

数据来源：江西统计年鉴，江西环境状况公报，江西环境年报。

17. 一般工业固体废物综合利用率

工业固体废物综合利用率指工业固体废物综合利用量占工业固体废物产生量的百分比。

计算方法：一般工业固体废物综合利用率=[工业固体废物综合利用量/(工业固体废物产生量+综合利用往年贮存量)]×100%。

数据来源：江西各设区市统计年鉴，中国城市统计年鉴。

18. 城市生活垃圾无害化处理率

生活垃圾是指人们在日常生活中或者为日常生活提供服务的活动中产生的固体废物，以及法律、行政法规规定视为生活垃圾的固体废物。主要包括居民生活垃圾、集市贸易与商业垃圾、公共场所垃圾、街道清扫垃圾及企事业单位垃圾等。

计算方法：城市生活垃圾无害化处理率=(城市生活垃圾无害化处理量/城市生活垃圾产生量)×100%。

数据来源：江西各设区市统计年鉴，中国城市统计年鉴。

19. 建成区绿化覆盖率

建成区绿化覆盖率指在城市建成区的绿化覆盖面积占建成区的百分比。绿化覆盖面积是指城市中乔木、灌木、草坪等所有植被的垂直投影面积。

计算方法：建成区绿化覆盖率=(建成区绿地面积/建成区总面积)×100%。

数据来源：江西各设区市统计年鉴，中国城市统计年鉴。

20. 绿地面积占城市建设用地面积比重

计算方法：绿地面积占城市建设用地面积比重=(绿地面积/城市建设用地面积)×100%。

数据来源：江西各设区市统计年鉴，中国城市统计年鉴。

21. 用水普及率

用水普及率是指城市非农业用水人口数与城市非农业人口数之比。

计算方法：用水普及率=(城市非农业用水人口数/城市非农业人口数)×100%。

数据来源：江西各设区市统计年鉴，中国城市统计年鉴。

22. 燃气普及率

燃气普及率是指使用燃气(包括人工煤气、液化石油气、天然气)的城市非农业人口数（不包括临时人口和流动人口）与城市非农业人口数之比。

计算方法：燃气普及率 =（城市用气的非农业人口数/城市非农业人口数）×100%。

数据来源：江西各设区市统计年鉴，中国城市统计年鉴。

23. 人均城市公共交通运营线路网长度

城市公共交通在城市及其郊区范围内，为方便公众出行，用客运工具进行的旅客运输，是城市交通的重要组成部分。城市公共交通对城市政治经济、文化教育、科学技术等方面的发展影响极大，也是城市建设的一个重要方面。

计算方法：人均城市公共交通运营线路网长度 = 城市公共交通运营线路长度/城市年末总人口。

数据来源：江西各设区市统计年鉴，中国城市统计年鉴。

24. 城市每万人拥有公交车辆数

计算方法：城市每万人拥有公交车辆数 =（公共交通运营车辆总数/城市人口总数）×100%。

数据来源：江西各设区市统计年鉴，中国城市统计年鉴。

25. 人均居民生活用电量增长率

计算方法：人均居民生活用电量增长率 =［（当年度人均居民生活用电量 – 前一年度人均居民生活用电量）/前一年度人均居民生活用电量］×100%。

数据来源：江西各设区市统计年鉴，中国城市统计年鉴。

26. 人均居民生活用水量增长率

计算方法：人均居民生活用水量增长率 =［（当年度人均居民生活用水量 – 前一年度人均居民生活用水量）/前一年度人均居民生活用水量］×100%。

数据来源：江西各设区市统计年鉴，中国城市统计年鉴。

27. 城市人均液化石油气消费量增长率

计算方法：城市人均液化石油气消费量增长率 =［（当年度城市人均液化石油气消费量 – 前一年度城市人均液化石油气消费量）/前一年度城市人均液化石油气消费量］×100%。

数据来源：江西各设区市统计年鉴，中国城市统计年鉴。

28. 城市每万人互联网宽带接入用户

计算方法：城市每万人互联网宽带接入用户 =（互联网宽带接入用户/城市人口总数）×100%。

数据来源：江西各设区市统计年鉴，中国城市统计年鉴。

29. 环境保护支出占项目财政支出比重

环境保护支出指政府环境保护支出，包括环境保护管理事务支出、环境监测与监察支出、污染治理支出、自然生态保护支出、天然林保护工程支出、退耕还林支出、风沙荒漠治理支出、退牧还草支出与已垦草原退耕还草、能源节约利用、污染减排、可再生能源和资源综合利用等支出。

计算方法：环境保护支出占项目财政支出比重 =（环境保护支出总额/项目财政支出总额）×100%。

数据来源：江西各设区市统计年鉴，中国城市统计年鉴。

30. 环境污染治理投资占地区生产总值比重

计算方法：环境污染治理投资占地区生产总值比重 =（环境污染治理投资/地区生产总值）×100%。

数据来源：江西各设区市统计年鉴，江西环境状况公报，江西环境年报。

31. 科学技术支出占财政支出比重

科学技术支出即科学、技术支出，是指国家财政用于科学、技术等事业的经费支出。

计算方法：科学技术支出占财政支出比重 =（科学技术支出总额/财政支出总额）×100%。

数据来源：江西各设区市统计年鉴，中国城市统计年鉴。

32. 研究与试验发展经费占地区生产总值比重

研究与试验发展经费支出指统计年度内全社会实际用于基础研究、应用研究和试验发展的经费支出。包括实际用于研究与试验发展活动的人员劳务费、原材料费、固定资产购建费、管理费及其他费用支出。

计算方法：研究与试验发展经费占地区生产总值比重 =（研究与试验发展经费支出/地区生产总值）×100%。

数据来源：江西各设区市统计年鉴，中国城市统计年鉴。

33. 城市公用设施建设固定资产投资占比

计算方法：城市公用设施建设固定资产投资占比 =（城市公用设施建设固定资产投资/固定资产投资总额）×100%。

数据来源：江西各设区市统计年鉴，中国城市统计年鉴。

34. 工业废水排放量降低率

计算方法：工业废水排放量降低率 =［（前一年度工业废水排放量 - 当年度工业废水排放量）/前一年度工业废水排放量］×100%。

数据来源：江西各设区市统计年鉴，江西环境状况公报，江西环境年报。

35. 二氧化硫排放量降低率

计算方法：二氧化硫排放量降低率＝[(前一年度二氧化硫排放量－当年度二氧化硫排放量)/前一年度二氧化硫排放量]×100%。

数据来源：江西各设区市统计年鉴，江西环境状况公报，江西环境年报。

36. 氮氧化物排放量降低率

计算方法：氮氧化物排放量降低率＝[(前一年度氮氧化物排放量－当年度氮氧化物排放量)/前一年度氮氧化物排放量]×100%。

数据来源：江西各设区市统计年鉴，江西环境状况公报，江西环境年报。

37. 烟(粉)尘排放量降低率

计算方法：烟(粉)尘排放量降低率＝[(前一年度烟(粉)尘排放量－当年度烟(粉)尘排放量)/前一年度烟(粉)尘排放量]×100%。

数据来源：江西各设区市统计年鉴，江西环境状况公报，江西环境年报。

38. 城市污水处理率

污水处理是指为使污水达到排水某一水体水质或再次使用的水质要求对其进行净化的过程。污水处理被广泛应用于建筑、农业、交通、能源、石化、环保、城市景观、医疗、餐饮等各个领域。

数据来源：江西各设区市统计年鉴，中国城市统计年鉴。

39. 空气质量优良天数占比

空气质量优良天数占比是指区域内城镇空气质量优良以上的监测天数占全年监测总天数的比例。空气质量评价使用 API 指数法，用污染物日均值评价。

数据来源：江西各设区市统计年鉴，江西环境状况公报，江西环境年报。

参考文献

[1] Adelle C, Pallemaerts M. Sustainable development indicators: An overview of relevant framework program funded research and identification of further needs in view of EU and international activities [R]. European Commission, 2009.

[2] Boulding K E. The economics of the coming spaceship earth [J]. Environmental Quatity in A Grouting, 1966, 58 (4): 947-957.

[3] CAEP. Towards a China Environmental Performance Index (CEPI) [R]. 2011.

[4] California. 2012 California Green Innovation Index [R]. NEXT10, 2012.

[5] Cobb C, Glickman M, Cheslog C. Progress Indicator 2000 Update [R]. 2001.

[6] Fay M, Hallegatte S, Bank W. Inclusive green growth : The pathway to sustainable development [R]. World Bank, 2012.

[7] Jacobs M. The green economy [M]. London: Pluto Press, 1991.

[8] OECD. Green growth indicators 2014 [M]. OECD Green Growth Studies. OECD publishing, 2014.

[9] OECD. Towards green growth: A summary for policy makers [R]. 2011.

[10] Pearce D, Markandya A, Barbier E. Blueprint for a green economy [M]. London: Earthscan Publications, 1989.

[11] UNEP. A guidance manual for green economy indicators [R]. 2014.

[12] UNEP. Green Economy Indicators – Brief Paper [R]. UNEP, 2012.

[13] UNEP. Towards a green economy: Pathways to sustainable development and poverty eradication. A synthesis for policy makers [M]. Nairobi Kenya UNEP, 2011.

[14] UNESC. Eco – efficiency indicators: Measuring resource – use efficiency and the impact of economic activities on the environment [R]. United Nations Economic and Social Commissionfor Asia and the Pacific, 2009.

[15] WB. Expanding the measure of wealth indicators of environmentally sustainable development [R]. Environmentally Sustainable Development Studies and Monographs Series, 1997.

[16] WEF. Sustainable Competitiveness [R]. 2013.

[17] WEF. The Global Competitiveness Report 2012 – 2013 [R]. World Economic Forum, 2012.

[18] OECD. 绿色增长战略中期报告：为拥有可持续的未来履行我们的承诺 [R]. 2010.

[19] UNEP. 绿色经济简报——度量和指标 [R]. UNEP, 2012.

[20] WWF. 超越 GDP——中国省级绿色经济指标体系研究报告 [R]. 世界自然基金会（WWF），2012.

[21] 白瑞，秦书生. 论我国绿色发展思想的形成 [J]. 理论月刊, 2012 (7): 106 – 109.

[22] 北京师范大学经济与资源管理研究院，西南财经大学发展研究院，国家统计局中国经济景气监测中心. 2016 中国绿色发展指数报告——区域比较 [M]. 北京：北京师范大学出版社, 2017.

[23] 北京师范大学绿色减贫指数课题组，叶韬，黄承伟，张琦，陈伟伟，胡田田，石新颜，徐晓君，李禧侲. 贵州省绿色减贫指数特点及分析 [J]. 贵州社会科学, 2014 (11): 150 – 157.

[24] 曹颖，曹东. 中国环境绩效评估指标体系和评估方法研究 [J]. 环境管理, 2008, 400 (7B): 36 – 38.

[25] 陈劭锋，刘扬. 绿色发展的一种综合评估方法及应用 [J]. 科技促进发展, 2013 (4): 40 – 47.

[26] 陈胜东，孔凡斌. 江西省生态文明建设评价体系研究：指标体系和评价方法 [J]. 鄱阳湖学刊, 2015 (4): 39 – 52.

[27] 戴鹏. 青海省绿色发展水平评价体系研究 [J]. 青海社会科学, 2015 (3): 170 – 177.

[28] 戴星照，周杨明，黄宝荣，严玉平. 生态文明视阈下江西绿色崛起的路径思考 [J]. 鄱阳湖学刊, 2014 (5): 42 – 48.

[29] 董战峰，郝春旭，李红祥，葛察忠，赵艺柯. 2018 年全球环境绩效指数报告分析 [J]. 环境保护, 2018, 46 (7): 64 – 69.

[30] 方时姣. 西方生态经济学理论的新发展 [J]. 国外社会科学, 2009

(3):12-18.

[31] 傅春．江西样板——江西生态文明建设的经验与评价［M］．南昌：江西人民出版社，2016．

[32] 傅京燕，原宗琳，曾翀．中国区域生态效率的测度及其影响因素分析［J］．产经评论，2016（6）：85-97．

[33] 郭婧．"里约+20"峰会系列报道之成果篇：峰会不是终点，而是起点［N］．2012．

[34] 郭喜，智颖飙．基于绿色发展背景下的区域竞争力研究——以内蒙古为例［J］．中国人口·资源与环境，2011（S2）：29-32．

[35] 郭兆晖，马玉琪，范超．"一带一路"沿线区域绿色发展水平评价［J］．福建论坛（人文社会科学版），2017（9）：25-31．

[36] 国家环境保护总局，世界银行．建立中国绿色国民经济核算系统研究报告［R］．2006．

[37] 韩跃红．生命伦理学语境中人的尊严［J］．伦理学研究，2015（1）：107-112．

[38] 郝栋．绿色发展道路的哲学探析［D］．中共中央党校博士学位论文，2012．

[39] 何爱平，李雪娇，邓金钱．习近平新时代绿色发展的理论创新研究［J］．经济学家，2018（6）：5-12．

[40] 胡鞍钢，周绍杰．绿色发展：功能界定、机制分析与发展战略［J］．中国人口·资源与环境，2014（1）：14-20．

[41] 胡鞍钢．中国：绿色发展与绿色GDP（1970~2001年）［J］．中国科学基金，2005（2）：84-89．

[42] 胡岳岷，刘甲库．绿色发展转型：文献检视与理论辨析［J］．当代经济研究，2013（6）：33-42+93．

[43] 环境保护部环境与经济政策研究中心，世界自然基金会．面向绿色经济决策的指标工具及实证研究［R］．2015．

[44] 环境保护部环境与经济政策研究中心．生态文明建设目标指标体系研究报告［R］．2013．

[45] 黄娟．新时代社会主要矛盾下我国绿色发展的思考——兼论绿色发展理念下"五位一体"总体布局［J］．湖湘论坛，2018，31（2）：60-69．

[46] 黄志斌，姚灿，王新．绿色发展理论基本概念及其相互关系辨析

[J]. 自然辩证法研究, 2015 (8): 108-113.

[47] 季铸, 李磊, 何燕. 中国经济面临从工业文明向绿色文明的重大转变——中国 300 个省市绿色经济指数报告 (CCGEI 2010) [J]. 中国对外贸易, 2010 (12): 54-70.

[48] 蒋南平, 向仁康. 中国经济绿色发展的若干问题 [J]. 当代经济研究, 2013 (2): 50-54.

[49] 焦艳, 李合亮. 习近平绿色发展理念的形成及内容 [J]. 中共天津市委党校学报, 2017, 19 (2): 39-44.

[50] 李冬明. 以最大决心最硬举措坚决打好"共抓大保护"攻坚战 努力交出打造美丽中国"江西样板"优异成绩单 [N]. 江西日报, 2018-04-13 (A01).

[51] 李军军. 省域环境竞争力关键驱动要素探析 [J]. 福建师范大学学报 (哲学社会科学版), 2009 (4): 18-35.

[52] 李琳, 楚紫穗. 我国区域产业绿色发展指数评价及动态比较 [J]. 经济问题探索, 2015 (1): 68-75.

[53] 李琳, 张佳. 长江经济带工业绿色发展水平差异及其分解——基于 2004~2013 年 108 个城市的比较研究 [J]. 软科学, 2016 (11): 48-53.

[54] 李晓西, 刘一萌, 宋涛. 人类绿色发展指数的测算 [J]. 中国社会科学, 2014 (6): 69-95+207-208.

[55] 李晓星, 杜军凯, 傅尧, 狄雅肖, 李杰. 基于水环境污染治理的绿色 GDP 核算模型构建——以河北省围场县为例 [J]. 人民长江, 2018, 49 (2): 19-22.

[56] 廖筠, 黄灵霞. 引入绿色增长潜力的绿色发展指数构建与区域差异研究 [J]. 南京财经大学学报, 2018 (2): 25-33.

[57] 刘安天. 自然资源资产离任审计促"水绿山青"[N]. 中国会计报, 2015-10-09 (001).

[58] 刘兵. 绿色发展理念助力江西绿色崛起 [J]. 鄱阳湖学刊, 2015 (6): 12-20.

[59] 刘国, 许模, 于静. 可持续发展评价指标体系研究评述 [J]. 成都理工大学学报 (社会科学版), 2007, 15 (3): 29-33.

[60] 刘思华. 对可持续发展经济的理论思考 [J]. 经济研究, 1997 (3): 46-54.

[61] 刘思华. 绿色经济论：经济发展理论变革与中国经济再造［M］. 北京：中国财政经济出版社，2001.

[62] 刘思华. 正确把握生态文明的绿色发展道路与模式的时代特征［J］. 毛泽东邓小平理论研究，2015（8）：33－38＋90－91.

[63] 吕福新. 绿色发展的基本关系及模式——浙商和遂昌的实践［J］. 管理世界，2013（11）：166－169.

[64] 马克思，恩格斯. 马克思恩格斯选集（第4卷）［M］. 北京：人民出版社，1979.

[65] 马克思，恩格斯. 马克思恩格斯选集（第4卷）［M］. 北京：人民出版社，1995.

[66] 马克思. 1844年经济学哲学手稿［M］. 北京：人民出版社，1979.

[67] 马克思. 资本论（第3卷）［M］. 北京：人民出版社，2004.

[68] 茆晓颖. 绿色财政：内涵、理论基础及政策框架［J］. 财经问题研究，2016（4）：83－87.

[69] 聂玉立，温湖炜. 中国地级以上城市绿色经济效率实证研究［J］. 中国人口·资源与环境，2015（S1）：409－413.

[70] 潘树国，周建超. 马克思主义社会有机体理论视阈下的绿色发展［J］. 中共浙江省委党校学报，2016（3）：52－57.

[71] 秦书生，杨硕. 习近平的绿色发展思想探析［J］. 理论学刊，2015（6）：4－11.

[72] 张成. 全球环境竞争力指标体系及其评价研究［D］. 福建师范大学博士学位论文，2013.

[73] 苏利阳，郑红霞，王毅. 中国省际工业绿色发展评估［J］. 中国人口·资源与环境，2013（8）：116－122.

[74] 汤薇. 生态经济学在主体功能区中的应用研究［D］. 东北财经大学博士学位论文，2013.

[75] 唐燕秋，高飞，陈佳，熊强. 重庆市工业绿色发展水平评估研究［J］. 四川环境，2007（5）：60－64.

[76] 田文富. 环境伦理与绿色发展的生态文明意蕴及其制度保障［J］. 贵州师范大学学报（社会科学版），2014（3）：70－75.

[77] 王海芹，高世楫. 我国绿色发展萌芽、起步与政策演进：若干阶段性特征观察［J］. 改革，2016（3）：6－26.

[78] 王洪斌. 中国绿色发展理念的历史探析 [J]. 商业经济, 2017 (3): 6-7+48.

[79] 王金南, 曹东, 曹颖. 环境绩效评估: 考量地方环保实绩 [J]. 环境保护, 2009 (16): 23-24.

[80] 王玲玲, 张艳国. "绿色发展"内涵探微 [J]. 社会主义研究, 2012 (5): 143-146.

[81] 魏媛. 贵州环境污染损失价值评估——绿色发展的视角 [J]. 社会科学家, 2017 (1): 80-85.

[82] 邬晓霞, 张双悦. "绿色发展"理念的形成及未来走势 [J]. 经济问题, 2017 (2): 30-34.

[83] 吴传清, 黄磊. 长江经济带工业绿色发展绩效评估及其协同效应研究 [J]. 中国地质大学学报 (社会科学版), 2018, 18 (3): 46-55.

[84] 吴传清, 黄磊. 演进轨迹、绩效评估与长江中游城市群的绿色发展 [J]. 改革, 2017 (3): 65-77.

[85] 吴传清, 宋筱筱. 长江经济带城市绿色发展影响因素及效率评估 [J]. 学习与实践, 2018 (4): 5-13.

[86] 吴宁. 高兹的生态学马克思主义 [J]. 马克思主义研究, 2006 (8): 99-104.

[87] 习近平. 决胜全面建成小康社会 夺取新时代中国特色社会主义伟大胜利 [N]. 人民日报, 2017-10-28 (001).

[88] 习近平. 在深入推动长江经济带发展座谈会上的讲话 [N]. 人民日报, 2018-06-14 (002).

[89] 肖宏伟, 李佐军, 王海芹. 中国绿色转型发展评价指标体系研究 [J]. 当代经济管理, 2013 (8): 24-30.

[90] 肖杰, 郑国璋, 罗悦, 郭政昇, 冯婧. 关中—天水经济区人类绿色发展指数测度及其分析 [J]. 陕西理工大学学报 (自然科学版), 2018, 34 (2): 86-92.

[91] 辛春林, 张婷婷, 李梦柔. 绿色发展的起源、概念和评价 [J]. 化工管理, 2018 (13): 1-2.

[92] 严耕. 中国省域生态文明建设评价报告 (ECI 2015) [M]. 北京: 社会科学文献出版社, 2015.

[93] 杨宜勇, 吴香雪, 杨泽坤. 绿色发展的国际先进经验及其对中国的启

示［J］.新疆师范大学学报（哲学社会科学版），2017，38（2）：18-24+2.

［94］余华，彭程甸.中国绿色发展的理论逻辑与实践路径探索［J］.湖南财政经济学院学报，2018，34（1）：18-28.

［95］张春霖.绿色经济发展研究［M］.北京：中国林业出版社，2002.

［96］张欢，罗畅，成金华，王鸿涛.湖北省绿色发展水平测度及其空间关系［J］.经济地理，2016（9）：158-165.

［97］张露.湖北县域经济绿色发展路径研究［D］.湖北工业大学博士学位论文，2015.

［98］张志强，程国栋，徐中民.可持续发展评估指标、方法及应用研究［J］.冰川冻土，2002，24（4）：344-360.

［99］赵靓.美国生态意识之历史与现状研究——"人类中心主义"向"生态中心主义"伦理观的转变［J］.宁德师范学院学报（哲学社会科学版），2015（1）：54-57.

［100］甄霖，杜秉贞，刘纪远，孙传谆，张强.国际经验对中国西部地区绿色发展的启示：政策及实践［J］.中国人口·资源与环境，2013，23（10）：8-16.

［101］郑红霞，王毅，黄宝荣.绿色发展评价指标体系研究综述［J］.工业技术经济，2013（2）：142-152.

［102］中办国办印发《关于设立统一规范的国家生态文明试验区的意见》及《国家生态文明试验区实施方案》［N］.人民日报，2016-08-23（001）.

［103］中办国办印发《国家生态文明试验区（江西）实施方案》［N］.人民日报，2017-10-03（05）.

［104］中共中央办公厅　国务院办公厅印发《党政领导干部生态环境损害责任追究办法（试行）》［J］.中国应急管理，2015（8）：37-38.

［105］中国GPI研究组.中国的真实进步指标（GPI）系统——一种促进可持续发展的工具［J］.中国科学院院刊，2010，25（2）：180-185.

［106］中国环境与发展国际合作委员会.国合会2006年度政策报告［R］.2006.

［107］中华人民共和国国民经济和社会发展第十二个五年规划纲要［N］.人民日报，2011-03-17（001）.

［108］周国兰，周吉.进一步深化江西工业供给侧结构性改革的思考与建议［J］.价格月刊，2018（4）：1-5.

[109] 周开壹. 绿色发展的本质和中国对可持续发展的贡献 [J]. 环境与可持续发展, 2016 (5): 108-112.

[110] 邹巅, 廖小平. 绿色发展概念认知的再认知——兼谈习近平的绿色发展思想 [J]. 湖南社会科学, 2017 (2): 115-123.

[111] 邹进泰, 熊维明. 绿色经济 [M]. 太原: 山西经济出版社, 2003.

[112] 走生态优先绿色发展之路 让中华民族母亲河永葆生机活力 [N]. 人民日报, 2016-01-08 (001).